선군 시대 북한 여성의 삶

이화통일학연구총서

선군 시대 북한 여성의 삶

이화여자대학교 통일학연구원 편

이화여자대학교출판부

서문 | 『선군 시대 북한 여성의 삶』을 출간하며

현재 북한 체제의 특징은 한마디로 과도기와 이중성으로 규정할 수 있다. 50여 년간의 김일성 시대를 마감하고 김정일 통치의 선군 시대를 맞이한 북한은 사회주의 정치 체제를 유지하면서도 오랜 경제 침체를 극복해야 하는 난제를 안고 출범했다.

이 책은 이러한 배경 아래 존속하는 김정일 시대, 즉 선군 시대 북한에 대한 두 가지 문제 제기 속에서 기획되었다. 하나는 선군 시대 북한은 김일성 시대와 비교해 어떤 지속과 변화의 특성을 지니는가, 다른 하나는 경제적 위기에도 불구하고 체제를 유지하는 저력은 어디에서 비롯된 것인가라는 의문이다.

선군 체제가 위와 같은 정치 · 경제적 과제를 해결하기 위해 선택한 방안이 바로 '실리사회주의'이다. 실리사회주의란 사회주의적 원칙을 고수하면서도 실리라는 효용성을 추구하는 체제이다. 실리사회주의는 정치에서의 선군과 경제에서의 개혁이라는 상호 모순적 과제로 구체화된다.

실리사회주의는 과거 사회주의 원칙의 '지속'과 현재 실리 추구의 '차이'를 추구하는 것으로 이상과 현실의 조합을 의미한다.

이러한 실리사회주의를 실현하기 위해 북한은 국가가 부담하는 사회보장 비용을 줄이고 그 공백을 개인이 충당하는 구조로 만들었다. 국가보장제에서 개인책임제로 전환하는 데 따른 부담의 최종 책임자는 바로 여성이다. 여기서 북한을 바라보는 관점의 전환이 요구된다. 정치, 경제, 사회적 거시 변화에만 주목하는 것이 아니라 개인과 가족의 미시적 행위에도 관심을 기울여야 할 것이다. 북한이 실리사회주의라는 정치 · 경제적 정책 변화를 실현하는 과정에서 여성이 생존을 위한 역할을 수행하지 못했다면 체제 유지 자체가 힘들었을 것이다.

이 책에 수록된 논문은 총 7개로 선군 시대의 여성에 관한 개괄에 해당하는 서장을 시작으로 두 영역으로 구성된다. 첫 번째 영역에서는 정치 · 조직 · 경제 영역의 변화가 여성에게 미치는 영향에 관해 연구하고 있으며, 두 번째 영역에서는 교육 · 사회보장제 · 가족 부문에서의 제도 변화와 여성의 역할에 대해 다룬다.

각 논문을 통해 이 책은 선군 시대에 북한이 정치적으로는 국방위원회 및 여성조직 강화 등 국가정책을 통한 여성 통제를 강화하면서도, 경제적으로는 사회보장제 축소와 사경제 부문 확대 등 국가 통제력이 약화되는 이중성을 규명하고 있다. 이 속에서 북한 여성은 가족경제와 국가경제를 동시에 책임지는 이중 부담을 지며 고단한 삶을 이어가고 있다.

아직은 여성과 가족의 역할이 단기적으로는 체제 유지와 안정화의 도구로 활용되고 있지만, 중장기적 관점에서는 북한 체제의 변화를 유인해내는 동력으로 작용할 수 있으리라 전망할 수 있다. 지금은 국가가 여성의 사경제 활동이 절대적 역할을 수행하는 시장을 통해 원활하지 않은 계획경제를 보완하고 관료적인 권력 집행으로 시장을 전유함으로써 국가와 시장의 공존 과정이 불안하게나마 유지되고 있지만, 북한 여성은 자신과 가족의 생존을 위협하는 정책, 예컨대 시장의 축소와 같은 보수화 정책에 대해서는 생존 차원에서 저항할 가능성이 존재한다. 결국 여성과 가족은 현 북한 체제를 가늠하는 중요한 도구이자 척도인 것이다.

따라서 여성이라는 창을 통해 선군 시대 북한 체제의 지속과 변화를 분석함으로써 북한 연구의 새로운 지평을 열었다는 점에서 이 책의 의의를 찾을 수 있다. 또한 이 책은 이화여자대학교 출신 연구자들의 노력의 결실이라는 의미를 갖는다. 이화여자대학교에서 1977년 국내에서는 최초로 교양과목으로 학부 여성학이 탄생되었고, 1998년 3월에는 대학원에 북한학 협동과정이 설립되었으며, 2005년 3월에는 통일학연구원이 발족되었다. 여성, 가족, 북한문제 연구의 오랜 역사를 지닌 이화여자대학교의 연구 역량을 결집하여 통일학연구원에서 북한 여성에 관한 전문교양 저서를 출간함으로써 북한 여성과 가족 연구 발전의 계기를 마련할 수 있을 것이다.

끝으로 이 책이 출간되기까지 1년간 수고한 연구진과 실무를 담당한 통일학연구원의 연구원, 그리고 이화여자대학교 특성화사업단에 감사드린다.

2010년 11월

이화여자대학교 통일학연구원 원장

최 대 석

| 차례 |

서장 | 선군 시대 북한의 여성과 가족

이재경(이화여대 여성학과 교수)
조영주(이화여대 통일학연구원 객원연구위원)

1. 머리말

1990년대 북한의 경제 위기는 정치 · 경제 · 사회 · 문화에 걸쳐 다양한 사회적 변화를 야기했다. 배급은 중단되었고, 공장은 가동되지 않았으며, 주민을 통제했던 조직생활은 이루어지지 않았다. 주민들은 생존을 위해 국가의 경계를 넘거나 국가가 허용하지 않았던 장사를 하기 시작했다. 이러한 상황에서 북한 당국은 경제 위기를 극복하고 체제 안정을 도모하기 위해 각종 조치를 취했다. 2002년 7 · 1 조치와 종합시장의 공식화 등을 통해 국가 재정을 확충하고 경제적 안정을 꾀하고자 했으며, 최근의 화폐 개혁도 경제 회복을 위한 북한의 정책 변화의 맥락에서 설명될 수 있다.

사회적으로는 이완된 사회통제력을 확보하기 위해 사회단체들의 활동과 주민에 대한 검열을 강화하고 있다.[1] 정치적으로는 국방위원장의 권한을 강화하고 선군정치를 내세웠을 뿐만 아니라 주민에 대한 통제력을 확보하기 위한 정치적 담론들을 생산했다. 이러한 사회적 변화와 위기를 극복하기 위한 국가의 조치들은 여성의 삶과 무관하지 않았다.

배급제의 중단과 사회복지 체계의 붕괴는 그동안 국가가 보장해 왔던 부분을 주민이 직접 책임져야 하는 상황을 야기했다. 그로 인해 북한 주민은 자신과 가족의 생계를 스스로 해결해야 했는데, 주로 여성이 생계유지의 책임을 지게 되었다. 공장이 가동되지 않아도 직장을 나가야 했던 남성과 달리 여성은 비교적 이동이 자유로웠고, 이전 시기부터 가족의 먹을거리는 여성이 책임졌었기 때문에 가족의 생계를 위한 활동은 주로 여성이 담당하게 되었다.

선군 시대 이전에도 북한 여성은 정치 · 경제 · 사회 분야에서 다양한 활동을 해왔다. 여성들은 공장이나 농장, 가내작업반 등에서 노동을 하고 여맹을 비롯한 사회조직 활동을 했다. 동시에 북한 여성은 사회적 · 경제적 활동을 하면서도 가정에서는 가사와 육아의 일차적인 책임자로 규정되면서 이중 부담에 놓여 있었다.

그러나 1990년대 경제 위기의 발생으로 북한 여성의 활동은 변화하기 시작했다. 사회조직 생활보다는 가족 생계를 위한 경제활동에 주력하기 시작했고, 특히 공식적 영역에서의 경제활동이 아닌 비공식적 영역에서의 경제활동에 적극 참여했다. 이러한 북한 여성의 경제활동은 이전 시기 가계 생계에서 보조적이었던 것과 달리, 가계 생계유지의 주요 원천이 되었다. 그 과정에서 국가와 사회주의에 대한 북한 여성의 인식에 변화가 생겨나기 시작했다. 국가가 보장해 주었던 의식주와 사회복지 체계는 국

1 일반 주민뿐만 아니라 공장기업소를 대상으로 사회주의 검열을 하고, 무역 단위, 외화벌이 대상에 대한 검열과 무직, 건달, 가정교사 등에 대한 집중 검열을 하는 등 지역별 · 대상별에 대한 비사회주의그루빠 검열을 강화하고 있다. 좋은벗들, 「오늘의 북한 소식」(2007), 86호, 88호, 89호, 104호, 105호.

가에 대한 여성의 충성과 희생을 추동할 수 있는 힘이었다. 그러나 더 이상 국가가 생존을 책임지지 못하게 되면서 북한 여성은 국가의 동원과 통제에 무조건 순응하지 않게 되었다. 그리고 생계를 위해 벌였던 장사와 월경(越境)이 외부 세계에 대한 정보를 접할 수 있는 기회가 되면서 사회주의와 국가에 대한 인식이 변화하게 되었다. 그뿐만 아니라 이전 시기 북한 여성은 사회경제 활동의 여부와 관계없이 가정에서는 가부장제하의 전통적인 성역할을 수행했으나, 경제 위기 속에서 생계를 전적으로 책임지게 되면서 남편에게 무조건 순종해야 한다거나 가사와 육아가 전적으로 자신의 책임이라는 인식은 변화되기 시작했다.[2] 이처럼 북한 여성은 위기 상황에서 생존을 위한 전략을 구사하면서 생활양식과 의식에 변화가 생겨났고, 국가는 그에 대한 대응과 위기 극복을 위해 각종 조치와 정책을 시행하게 된 것이다.

이 책은 1990년대 경제 위기 이후 북한 당국이 취한 정치적 · 경제적 · 사회적 조치 속에서 나타난 북한 여성과 가족의 변화에 주목하여 그 의미를 밝히고자 했다. 이 책의 목적과 내용을 개괄하는 서장에서는 북한 사회주의 체제가 갖는 가부장적 특성을 밝히고, 1990년대 이후 북한 당국이 취한 조치와 정책이 여성과 가족에게 미친 영향을 논의하고자 한다.

2. 북한 사회주의 체제와 가부장제

현존하는 사회주의 국가는 여성 억압의 원인을 마르크스와 엥겔스가 밝힌 사유재산제도와 여성의 경제활동에서 찾았다. 여성이 해방되기 위

2 이미경, 「경제난 이후 북한 여성의 삶과 의식 변화의 한계」, 북한연구학회 편, 『북한의 여성과 가족』(서울: 경인문화사, 2006).

해서는 사유재산을 철폐하고 여성이 사회적 생산활동에 참여해야 한다는 것이다. 이에 중국과 소련을 비롯한 과거 사회주의 국가들은 여성을 사회적 생산에 동원했다. 그럼에도 불구하고 사회주의 국가에서 여성 해방, 남녀평등은 이루어지지 않았다는 여성들의 평가가 있었고 그에 대한 분석이 이루어지기 시작했다. 사회주의 여성문제에 대한 평가는 "가부장적 국가사회주의의 문제"[3]와 "사회주의 실천의 문제", "사회주의 이론 자체의 모순의 문제"[4]로 나뉘었다.

북한도 마찬가지이다. 북한 당국은 정부 수립 당시 마르크스-엥겔스의 여성과 가족에 대한 인식을 이론적 기반으로 하여 기존 여성 억압 관련 제도들을 폐지하고 여성의 경제활동 참여를 위한 법과 제도를 마련했다. 북한은 1946년 사회개혁을 이루는 과정에서 3월 토지개혁법령, 6월 노동법령, 7월 남녀평등권법령 제정을 통해 남녀평등을 위한 법적 · 제도적 장치를 마련하고,[5] 1946년 북조선민주여성동맹(1951년 조선민주여성동맹으로 변화)을 결성해 여성의 정치 · 경제 · 사회적 활동을 독려했다. 또한 1946년 8월, '공민증에 관한 결정서'로 호적을 대신하여 공민증으로

3 돌링(Irene Dolling)은 통일 이후 동독 여성들이 '희망과 무기력' 사이에서 어쩔 줄 모르는 상태에 놓여 있다며, 이는 국가사회주의에서 여성을 위해 취한 사회적 지원과 조건이 여성 해방적이지 못했다고 평가한다. 여성을 해방하기 위한 정책을 펼쳤던 동독 사회에서는 여전히 성별 분업이 존재했고, 모성 보호를 위한 정책들은 여성의 전통적인 성역할을 강화했기 때문이라는 것이다. Irene Dolling, "Between Hope and Helpless: Woman in the GDR after the 'turning point'," *Feminist Review*, no. 39(1991).

4 이상화는 사회주의에 고전 이론이나 현실 사회주의 이론에서 여성 해방을 실천할 수 있는 이론틀이 결여되어 있고, 기존 사회주의 이론 속에는 여성 억압이 부분적으로 혹은 경제적인 관점에서 일면적으로만 고찰되었으며, 그들의 이론 속에서 여성 억압의 근본적인 원인이 부분적으로만 개념화되어 있기 때문이라는 것이다. 이상화, 「사회주의 이념과 남녀평등」, 이화여자대학교 한국여성연구소 통일문제 세미나 자료집 『북한의 여성관』(1992).

5 1946년 3월 시행된 토지개혁에서는 여성에게 토지를 분배했고(남성 18~60세, 여성 18~50세), 1946년 6월 24일 제정된 '북조선 로동자 및 사무원에 대한 로동법령'은 동일노동 동일임금, 출산 전후 휴가 등의 내용을 담고 있다. 1946년 7월 30일 제정된 '북조선 남녀평등권에 관한 법령'은 평등권과 선거권 및 피선거권의 보장, 자유결혼 · 이혼의 권리, 일부다처제 · 축첩제 금지, 기생제도 금지 등을 주요 내용으로 하고 있다.

신원을 식별하도록 했다.[6] 이러한 국가가 마련한 법과 제도들은 그동안 북한 여성을 억압해 왔던 구조를 변화시키는 듯했으나, 여전히 직장이나 사회, 가족 안에서 성별 위계와 가부장적 문화는 잔존해 있었다.[7] 그리고 북한이 추구한 남녀평등은 평등의 자유주의 원칙에 기반을 둔 것으로 공적 영역에서 똑같이 참여할 수 있도록 동등한 권리와 기회가 보장되어야 한다는 것이다. 그러나 실제로 가부장제 사회에서 여성은 궁극적으로 남성과 같아질 수 없고 평등의 추구는 남성의 규범을 따르도록 하기 때문에 실질적 평등을 이루는 데 한계가 있다.[8] 게다가 북한 체제가 가부장제를 근간으로 하여 유지될 수 있었다는 점에서 북한의 여성문제는 단순히 문화적 특성이 아니라 구조적인 문제라 할 수 있다.

일반적으로 가부장제는 남성이 여성을 지배하고 억압하고 착취하는 사회구조와 관습의 체계로 정의된다.[9] 북한의 가부장제는 여성에 대한 남성의 지배뿐만 아니라 가부장으로 대표되는 남성과 그에 종속된 남녀 가족원의 지배와 종속의 관계로 설명할 수 있다. 즉 북한의 가부장제는 사회주의 체제를 유지할 수 있는 기제로 작동하면서 동시에 일상생활과 가족, 각 영역에서 남성과 여성 사이의 성별 위계 관계를 설정하고 유지하는 데서 나타난다.

북한의 정치 체제는 수령을 정점으로 형성되었고, 수령제는 가부장제라는 사회적 원리를 토대로 하고 있다. 가부장제는 가장에게 절대적 권한

6 윤미량, 『북한의 여성정책』(서울: 한울, 1991).

7 북한 사회에서는 가정과 학교 · 직장에서 일상화된 남성 우대 문화가 존재하고, 성폭력 · 가정폭력 등의 문제가 있다. 그러나 북한에서는 그러한 문화나 폭력의 문제가 국가적 차원으로 문제화되지 않고 있는 실정이다. 김석향, 「일상생활에서 본 북한의 성평등 실태와 여성 인권의 문제」, 북한연구학회 편, 『북한의 여성과 가족』(서울: 경인문화사, 2006).

8 이재경 외, 이화여자대학교 한국여성연구원 기획, 『국가와 젠더: 성 주류화의 이론과 실천』(파주: 한울아카데미, 2009).

9 실비아 월비, 유희정 옮김, 『가부장제 이론』(서울: 이화여자대학교출판부, 1996).

을 부여하며 세습과 전통에 의해 권한이 정당화되는데, 가장을 정점으로 인격적인 지배 관계가 형성되어 이들 간에는 인격적인 충성 관계가 요구된다.[10] 북한의 경우 수령이 인민을 보호하고 돌보는 '어버이'로 상징화되면서 가부장의 위치에 놓인다. 북한 사회는 '어버이 수령—어머니 당—자식 인민'이라는 관계 구조 속에서 사회주의 대가정(大家庭)을 이루어 개인과 당, 국가가 유기체적 관계를 띠게 된다. 이처럼 북한의 사회주의 대가정론은 가부장이 수령으로 재구성되는 형태로, 독특한 가부장제의 특성을 보인다.[11]

가부장 수령은 자식인 인민을 보호하고 보살피기 위해 배급을 비롯한 의료와 교육 등의 복지정책을 마련했다. 여성과 관련해서도 모성 보호 정책을 비롯한 여성 관련 법과 제도가 마련되었다. 여성 관련 복지정책들을 살펴보면 여성은 자기 자신을 보호할 수 있는 권력을 확보하기보다는 보호받아야 한다는 가정에서 출발한다.[12] 그에 따라 북한 여성은 국가 가부장의 보호 대상자이자 정책 대상자의 위치에 놓이게 된다. 일반적으로 국가에 의해 이루어지는 복지정책의 강화는 여성의 의존 대상을 개별 남성에서 국가로 변화시키게 되며, 정책 수립 과정에서 여성을 배제함으로써 여성을 정책 대상으로 전락시키고 말았다는 평가를 받는다.[13] 북한의 경우도 여성 관련 정책들이 국가에 의해 일방적으로 이루어짐으로써 여성의 이해와 요구는 반영되지 않을뿐더러 여성의 여성문제에 대한 의식을 생성·변화시킬 수 있는 기회를 차단했다.

전 사회를 가족주의를 중심으로 하여 가부장적으로 재구성하는 사회주

10 박현선, 「현대 북한의 가족제도에 관한 연구」(이화여대 사회학과 박사학위 논문, 미간행, 1999).

11 조형, 「북한 사회 체계와 가부장제」, 통일문제학술세미나자료집, 『북한의 여성관』(이화여자대학교 한국여성연구소, 1992).

12 테레사 쿨라빅 외 지음, 한국여성정책연구회 옮김, 『복지국가와 여성정책』(서울: 새물결, 2000).

13 김경희·김혜장, 「가부장적 국가」, 한국여성연구소, 『여성과 사회』(1997), 323쪽.

의 대가정론과 북한 주민과 여성에 대한 각종 복지정책은 1990년대 경제 위기의 극복을 여성과 가족의 책임으로 전가할 수 있는 근거가 되었다. 국가를 개인이나 가족보다 우선시함으로써, 국가의 위기를 사회주의 대가정에 밀어닥친 가족구성원 모두의 위기의식으로 제기했다.[14] 그리고 경제 위기 이전 시기에 받았던 복지정책을 비롯한 국가의 혜택에 대한 보은(報恩)의 논리가 주민과 여성이 위기 극복의 주체가 될 것을 요구하는 근거가 된 것이다.

가부장제는 북한의 체제 유지를 위한 주요 원리로 작동하면서 동시에 사회 각 영역과 일상생활, 가족 안에서 여성과 남성의 성별 위계 관계를 유지하는 한 틀이기도 하다. 정치 영역에서 북한 여성은 최고인민회의 대의원의 20% 내외를 차지하지만, 실제 정치적 영향력을 가진 이들은 많지 않다.[15] 경제 영역에서도 경공업 부문에서 여성 비율이 70%에 달하는 등 특정 부문 · 직종에 여성이 집중되어 있는 성별 분리 현상을 보이고,[16] 일상화된 남성 우대 문화가 존재한다. 가족의 경우에도 1980년대 이후 가부장제적 요소가 더욱 강화되는데, 여성들의 재가정화가 심화되는가 하면 1990년 10월에 제정된 '가족법'에는 모성 역할의 강조, 경로효친적 유교사상의 부활, 상속제 인정 등 전통적 가족제도의 유산이 대거 회복되었다.[17] 그리고 가족 안에서 남성은 '세대주'로, 여성은 '부양가족'으로 자리매김되며, 세대주 남성의 먹을 것을 비롯한 가사노동에 대한 전적인 책임이 여성에게 있다. 그뿐만 아니라 북한 여성에게 가해지는 가정폭력,

14 안찬일, 「북한의 통치 이념에 관한 연구」(건국대학교 정치학과 박사학위 논문, 미간행, 1997).

15 자세한 내용은 이 책의 1장 "국방위원회의 강화와 여성 엘리트의 역할" 참조.

16 장필화, 「북한의 성별 분업」, 이화여자대학교 한국여성연구원 편, 『통일과 여성』(서울: 이화여자대학교출판부, 2001).

17 박혜란, 「생활문화와 삶의 질」, 이화여자대학교 한국여성연구원 편, 『통일과 여성』(서울: 이화여자대학교출판부, 2001).

성폭력 등의 폭력 문제를 해결할 수 있는 법적 · 제도적 장치가 미진하고, 폭력에 대한 감수성이 부족해 문제를 제기하기 어려운 실정이다.

그러나 1990년대 경제 위기로 인해 국가의 배급제와 사회복지 체계가 붕괴되면서 더 이상 국가가 '어버이'로서 역할을 수행하지 못하게 되자 주민의 국가에 대한 인식은 조금씩 변화하게 된다. 또한 여성이 가족 생계 유지에 주요 역할을 하게 되면서 가족 내에서 여성과 남성의 관계가 변화하는 모습이 나타났다. 남성이 가사노동을 함께 하는가 하면 여성의 가족 내 발언권이 높아지는 등의 모습이 보이게 된다. 이러한 현상은 기존의 국가를 유지하고 남성과 여성의 성별 위계 관계를 고정화시켰던 가부장적 질서를 균열시키는 가능성을 내포한다. 국가 역시 체제의 위기를 극복하기 위한 각종 조치를 취하면서 기존의 가부장적 질서에 변형을 꾀하게 되는데, 다음 절에서는 정치적 · 경제적 변화들 속에서 북한의 가부장적 가치와 실천이 어떻게 변화했는지를 논의한다.

3. 선군정치와 여성 · 가족

북한은 사회주의권의 붕괴, 미국의 대북 경제 제재, 자연재해로 인한 위기 속에서 위기 극복과 발전전략으로 선군정치를 내세웠다. 선군정치는 군사 선행의 원칙으로 국정을 운영해 나가고, 인민군대를 주력군으로 하여 사회주의 위업을 이끌어 나가는 정치를 말한다. 김정일 공개활동의 군부대 집중, 주석단 내 군 지도자 수의 증가, 국방위원회 강화, 군 우선의 배급, 높은 수준의 국방비 지출 유지, 장령급의 대규모 승진 등 인민군의 우대 조치, 인민군의 역할 증대 등[18] 군에 대한 통제력을 높이면서 동시에 군대의 사회경제적 활동을 확장하는 것으로 선군정치는 구체화된다.

군 중심의 선군정치하에서 군대는 '전선'에, 여성은 '후방'에 위치지어진다. 국가는 군사적 · 경제적 위기 극복을 위한 '총력전'에서 '후방'에 있는 여성에게 '경제전의 전사', '병사의 출산 · 양육'의 수행자, '생활개선'의 실천자 역할을 부여한다.[19] 이는 사회주의 복구 건설 시기와 경제 발전 시기 주민의 '총력전'을 요구하며 '전사'로서 여성 노동력을 동원하고 혁명후비대를 양성할 의무를 여성에게 지운 것과 유사하다. 그러나 이전 시기 여성이 '전선'에 위치되어 국가 경제 발전을 위해 동원되었다면, 선군 시대의 여성은 '후방'에서 군대를 지원하는 역할을 부여받았다.

선군정치를 실현시키기 위해서는 엄청난 국방비를 필요로 한다. 이에 국가는 여성에게 '후방사업'이라는 형태로 국방비의 책임을 지우고 있다. 가족의 위기로 상징되는 국가의 위기 속에서 가족과 국가를 부양하는 역할을 여성에게 부과한 것이다. 북한은 "인민군대가 없으면 우리 인민도 없고 우리 국가도 없으며 우리 당도 있을 수 없다"는 논리로 농사와 가축을 길러 식량으로 보급해 주는 후방사업에 정당성을 부여한다. 군대를 위해 지원사업을 벌이는 여성을 '군대의 어머니'로 호명하면서, 군대를 지원하는 여성의 경제활동을 자녀의 생계를 책임지는 어머니의 역할로 상징화한다. 이는 기존의 가부장적 질서 속에서 부과되었던 여성의 가족 내 역할을 국가적 차원으로 확장한 것이며, 국가적 차원의 가부장제를 유지하기 위해 여성을 동원하는 것이라 할 수 있다. 그로 인해 북한 여성은 가족뿐만 아니라 군대의 생계를 책임져야 하는 이중 부담에 놓이게 되었다.

18 이대근, 『북한 군부는 왜 쿠데타를 하지 않나: 김정일 시대 선군정치와 군부의 정치적 역할』(서울: 한울아카데미, 2003).

19 우에노 치즈코, 이선이 옮김, 『내셔널리즘과 젠더』(서울: 박종철출판사, 1999).

또한 선군 시대에 들어 후방에 있는 여성의 재생산활동이 강조되는데, 군인을 출산 · 양육하는 것에 대한 국가의 적극적인 개입이 이루어진다. 1990년대 중반의 경제 위기로 북한에서 많은 수의 인구가 사망하고 출생률이 저하하는 등 인구 구조의 변화라는 문제가 발생했다.[20] 많은 수의 북한 주민이 국경을 넘어 중국, 남한, 제3국으로 이주한 상황도 인구 감소에 영향을 미치고 있는데, 더욱 중요한 것은 여성의 경제활동으로 경제적 자립 능력이 제고되면서 결혼과 출산을 기피하는 현상이 나타나기 시작했고 이혼율이 증가하면서 인구 구조의 변화에 영향을 주었다.

이에 북한 당국은 여성에게 출산을 장려하고,[21] 자녀 양육에서 여성의 역할을 강조하고 있다. 국가는 다산을 장려하기 위해 아이를 많이 낳은 여성에게 '모성영웅'의 칭호를 부여하고, 혁명후비대로서 자녀들을 양육할 것을 여성과 가족에게 요구한다. 이때, 북한은 "자식의 출생이 기쁨일 수 있는 것"은 "세상이 좋아졌기 때문"이고 "여성을 2중, 3중의 착취와 억압에서 어버이 수령님이 해방시켜 주었기 때문"이라는 언설을 통해 출산의 권리를 국가의 은혜로 치환시키게 한다.[22] 이러한 출산과 국가의 은혜 간의 등치가 성립할 수 있는 것은 나라의 어버이로서 수령이 주민을 부양하는 시혜적 이념을 구현하고 있는 북한 체제의 가부장적 특성을 반영한 것이라 할 수 있다.

20 북한의 총인구는 1990년대에 2천 100~2천 200만 명대이고, 2000년대 초에는 2천 200~2천 300만 명대에 들어가고 있다. 총인구 증가율은 1982년 이후 1995년까지 1%대를 보이고 있지만, 1996년 이후 1998년대부터 0%대를 나타내고 있다. 2000년의 연령별 인구구조를 살펴보면 연소연령 인구층의 감소에 비해 노동연령 인구층과 노령인구층의 증가로 전반적인 북한 인구의 고령화 추이를 보이고 있다. 정진상 · 김수민 · 윤황, 「북한의 인구구조에 관한 분석」, 북한연구학회, 『북한연구학회보』 7권 1호(2003), 5-38쪽 참조.

21 (사)좋은벗들의 자료에 따르면, 북한이 최근 강연회를 개최하면 언제나 마지막에 "우리나라 인구가 최근 연간 많이 줄었다. 아이를 많이 낳아라. 3명 이상부터 국가에서 보조해 준다. 아이를 많이 생산하는 것도 당과 국가에 대한 충성심이다"라고 거듭 강조한다고 한다. (사)좋은벗들, 『오늘의 북한 소식』 제67호(2007), 3쪽.

22 「모성영웅에 대한 생각」, 『조선녀성』(1999년 1호), 31쪽.

선군정치하에서는 군대가 주민 생활양식의 기준이 되면서 동시에 전통문화의 계승과 조선민족의 우월함이 강조된다. 이때 전통문화의 계승과 더불어 위기 시기 가족의 생활문화를 개선할 주체는 여성으로 상정된다. 알뜰한 경제생활과 더불어 가족 내에서도 전통사회에서 중요한 가치로 여겨졌던 여성의 순종과 예의바름을 강조한다. 시부모를 잘 모시고 도덕과 예의를 지킴으로써 가족구성원이 화목한 생활 기풍을 발휘할 것을 요구하는데, 가족구성원 간의 단합이 안 되면 사회생활에 영향을 미쳐 혁명과업을 제대로 할 수 없기 때문이다.[23]

그리고 한복을 '우리 옷'이라 명명하며 여성에게 한복을 입게 하거나 치마를 입지 않은 여성은 시장에 출입할 수 없게 하는 등 여성의 몸에 대한 통제를 하고 있다. 한복과 치마는 북한 사회에서 여성이 입어야 할 옷으로 민족을 상징한다. 특히 시장은 사회주의적이지 못한 공간으로 여겨지고, 여성의 변화를 야기하는 공간이기 때문에 그곳에 출입하는 여성의 몸에 대한 통제를 가함으로써 기존 질서를 유지하려 하는 것이다. 이처럼 북한은 국가가 아내, 어머니 역할을 직접 관리함으로써 전통적 성역할을 강화·유지하여 가족의 질서를 비롯한 사회적 질서를 유지하여 체제를 안정시키고자 한다.

선군정치에서 강조되는 여성의 경제활동과 재생산, 생활문화 개선은 민족주의와 밀접한 관계를 맺고 있다. 민족주의의 강화는 곧 가족·가구에 기초한 사회적 재생산의 중요성을 강조하고, 이들 영역에 국가가 깊이 개입한다.[24] 여성을 전통문화의 담지자이자 전달자로 규정하면서 여성의

23 박영자, 「북한의 근대화 과정과 여성의 역할(1945~1980년대): 공장과 가정의 정치사회와 여성노동을 중심으로」, 성균관대학교 정치학과 박사학위 논문, 미간행(2004).

24 함인희, 「베트남 통일의 교훈: 여성의 사회통합 과정을 중심으로」, 이화여자대학교 한국여성연구원, 『여성학논집』 제14·15합집(1998), 151쪽.

몸을 집단의 정체성을 상징하는 기표로 활용한다는 점에서 더욱 그러하다.[25] 역사적으로 민족주의는 여성을 비롯한 소수자의 입장에서 차별과 폭력을 정당화하는 기제로 작동했다. 민족주의는 가부장적 질서를 근간으로 하여 유지될 수 있으며 동시에 집단을 사회적 위계 질서를 유지·강화한다는 측면에서, 북한의 선군정치는 성별 위계 질서를 강화하는 역할을 한다.

한편, 선군정치는 여성과 가족에게 경제적 부담을 지우고 기존의 성별 위계 질서를 강화하는 간접적 효과를 낳는다. 국방비의 지출이 증대되면 동시에 사회복지를 위한 재정은 줄어들 수밖에 없다. 북한 경제가 안정적이지 못한 상황은 국방비의 일부를 여성에게 책임지울 뿐만 아니라 주민을 위한 각종 사회복지 시책을 실행할 수 없게 되는 문제를 야기한다. 1990년대의 경제 위기로 모성 보호정책은 후퇴했고, 아직 회복되지 못하고 있다. 교육 부문도 경제 위기 속에서 여성과 가족의 책임이 되면서 여성이 교육을 비롯한 사회복지 부문을 스스로 해결할 수밖에 없었다. 이러한 상황에서 선군정치는 여성의 부담을 증가시키는 데 일조했다. 그리고 출산과 보육, 교육을 더 이상 국가가 책임지지 못하게 되면서 여성은 자녀에 대한 교육을 직접 책임지게 되었다. 북한 당국의 의도처럼 국가에 충성하는 충성동이를 키워내는 것이 아니라 능력을 키우는 교육 열풍이

25 박영자에 따르면, 여성이 민족국가와 결합하는 방식은 다섯 가지로 분류될 수 있는데, "① 여성은 민족집단이나 구성원의 생물학적 재생산자로서의 역할을 담당하게 된다. 즉 여성은 인구의 증감에 직접적으로 관련된다. ② 여성은 국가 내에서 민족적·인종적 경계선의 재생산자가 된다. 여기에서 여성의 몸은 자신이 속한 집단의 정체성을 상징한다. ③ 여성은 자신이 속한 민족국가의 이념적 재생산에 참여하면서, 동시에 전통문화의 담지자가 된다. 특히 여성은 자라나는 젊은 세대에게 그 집단의 전통과 문화유산을 전달하는 역할을 해야 한다. ④ 여성은 인종적·민족적 차이의 기표(signifier)가 된다. 위기에 놓인 조국은 여성으로 은유되고 여성은 '사랑하는 아들을 전쟁에서 잃은 어머니'라는 독특한 민족주의 담론의 주인공이 된다. ⑤ 여성은 가족을 지키듯이 위기에 빠진 민족국가를 지키기 위한 적극적 주체가 된다"라는 것이다. 박영자, 「북한의 민족주의와 여성: 민족주의 담론과 여성정책 변호를 중심으로」, 한국국제정치학회, 『국제정치논총』, 제45집 1호(2005).

일어났고,[26] 여성은 자신의 몸에 대한 결정권을 인식하게 되면서 출산에 대한 선택권을 가지게 되었다. 이는 경제 위기를 맞아 국가에 대한 의존과 충성을 통해 생존하는 것이 아니라 개인의 능력과 선택이 중요하고, 실리적 교육이 필요하다는 인식의 변화에서 기인한다. 특히 북한 여성은 경제 위기시 출산이 생명을 위협하는 것이었고, 출산 이후 여성과 자녀의 생존을 보장받을 수 없었던 경험을 했기 때문이다.

그리고 선군정치하에서 이루어진 국방위원회의 강화와 군대의 강조는 여성의 사회적 역할과 영향력을 약화시킨다. 군대는 주로 남성으로 이루어졌고, 국방위원회를 구성하는 주요 인물은 남성들이다. 이전 시기 국방위원회가 군 출신의 사람들로만 구성되었을 때보다는 여성이 참여할 수 있는 기회가 늘어났다고 볼 수 있으나, 이미 군과 당, 국가기구의 핵심 세력은 남성이라 할 때, 여성의 참여 기회는 여전히 제한되어 있다. 그리고 군대를 혁명의 주력군으로 삼음으로써 여성이 행하는 노동과 경제활동은 군대를 보조하는 위치에 머물게 한다. 군대에 경제적 지원을 하는 여성을 영웅화한다 하더라도 여전히 보조적 위치인 것이다. 그에 따라 사회적 역할과 영향력을 행사할 때 혁명의 주력군인 군대, 즉 여전히 남성이 주요한 세력을 형성하게 될 것이며, 여성이 행한 노동과 활동은 가치 절하될 가능성이 높다.

결국 북한은 선군정치를 통해 수령—당—인민으로 이어졌던 가부장적 질서를 수령—당·군대—인민으로 변형시켰고, 기존의 전통적 성별 분업

26 "아이들 가르치는 데 돈이 많이 들었어요. 밑쪽으로 밑으로 드는 돈이 많이 들었거든요…… 그쪽에는 공식적인 학원이 없어요. 국가에서 승인된 교육기관 이외에는 외부 사적인 교육기관이 허용이 안 돼요. 그러니까 자기 아이를 다른 아이보다 좀 하려면 할 수 없이 수학 선생을 사야 되는 거야. 우리 아이 좀 과외 지도를 해 주세요…… 시집장가 가는 사람이 적었고, 가정이 깨진 경우도 많았고 아이들도 굶어죽고 이렇게 하다 보니까 매개 가정이 아이 하나둘 낳지만 여자들이 출가를 해서 하나 이상은 안 낳거든요. 힘드니까. 그러니까 하나니까 공부시키는 열의가 대단한 거예요. 그러니까 다 거기에 매달리는 거거든요(2009년 7월 23일 탈북여성 인터뷰 중에서).

을 국가적 차원으로 확장해 가부장적 질서를 강화하고 있다.

4. 시장경제의 도입과 여성 · 가족

북한은 경제 위기를 극복하고 경제를 안정화하기 위해 각종 경제 조치를 취하기 시작했다. 2002년 7월 1일 경제관리 개선 조치, 2003년 3월 종합시장 공식화, 2007년 시장에 대한 통제 방침 지시, 최근 화폐개혁까지 경제 활성화를 위한 다양한 조치를 취하고 있다.

1990년대의 심각한 경제 위기로 북한에서는 비공식 경제활동[27]이 활성화되었다. 개인 미용실 · 식당 개업 · 리어카를 동원한 짐꾼일의 영업행위, 생필품 등의 상품 판매, 텃밭과 뙈기밭에서 생산된 식량 판매, 생필품 판매 등 비공식적이며 불법적인 경제활동이 이루어졌다. 주로 여성이 가족의 생계를 책임지기 위해 장사를 했는데, 이전 시기에도 장마당에서 장사를 하는 행위는 있었으나 가족경제의 보조적 수준에 머물렀던 것에 비해, 경제 위기 속에서의 장사는 직접적인 생계유지의 수단이라 할 수 있다.

북한 당국은 활성화된 시장을 통제하고 국가재정을 확보할 수 있는 방

27 사회주의 국가에서 경제행위는 계획 영역에서 이루어지는 것과 비계획 영역에서 이루어지는 것으로 구분할 수 있다. 계획 영역의 경제행위는 국가의 계획경제와 계획경제 내 불법적 경제활동으로 나뉜다. 계획경제 내 불법적 경제활동은 공식 부문에서의 절취행위, 규정된 근무 시간 내에 진행되는 제2경제활동, 기업소 간 뒷거래와 생산재시장, 각종 무역 관련 불법활동, 계획외 생산 등이 있다. 비계획 영역의 경제활동은 합법적인 것과 불법적인 것으로 살펴볼 수 있다. 합법적인 사적 경제활동은 텃밭이나 개인 부업밭 등의 사적 경작과 8 · 3 인민소비품 생산운동의 가내작업반과 부업반 등의 유사 사적 생산, 가내수공업, 개인 서비스활동 등이 있다. 불법적 사적 경제활동은 개인 뙈기밭 경작과 소규모 지하공장, 밀무역, 사채 거래, 외화 암거래 및 주택 거래 등이라 할 수 있다. 임수호, 『계획과 시장의 공존: 북한의 경제개혁과 체제 변화 전망』, 서울: 삼성경제연구소(2008).

법을 모색하는 과정에서 2003년 3월 종합시장을 공식화했다. 그 결과 시장은 더욱 활성화되었고, 많은 여성이 장사를 통해 가족의 생계를 유지하게 되었다. 그러나 2007년 시장은 다시 통제되기 시작하는데, 이유는 장사가 합법적인 시장 외에서도 활성화되고, 일할 나이의 여성들이 공식 영역에서 노동하지 않고 장사를 하고 있기 때문이었다. 공식 영역의 경제를 활성화하기 위해 북한 당국은 시장과 장사를 하는 여성에 대한 통제를 시작했다. 시장 출입에의 연령을 40세 이상으로 제한하고 여맹이나 가내작업반을 통해 여성을 공식 경제 부문으로 포섭하려 했다. 그러나 여성은 그 조치에 반발하고, 통제를 우회하거나 회피하는 등의 전략을 구사했다.[28] 국가가 안정된 배급과 월급을 보장해 주지 않고, 시장에서의 수입이 국가의 월급보다 나은 상태에서 여성은 공식 영역에서 노동하려 하지 않았기 때문이다. 그러나 시장에 대한 통제로 발생하게 되는 시장의 불법성은 여성에 대한 인권 침해로 이어지고,[29] 여성의 부담을 가중시켰다. 사회노력 동원 자체의 과도한 노동도 여성과 가족에게 부담이지만, 동원에 참여하면서 생계유지를 위한 장사도 해야 하고 가사노동도 병행해야 하기

28 강제 동원 시 출근을 거부하거나 시장에 시어머니나 어머니를 내보내 장사를 하게 하고 벌금을 내거나 뇌물을 고여 노력 동원을 피하는 등 다양한 생존전략을 구사하고 있다. "식량 분배를 약속받고 농촌에 진출했던 함경북도 은덕군 여성들은 약속이 지켜지지 않자 집단으로 결근했다. 올해 초 부양여성(가정주부)들을 농장에 진출시킬 데 대한 방침이 나온 이래 각 지역에서는 농촌 진출자를 모집해 왔다. 각 동(읍)사무소에서 여러 차례 강연을 하거나 해설 담화를 통해 활발히 선전했지만 누구도 선뜻 자원하는 사람이 없었다. 지원율이 저조하자, 급기야 당국에서는 농촌에 진출하면 최소 8개월 분량의 식량을 미리 배분해 주겠다는 약속을 했다. 일단 기한은 3년으로 하고, 집안일이 생기면 농장일을 하지 않아도 좋다는 약속도 했다." 좋은벗들, 『오늘의 북한 소식』, 268호(2009).

29 불법적인 시장활동은 관료들의 부정부패를 심화시키고 그에 따른 피해는 고스란히 시장에서 장사를 하는 여성에게로 돌아갔다. 장사를 하기 위해서는 시장을 관리하고 통제하는 관료들에게 뇌물을 바쳐야 하기 때문에 노력의 대가만큼 수입을 보장하기 어렵고, 더 많은 노력을 들여야 하는 어려움을 겪는 것이다. 그리고 통제를 빌미로 북한 여성은 다양한 폭력에 시달렸는데, 장사를 하는 과정에서 북한 여성은 시장관리소 사람들, 당 기관 간부, 공식·비공식적인 운송 관련 남성들, 군인 등으로부터 폭력을 당하고 있다. 박순성 외, 『탈북여성의 탈북 및 정착 과정에서의 인권 침해 실태조사』, 국가인권위원회(2009).

때문이었다.

그리고 시장통제는 여성의 경제적 이익을 축소시키면서 관료들이 경제적 이익을 취하는 기회이기도 하다. 중앙 및 지역의 관료들은 시장에 직·간접적으로 개입해 경제적 이익을 챙기는 것이다. 북한에서 시장은 다양한 권력기관 사이의 협력 및 공생 관계에 묻혀 있다고 할 수 있으며, 기본 관료그룹인 당, 내각, 군부, 정보기관, 치안기관 등 관련 부처들이 자신의 권한을 이용해 시장의 잉여를 전유하고 있다.[30] 기존의 위계구조가 변화하지 않는 상황에서 여성이 경제활동을 하고 있기 때문에 결국 시장에서 나타나는 위계구조 속에서 여성은 가장 하위에 위치한다. 그로 인해 북한 여성의 경제활동은 가족과 관료, 나아가 국가의 생계와 경제적 이익을 위한 활동이 되면서 기존의 가부장적 질서를 유지하는 데 기여하는 결과를 낳고 있다.

한편, 북한의 시장은 기존의 사회적 위계 관계를 함축하고 있는 공간이다. 우선 북한에서 시장은 비공식, 비합법, 사적인 공간이자 여성들의 공간으로 여겨졌다. 북한 남성은 장사를 '낯 뜨거운 일'로 인식했기 때문에 주로 여성이 장사를 했다. 시장이 합법화되면서 시장은 국가에 의해 관리·통제되는 공간이 되었다. 이는 국가로 대표되는 남성에 의한 여성 통제라 할 수 있다. 시장에서 주로 활동하는 사람은 여성이고, 시장통제는 관료, 즉 남성에 의해 이루어지기 때문이다. 결국 국가에 의한 시장의 통제는 '시장=감독·통제 대상=여성 공간', '국가=감독·통제 주체=남성'이란 구도를 강화하고 있다.[31]

그리고 시장에서의 경제활동 내용에도 기존의 사회적 위계 관계가 나

30 홍민, 「북한의 화폐개혁과 사회적 생계윤리: 도덕경제의 관점에서 본 사회 변화」, 북한연구학회 춘계학술회의 자료집 『화폐개혁 이후 북한의 변화상과 한반도 평화』(2009).

31 박순성 외, 『탈북여성의 탈북 및 정착 과정에서의 인권 침해 실태조사』, 국가인권위원회(2009).

타난다. 시장에서 장사를 하기 위해서는 자본이 필요한데, 이때 여성의 계층적 차이가 드러나게 된다. 남편의 직업과 사회적 위치에 따라 시장에서 팔 수 있는 물품과 장사를 할 수 있는 밑천이 달라지고 그로 인해 경제적 이익에서 차이가 나타나는 것이다. 남성과 여성 간의 차이도 나타나는데, 여성은 뙈기밭이나 텃밭에서 가꾼 농산물을 내다 팔거나 생필품과 같은 물품을 판매하는 것에 비해, 남성은 자동차를 구입해서 운반하거나 기계류, 자전거 부속 등을 팔았다. 기존의 성별 분업구조가 장사를 할 수 있는 자본의 접근에서 차이를 야기하고, 판매 물품과 규모, 경제적 이익면에서 남성과 여성에게 차별적 결과를 낳았다.

이처럼 국가에 의한 시장의 합법화와 통제가 여성의 부담을 가중시키고 기존의 질서를 강화시켰으나, 기존 질서에 대한 여성의 의식 변화도 야기했다. 시장에서 경제활동을 하면서 북한 여성의 지도자에 대한 충성에 관한 의식이 변화한 것으로 보인다.[32] 이전 시기 국가가 배급과 사회복지를 책임지던 때와 달리 더 이상 국가가 여성과 가족을 위해 보장해 주는 것이 없게 되자 의식이 변화되기 시작한 것이다. 가부장적 온정주의에 입각한 국가사회주의는 국가가 대표로 여성을 대신해서 여성의 문제를 돌보아 주고 결정해 주며 해결해 주는 것을 기본으로 삼았고, 이에 대해 여성은 적극적으로 국가에 의존하는 데 동의해 왔다.[33] 그러나 국가가 여성의 문제를 돌보아 주고 생계를 책임져 주지 못하게 되면서 체제를 지탱해 왔던 가부장 수령과 국가의 권위는 약화되었다. 그에 따라 북한 여성은 국가와 사회, 집단보다는 개인과 자신의 가족을 중심으로 한 사고를 하게 되었고, 국가의 통제에 무조건적인 복종과 순응을 하지 않게 된 것이다.[34]

32 자세한 내용은 이 책의 5장 "북한 사회보장제의 축소와 가족경제" 참조.
33 함인희, 「북한식 사회주의 체제와 여성관」, 『민족과 문화』, 한양대 민족학연구소(2000).

그럼에도 불구하고 북한 여성의 변화된 의식은 체제 자체에 대한 부정이나 비판으로 이어지지는 않았다. 국가사회주의의 가부장적 · 아버지적 원칙이 현실적 · 상징적 성별 질서를 안정화시키고 확대하며 개인의 일상생활을 지배하기 때문에, 가부장적 성별 관계에 대한 비판은 정치 체계에 대한 직접적인 비판이 되므로 개인적인 차원에서만 시도된다.[35] 이처럼 북한 여성 개인의 의식 변화가 전체 사회적인 변화로 이어지지 않는 것은 기존의 가부장적 질서가 강하게 자리잡고 있기 때문이기도 하고, 시장이 가부장적 질서를 강화하는 측면도 있기 때문이다.

따라서 북한의 시장은 여성의 의식 변화를 야기하여 사회적 변화의 가능성을 드러내기도 하지만, 기존의 계층구조와 사회적 질서가 견고하게 지속되는 것을 보여 준다. 특히 국가와 시장의 관계에서, 시장 내부의 주체와 경제행위의 내용에서 기존의 가부장적 질서가 유지되고 있음을 알 수 있다.

34 사회통제력을 확보하기 위해 북한 당국은 복장 단속, 조직생활 강화 등 각종 조치를 취하고 있으나 이러한 정책들은 생계를 유지해야 하는 여성의 생활과 괴리되어 있어 여성들은 더 이상 순응하지 않는다. "150일 전투 기간인데도, 여성들의 복장 단속이 거리 곳곳에서 이루어지고 있다. 북한 당국은 여성들에게 치마만 입도록 강요하고 있는데, 치마를 입지 않은 사람은 시장에도 들어가지 못하게 할 정도이다. 그런데 본격적인 동원 철을 맞이해 여성들은 일하기에 치마가 너무 불편하다고 호소한다. 아무래도 활동하기에 자유로운 바지를 선호하다보니 치마보다 바지를 입고 다니는 여성들이 대부분이다. 이에 당국은 다시 청년동맹 규찰대와 녀맹 규찰대, 학생 규찰대 등을 총동원해 바지 단속에 나섰다. 치마를 입지 않은 여성들을 붙잡아 강제노동을 시키니, 치마를 입지 않고선 어디에도 갈 수 없는 상황이다. 평안남도 남포시 여성들은 "길가에도 (규찰대들이) 쫙 풀려 있다. 심지어 장사하러 가는 게 아니라, 장보러 가는데도 치마를 안 입었다고 시장에 들여놓지 않는다. 150일 전투 기간에 생산성을 높이자면 일하기 편한 옷을 입는 게 좋은 거 아닌가. 우리 여자들이 제일 불편해하고 입기 싫어하는 치마를 왜 그렇게 입으라고 난리인지 모르겠다"고 이구동성으로 말한다." 좋은벗들, 『오늘의 북한 소식』, 285호(2009).

35 Irene Dolling, "Between Hope and Helpless: Woman in the GDR after the 'turning point'," *Feminist Review*, no. 39(1991).

5. 맺음말

북한 당국은 경제 위기 시와 경제 회복과 안정을 위한 정책 실행 과정에서 사회의 기초 단위로 인식되는 가족을 활용했고, 특히 여성의 역할을 강조했다. 이 과정에서 북한 여성은 여성 개인이 활용할 수 있는 자원, 즉 집안의 비품, 노동력, 몸 등을 동원하여 가족의 생계를 책임져 왔다. 북한 여성의 생계유지를 위한 노력은 이전과 다른 생활양식, 즉 장사를 하고, 이익을 취하고, 국경을 넘는 등 국가정책을 위배하는 과정이었고, 그 속에서 여성의 의식과 행위는 변화했다. 그러나 체제 안정을 도모하고 경제 발전을 이루고자 하는 북한 당국의 정책적 조치 속에서 북한 여성과 가족은 자신과 가족을 위한 생존 전략과 국가의 정책을 수용해야 하는 어려운 상황에 놓이게 되었다. 이에 북한 여성과 가족은 국가정책과 자신의 현실의 경계를 오가며 나름대로의 전략을 구사하고 있다. 그러나 이러한 전략의 구사가 기존의 강력한 사회 질서와 국가 질서를 변화시키는 힘을 갖고 있지는 못하다.

이 책은 이 장에서 개괄한 선군 시대의 북한 여성과 가족의 변화의 의미를 분야별로 살펴보고 있다. 이는 한 사회의 변화가 그 사회를 구성하는 여성 · 가족과 밀접한 관계를 맺고 있다는 인식에서 출발한 것으로, 북한 여성과 가족의 변화를 통해 북한 사회의 변화를 논의하기 위한 노력이라 할 수 있다. 우선 제1부의 1장, 2장, 3장은 정치 · 조직 · 경제 영역에서 이루어진 북한 당국의 각종 조치 속에서 여성과 가족의 변화를 다루었다. 국방위원회의 위상 변화라는 정치적 상황과 경제 위기로 인한 국가통제력의 약화, 비공식 사경제활동에의 여성의 높은 참여라는 사회적 변화가 여성에게 미치는 영향을 살펴보았다. 그리고 제2부의 4장, 5장, 6장은 교육, 사회보장제도, 가족 부문에서의 북한 여성과 가족 관련 제도와 삶의 변화를 살피고 있다. 북한 여성과 관련한 제도의 변화를 통해 여성의 의식과 삶의 변화뿐만 아니라 현재 북한의 가부장적 질서가 변화하는 데서 나타나는 한계와 가능성을 짚어본다.

이 책에서 다루는 논문들의 분석 결과에 따르면, 북한 여성의 의식이 변화하여 가족 안에서의 역할이 변화한 측면이 있으나 기존 북한의 가부장적 질서를 변화시키기에는 한계가 있다. 왜냐하면, 비공식 부문의 경제활동에 참여한 북한 여성은 생존의 위기에 직면했던 일반 여성이기 때문이다. 북한 사회는 계층화되고 그에 따른 권력화가 이루어졌기 때문에 권력층이 아닌 일반 여성이 사회와 국가의 변화에 큰 영향력을 행사하기란 쉽지 않다. 그리고 여성과 가족의 생존을 유지하기 위한 전략 속에서 변화한 의식과 행위들은 이후 안정과 기존 질서로의 회귀를 추구하는 국가와 사회의 강력한 힘을 거스르는 데 한계가 있다. 그뿐만 아니라 변화한 북한 여성의 의식이 기존 가부장적 질서에 대한 비판으로까지 이어지지 못하고 있기 때문이다. 특히 여성이 가족의 생계를 책임지기 위해 벌여왔던 활동은 여성이 아내, 어머니로서 역할을 수행해야 한다는 기존 성역할의 틀 안에서 이루어진 것이기 때문에 더욱 그러하다. 마지막으로 기존 북한의 가부장적 질서 속에서 위계화된 성별 관계에 의해 형성된 정치적 · 경제적 구조가 현재에도 영향을 미치기 때문이다. 이는 북한 여성의 비공식 부문 사경제활동의 양상을 살펴보았을 때, 기존 가부장적 질서 속에서 축적되어 온 인적 · 물적 자원의 영향이 현재에도 영향을 미쳐 성별 위계화된 모습을 띠는 것을 보면 알 수 있다.

그럼에도 불구하고, 그동안의 북한 여성과 가족의 변화가 이후 사회의 변화와 가부장적 질서를 변화시키는 데 가능성을 내포하고 있다. 북한 당국이 경제적 안정과 체제 유지를 위해 실리를 추구하고 있고, 북한 여성 역시 생존을 유지하기 위한 전략을 구사하는 과정에서 개인의 능력을 중시하게 되고, 사회를 바라보는 시선이 바뀌었기 때문이다. 또한 북한 여성은 자신의 생존을 위협하는 정책에 대한 비판적 입장을 가지고 소극적이나마 실천하기 때문이다.

이 책은 현재 북한 여성과 가족의 변화를 두고 북한 사회의 변화를 점치기란 쉽지 않으나 그 가능성과 한계를 짚어봄으로써 이후의 변화를 위해 무엇이 필요하고 어떤 조건이 마련되어야 하는지를 보여 주고자 했다. 이후 북한 여성과 가족의 변화, 그리고 이를 통한 북한 사회의 변화와 관련한 깊은 논의들이 더욱 활성화되기를 기대한다.

참고 문헌

김경희 · 김혜장, 「가부장적 국가」, 한국여성연구소, 『여성과 사회』(1997).

박순성 외, 『탈북여성의 탈북 및 정착 과정에서의 인권 침해 실태조사』, 국가인권위원회(2009).

박영자, 「북한의 근대화 과정과 여성의 역할(1945~1980년대): 공장과 가정의 정치사회와 여성노동을 중심으로」, 성균관대학교 정치학과 박사학위 논문, 미간행(2004).

_____, 「북한의 민족주의와 여성: 민족주의 담론과 여성정책 변화를 중심으로」, 한국국제정치학회, 『국제정치논총』 제45집 1호(2005).

박현선, 「현대 북한의 가족제도에 관한 연구」, 이화여대 사회학과 박사학위 논문, 미간행(1999).

박혜란, 「생활문화와 삶의 질」, 이화여자대학교 한국여성연구원 편, 『통일과 여성』(서울: 이화여자대학교출판부, 2001).

실비아 월비, 유희정 옮김, 『가부장제 이론』(서울: 이화여자대학교출판부, 1996).

안찬일, 「북한의 통치이념에 관한 연구」, 건국대학교 정치학과 박사학위 논문, 미간행(1997).

우에노 치즈코, 이선이 옮김, 『내셔널리즘과 젠더』(서울: 박종철출판사, 1999).

윤미량, 『북한의 여성정책』(서울: 한울, 1991).

이대근, 『북한 군부는 왜 쿠데타를 하지 않나: 김정일 시대 선군정치와 군부의 정치적 역할』(파주: 한울아카데미, 2003).

이미경, 「이상적인 여성상을 통해서 본 북한의 여성정책: 『조선녀성』의 내용 분석을 중심으로」, 아태지역연구센터 『중소연구』 통권 102호(2004).

_____, 「경제난 이후 북한 여성의 삶과 의식 변화의 한계」, 북한연구학회 편, 『북한의 여성과 가족』(서울: 경인문화사, 2006).

이상화, 「사회주의 이념과 남녀평등」, 이화여자대학교 한국여성연구소 통일문제세미나자료집 『북한의 여성관』(1992).

이재경 외, 이화여자대학교 한국여성연구원 기획, 『국가와 젠더: 성 주류화의 이론과 실천』(파주: 한울아카데미, 2009).

임수호, 『계획과 시장의 공존: 북한의 경제개혁과 체제 변화 전망』(서울: 삼성경제연구소, 2008).

장필화, 「북한의 성별 분업」, 이화여자대학교 한국여성연구원 편, 『통일과 여성』(서울: 이화여자대학교출판부, 2001).

정진상 · 김수민 · 윤황, 「북한의 인구구조에 관한 분석」, 북한연구학회, 『북한연구학회보』 7권 1호(2003).

조형, 「북한 사회체계와 가부장제」, 통일문제학술세미나자료집, 『북한의 여성관』(이화여자대학교 한국여성연구소, 1992).

좋은벗들, 『오늘의 북한 소식』, 67호, 86호, 88호, 89호, 104호, 105호(2007).

_____, 『오늘의 북한 소식』, 268호(2009).

테레사 쿨라빅 외, 한국여성정책연구회 옮김, 『복지국가와 여성정책』(서울: 새물결, 2000).

함인희, 「베트남 통일의 교훈: 여성의 사회통합 과정을 중심으로」, 이화여자대학교 한국여성연구원, 『여성학논집』, 제14 · 15합집(1998).

_____, 「북한식 사회주의 체제와 여성관」, 『민족과 문화』, 한양대 민족학연구소(2000).

홍민, 「북한의 화폐개혁과 사회적 생계윤리: 도덕경제의 관점에서 본 사회 변화」, 북한연구학회 춘계학술회의 자료집 『화폐개혁 이후 북한의 변화상과 한반도 평화』(2009).

Irene Dolling, "Between Hope and Helpless: Woman in the GDR after the 'turning point'," *Feminist Review*, no. 39(1991).

제1부

정치 · 조직 · 경제 영역의 변화가 여성에게 미치는 영향

1장 | 국방위원회의 강화와 여성 엘리트의 역할

차남희(이화여대 정치외교학과 교수)
정성임(육군사관학교 안보관리학과 연구교수)

1. 머리말

사회주의 국가에서 여성들의 정치적 지위와 활동은 어떠한가? 레닌(Vladimir I. Lenin)에 따르면, 여성의 불평등과 억압은 여성이 가사노동에만 종사하고 생산 현장에서는 소외된 데 그 근본 원인이 있다. 따라서 여성이 남성과 마찬가지로 생산노동에 참여한다면, '여성문제'는 해결되고 남녀평등은 실현되며 이를 보장하는 체제가 바로 사회주의 체제라고 주장했다.

그러나 현실은 이와 다르다. 당은 국가정책의 수행을 위해 여성을 의식화하고 그들의 노력을 동원하는 데 주안점을 둔 결과 여성은 가정생활과 노동생활을 병행하는 이중고에 시달렸다. 이러한 특징이 단적으로 나타난 곳이 북한 사회이고 북한 여성의 현실이다. 여성의 정치의식화는 최고지도자 및 당에 대한 충실성에 초점이 맞추어져 있으며 여성에 대한 사상

교양 학습은 최고지도자에 대한 충실성 교양과 함께 '가정의 혁명화', '여성의 노동계급화'를 중심으로 이루어져 있다. 이런 상황 속에서 여성 스스로 정치적인 자각과 함께 역량을 키워 정치활동을 벌이거나 당·정·군 각 부문에서 최고 책임자가 되기란 어려운 구조이다. 실제 북한 권력 체계의 주요 지위는 남성이 차지하고 있으며, 여성은 특정 직위 및 배려에 의해 지배 엘리트에 포함되어 있을 뿐이다. 여성의 정치활동은 한계 내에서 이루어질 수밖에 없는 구조인 것이다. 먼저 최근 북한 권력 체제의 변화와 특징을 살펴본 후, 여성 엘리트의 특징 및 활동을 살펴보기로 한다.

2. 국방위원회의 변화와 권력 체계

선군 시대에 가장 두드러진 변화를 보인 국가기구는 국방위원회이며 국방위원회는 일반적으로 '선군정치의 제도화'로 표현되곤 한다. 2009년 4월 헌법 개정을 통해 국방위원회가 국가의 중요 정책을 입안하는 등 권한이 더욱 확대된 것은 선군 시대에 국방위원회의 위상이 점차 강화되고 있음을 잘 보여 준다.

1) 국방위원회의 변화와 특징

최근 일각에서는 국방위원 수의 증가와 새로 임명된 국방위원들의 중요도로 인해 향후 북한이 국방위원회 중심으로 권력기구를 운영하는 것이 아닌가 하는 추측이 대두되고 있다. 북한에서 국방 관련 기구가 처음 등장한 것은 1950년 군사위원회(위원장 김일성, 위원 부수상 박헌영·홍

〈표 1〉 국방위원회와 국방위원장의 업무 변화

<table>
<tr><th rowspan="2">구분</th><th rowspan="2">헌법</th><th colspan="2">헌법</th><th rowspan="2">국방위원장 임무 · 권한</th></tr>
<tr><th>성격</th><th>권한</th></tr>
<tr><td rowspan="2">김일성 시대</td><td>1972</td><td colspan="3">언급 없음</td></tr>
<tr><td>1992</td><td>· 국가주권의 최고군사지도기관</td><td>· 전반적 무력 · 국방건설사업 지도
· 주요 군사간부 임명 · 해임
· 군사 칭호 제정 및 수여 (장령 이상)
· 유사시 전시상태, 동원령 선포</td><td>· 일체 무력 지휘통솔</td></tr>
<tr><td rowspan="2">김정일 시대</td><td>1998</td><td>· (+)전반적 국방관리기관</td><td>· (+)국방 부문 중앙기관 내오거나 없애</td><td>· (+)국방사업 전반 지도</td></tr>
<tr><td>2009</td><td>· 국가주권의 최고국방지도기관</td><td>· 국가 주요 정책 수립 · 국방위원장명령 · 국방위원회 결정 감독/대책 수립
· 국방위원장명령 · 국방위원회 결정 및 지시에 어긋나는 국가기관의 결정 · 지시의 폐지</td><td>· 최고지도자
– 전반적 무력의 최고사령관
– 일체 무력 지휘통솔
· 국가의 전반사업 지도
· 국방위원회 사업 직접 지도
· 국방 부문의 주요 군사간부 임명 · 해임
· 다른 나라와의 중요 조약 비준 · 폐지
· 특사권 행사
· 나라의 비상사태 · 전시상태 · 동원령 선포</td></tr>
</table>

명희 · 김책, 민족보위상 최용건, 내무상 박일수, 국가계획위원장 정준택)이다. 한국전 후 헌법에 다시 국방 관련 기구가 등장한 것은 1972년이며 이때 국방위원회는 중앙인민위원회 산하에 설치되었다. 그 후 국방위원회는 1992년 별도의 기구로 독립했고, 1998년과 2009년 헌법 개정을 통해 담당 업무에 변화를 보여 왔다.

국방위원회의 공식적인 성격 및 권한은 김일성 시대와 김정일 시대에 차이가 있으며 또한 김정일 시대에도 다시 한 번 큰 변화를 보인다. 1998년 헌법 개정을 통해 선군 시대에 맞게 김정일의 군권(軍權)을 강화했다면, 2009년 헌법 개정은 김정일의 국가적 지위 격상과 함께 국방위원회의 위상 강화와 관련되어 있다.

(1) 김정일 시대와 국방위원장의 군권 강화

김일성 시대와 김정일 시대 국방위원회의 변화는 1992년과 1998년 헌법 개정을 통해 볼 수 있다. 김일성 시대인 1992년 국방위원회는 중앙인민위원회 산하기관으로부터 독립하여 '국가 주권의 최고 군사지도기관'으로 규정되었다. 이에 따라 국방위원회는 전반적 무력 및 국방건설사업을 지도하고, 중요 군사 간부를 임명 및 해임하며, 장령 이상의 군사 칭호를 제정 및 수여하고, 유사시 전시 상태 동원령을 선포할 수 있는 권한을 가지게 되었다.

김정일의 선군정치가 본격적으로 이루어진 1998년, 국방위원회는 헌법 개정을 통해 성격 및 권한에 변화를 보였다. 최고인민회의(상임위원회), 내각, 지방 주권기관들, 사법검찰기관보다 우위에 올라서는 한편 업무는 좀 더 포괄적으로 변했다. 국방위원회는 '최고 군사지도기관'에서 '전반적 국방관리기관'으로 관장 범위가 더욱 확대되었고 이에 따라 국방관리기관을 없애거나 내오는 권한도 가지게 되었다. 그리고 국방위원장의 권한도 국방위원회의 변화와 함께 '일체 무력을 지휘통솔'하는 것에서 '국방사업 전반을 지도'하는 것으로 확대되었다.

즉, 두 시대의 가장 큰 특징은 국방위원회가 '군사' 부문에서 '국방' 부문으로 좀 더 확대된 범위를 관장하는 지도기관으로 바뀌었다는 점이다. 그러나 이는 국방위원회 자체의 강화보다는 국방위원장의 군권 강화에 따른 변화로 해석해야 한다. 1972년 사회주의헌법에 따르면, 국방위원장으로 일체의 무력을 지휘통솔하며 전반적 무력의 최고사령관 역할은 김일성 주석에게 있었다. 그런데 후계 체제의 확립과 함께 김정일은 당 외에 국가기구에서도 일정 지위를 가지게 되었다. 그 대표적인 국가기구가 국방위원회이다. 따라서 그 후 국방위원회의 변화는 김정일의 위상과 관련되어 있으며 그 시작은 1992년 헌법 개정이었다.

김정일은 1990년 5월 4일 최고인민회의 제9기 제1차 회의에서 국방위원회 제1부위원장으로 임명되었다. 1992년 헌법은 이러한 김정일의 직위 변화를 반영한 후속 조치의 성격을 가진다. 그리고 1998년 헌법은 국방위원장인 김정일의 군권 강화라는 성격을 가진다. 김일성 시대가 주석의 지위를 가진 수령의 시대였다면 김정일 시대는 선군의 시대이다. 주석을 공석으로 남겨 둔 김정일이 북한 사회를 통치하기 위해서는 주석과 다른 지위가 필요했다. 그런데 선군정치는 '군 중시 정치'로 군 통수권지 중심으로 이루어지기 때문에 국방위원장의 권한을 강화할 필요가 있었다. 이러한 측면에서 국방위원장의 권한을 일체의 무력 통솔뿐만 아니라 국방사업의 전반을 지도하는 것으로 확대시켰고 국방위원회의 업무 또한 확대되었다.

헌법상 국방위원회는 군 지휘권을 가지고 있지만(제113조) 이것은 조선인민군 최고사령관을 겸임하는 김정일 국방위원장의 권한이다. 국가기구에서 군 지휘권을 가진 기구는 없으며 개인에게 소속되어 있다. 1998년 헌법과 '조선로동당 규약'에 따르면, 군 지휘권과 인사권은 당 중앙군사위원회에 있다. 당 중앙군사위원회는 당 군사정책의 대행 방법을 토의 및 결정하며, 인민군을 포함한 모든 무장력의 강화, 군수산업 발전에 관한 사업을 조직·지도하며, 군대를 지휘한다. 군사정책의 결정, 군수산업의 지도, 군대의 지휘 등 군 관련 모든 권한을 가지고 있으며, 군수물자의 생산, 관리를 담당하는 것으로 알려져 있다.[1] 즉, 국방위원회는 군 지휘권과 관련 국방위원장 외에도 당 중앙군사위원회에 의해 제약받는 구조이다.

또한 군 인사권의 경우, 국방위원회는 중요 군사간부를 임명 또는 해임할 수 있다. 그런데 1998년 헌법 개정 이전에는 국방위원회 이름으로 한 건(최광 인민무력부장 임명)이 있었고 그 후 두 건(인민무력성 개칭 및 인민무력상 임명)이 있을 뿐이다.[2] 그나마 이들도 실질적인 인사권보다는 헌법 개정(명칭 변경)에 따른 후속 조치에 불과하다. 나머지 군 간부 인사는 차수 일부와 장령에 대해서는 최고사령관 명령으로 단행되거나 원수와 차수 일부에 대해서는 당 및 국가기관 공동 명의로 이루어진다. 반면, 최고사령관은 군대뿐 아니라 전체 인민을 대상으로 명령을 발동할 수 있다. 예를 들면, 대외적 위기에 대응한 전시 체제의 확립을 요구하는 명령, 군대의 정치적 위상을 높이기 위한 인사 명령, 군의 역할과 인민의 군대에 대한 원호를 강화하기 위한 명령 등이 있다.[3]

즉, 김일성 사망 후 김정일은 선군 통치 방식을 원활히 활용하고자 1998년 헌법 개정을 통해 제도적 차원에서 국방위원회의 업무를 확대시켰으며 그 중심은 국방위원장에 맞추어져 있다. 김일성이 주석의 지위에서 수령 방식으로 북한을 통치했다면, 김정일은 국방위원장의 직함을 가지고 선군정치 방식으로 북한을 통치하게 된 것이다.

(2) 2009년 헌법과 국방위원회 체제의 강화

선군 시대에 국방위원회는 다시 한 번 변화를 맞게 된다. 1998년 헌법

1 정유진, 「북한의 전 · 평시 동원체계 연구」, 『북한조사연구』, 제2권 제1호(1998).

2 이대근, 「조선인민군의 정치적 역할과 한계: 김정일 시대의 당 · 군 관계를 중심으로」, 고려대 정치외교학과 박사학위 논문(2000), 138쪽.

3 유영구, 「북한의 정치 · 군사 관계의 변천과 군내의 정치조직 운영에 관한 연구」, 『전략연구』, 제4권 제3호(1997), 100쪽.

개정에 이어 2009년에 다시 헌법이 일부 개정되었는데 그 핵심은 국방위원장의 지위 강화와 국방위원회의 변화에 있다. 1998년 헌법에서 국방위원회와 국방위원장의 기존 권한에 일부 권한이 첨가되었다면, 2009년 헌법은 완전히 새로운 성격과 권한을 부여하고 있다. 국방위원회는 '국가 주권의 최고 국방지도기관'으로, 국방위원장은 '국가의 최고지도자'가 된 것이다.

변화의 특징은 다음 두 가지이다.

첫째, 국방위원회는 전반적 국방관리기관'에서 '국가 주권의 최고 국방지도기관'으로 격상되었다. 이제 국방위원회는 국방위원장의 직접 지도를 받아 국가의 주요 정책을 수립하는 기관이 되었으며, 국방위원장이나 국방위원회의 결정 및 지시에 어긋나는 국가기관의 결정 및 지시를 폐지할 수도 있다. '국방위원회의 결정에 어긋나는 국가기관의 지시를 폐지' 할 수 있는 권한은 최고인민회의 상임위원장의 권한이었다. 1998년 헌법에서는 상임위원장이 '국방위원회의 결정과 명령에 어긋나는 국가기관의 지시를 폐지'할 수 있는 있는 권한을 가지고 있었는데 2009년 헌법에 따라 이러한 권한이 국방위원회로 넘어간 것이다. 국방위원회가 다른 국가기관보다 우위에 있다는 점이 더욱 명확해졌다고 할 수 있다.

둘째, 국방위원장은 권한 강화를 통해 이전 김일성 주석과 유사한 '국가의 최고지도자' 자리에 올랐다. 국방위원장은 전반적 무력의 최고사령관이자 일체의 무력을 지휘 통솔하며 국가의 전반적 사업 및 국방위원회 사업을 직접 지도하는 권한을 가지게 되었다. 국방위원장의 새로운 권한 중 일부는 기존에 국방위원회와 최고인민회의 상임위원장이 가지고 있던 것이었다.

1998년 국방위원회 권한이었던 '유사시 전시 상태 및 동원령 선포'는 '비상 사태, 전시 상태, 동원령 선포' 권한으로 그리고 '주요 군사 간부의 임명 · 해임' 권한은 '국방 부문 주요 군사 간부의 임명 · 해임' 권한으로 각각 확대되었다. '주요 군사 간부'에서 '국방 부문 주요 군사 간부'로 표현이 바뀐 것은 국방위원회가 최고 국방지도기관이라는 점, 그리고 군 엘리트가 군대뿐만 아니라 국방 관련 기관에 상당수 포진되어 있다는 점이 고려된 것으로 보인다. 또한 최고인민회의 상임위원장의 일부 권한도 국방위원장에게 이관되었다. 특사권, 그리고 '다른 나라와의 중요 조약을 비준 및 폐기'할 수 있는 권한이 그것이다. 1998년 헌법에서 상임위원장은 '다른 나라와 맺은 조약을 비준 및 폐기'할 수 있었는데 국방위원장은 그 중 '중요 조약'에 대한 비준 및 폐기권을 가지게 되었다. 이는 국가를 대표하는 역할이 상임위원장으로부터 국방위원장으로 바뀐 데 따른 것으로 보인다.

국방위원장의 새로운 권한은 이전 주석의 대외적 권한이 1998년 최고인민회의 상임위원회로 넘어온 것을 다시 2009년 들어 국방위원장으로 옮긴 것으로 국방위원장이 명실상부한 국가의 대표로 등장했음을 보여준다. 이렇게 본다면, 2009년 헌법에서 국방위원장의 권한 및 성격 변화가 더욱 눈에 띈다. 그런데 국방위원들의 변화를 구체적으로 본다면, 국방위원회가 본격적으로 권력 중심기구로 모습을 갖추고 제도화되었다고 볼 수 있다.

2) 국방위원의 소속, 신분, 업무별 변화

국방위원회는 김일성 시대에 '국가 주권의 최고 군사지도기관'에서 선군 시대에는 '국방관리기관' 그리고 다시 '국가주권의 최고 국방지도기관'으로 변화되었다. 국방위원회가 실제 이러한 기관으로 역할하기 위해서는 헌법의 변화 외에도 국방위원들의 구성에도 변화를 보여야 한다. 국방위원회의 성격 및 권한의 변화에 따라 국방위원들도 유사한 변화를 보였는지를 살펴보도록 하자. 다음은 1994년 이후 국방위원의 변화를 정리한 것이다. 〈표 2〉는 조선인민군 소속 국방위원들이고, 〈표 3〉은 당 및 국가기구 소속 국방위원들이다.

〈표 2〉 군 소속 국방위원의 변화

<table>
<tr><th>구분</th><th>연도</th><th colspan="8">직위</th></tr>
<tr><td>김일성 시대</td><td>1993</td><td>위원장
(김정일)</td><td>·</td><td>인민무력
부장
(오진우)</td><td>부부장
(김광지·
김봉률)</td><td>총참모장
(최광)</td><td>호위사령관
(이을설)</td><td>·</td><td>군단장
(주도일)</td></tr>
<tr><td rowspan="2">김정일 시대</td><td>1998</td><td>위원장
(김정일)</td><td>제1부
위원장
총정치국장
(조명록)</td><td>인민무력상
(김일철)</td><td>·</td><td>총참모장
(김영춘)</td><td>호위총국장
(이을설)</td><td>·</td><td>·</td></tr>
<tr><td>2009</td><td>위원장
(김정일)</td><td>제1부
위원장
총정치국장
(조명록)</td><td>부위원장
인민무력
부장
(김영춘)</td><td>제1부부장
(김일철)</td><td></td><td></td><td>총정치국
제1부국장
(김정각)</td><td>·</td></tr>
</table>

〈표 3〉 당 · 국가기구 소속 국방위원의 변화

<table>
<tr><th>구분</th><th>연도</th><th colspan="9">직위</th></tr>
<tr><td>김일성 시대</td><td>1993</td><td>당 군수
담당비서
(전병호)</td><td>·</td><td>·</td><td>·</td><td>·</td><td>제2경제
위원장
(김철만)</td><td>·</td><td>·</td><td>·</td></tr>
<tr><td rowspan="2">김정일 시대</td><td>1998</td><td>당 군수
담당비서
(전병호)</td><td>·</td><td>·</td><td>도당
비서
(연형묵)</td><td>·</td><td>제2경제
위원장
(김철만)
2004
(백세봉)</td><td>사회
안전부장
(백학림)
2004
인민
보안상
(최용수)</td><td>교통
위원장
(리용무)</td><td>·</td></tr>
<tr><td>2009</td><td>당 군수
담당비서
(전병호)</td><td>부위원장
당작전
부장
(오극렬)</td><td>당
행정부장
(장성택)</td><td>·</td><td>당 군수
공업부
제1부부장
(주규창)</td><td>제2경제
위원장
(백세봉)</td><td>인민
보안상
(주상성)</td><td>부위원장
교통
위원장
(리용무)</td><td>국가안전
보위부
부부장
(우동측)</td></tr>
</table>

위의 두 표를 보면, 김일성 시대에서 김정일 시대로 넘어가면서 군 소속 국방위원보다는 당 및 국가기구 소속 국방위원이 점차 늘고 있으며, 특히 2009년 헌법 개정 전후에 당 · 정 · 군 소속 국방위원이 균형적으로 포진되어 있다. 국방위원의 소속, 신분, 업무별로 다시 재구분(위원장 제외)하여 그 의미를 살펴보도록 한다.

첫째, 소속에 따른 변화를 보면, 김일성 시대와 김정일 시대의 가장 큰 차이는 군 소속 국방위원과 당 및 국가기구 소속 국방위원의 비율에서 찾을 수 있다. 1992년 헌법 개정 후 김정일은 이미 국방위원장 자리에 올랐다. 이때 국방위원회는 '군사지도기관'으로 인민무력부 부장, 부부장, 총참모장, 호위사령관, 군단장 등 야전의 대표 직위를 가진 군인들이 국방위원의 대다수를 차지했으며 당에서는 군수 담당비서, 그리고 국가기구에서는 군 경제를 담당하는 제2경제위원장이 국방위원에 포함되었을 뿐이다. 말 그대로 군사를 지도할 수 있는 군인 위주로 국방위원회가 구성된 것이다.

그러나 김정일 시대에는 당 및 국가기구 소속 국방위원의 비율이 점차 늘어나고 있다. 1998년 '국방관리기관'인 국방위원회의 국방위원은 군 소속 4명, 당 소속 2명, 국가기구 소속 3명으로 이전과는 다른 모습이다.

〈표 4〉 국방위원의 소속, 신분, 업무별 분류

구분	연도	소속				신분			업무			
		군	당	국가	총계	군인	민간인	총계	군 관련	사회통제	기타	총계
김일성 시대	1993	5	1	1	7	6	1	7	7	0	0	7
김정일 시대	1998	4	2	3	9	7	2	9	6	2	1	9
	2009	4	4	4	12	8	4	12	7	4	1	12

인민무력부 부부장(1997년 이후)과 군단장(1995년 이후)이 빠지고 대신 당과 국가기구 소속 인물이 포함되었다. 도당비서 연형묵은 직책을 고려할 때 의외의 인물이지만 당 중앙위원회 중공업부 부장(1968년), 중공업 담당비서(1986년) 등 군 관련 업무를 담당한 인물로 일시 좌천되었다가 재중용된 경우로 보아야 한다. 국방위원에 포함된 국가기구는 사회안전부(인민보안성)와 교통위원회인데 이들 기구는 사회통제를 담당한다는 점에 공통점이 있다. 즉, 국방위원회가 '군사'가 아닌 '국방'을 관리하는 기구로 역할함에 따라 사회통제 기구 책임자도 합류한 것으로 보인다.

2009년 '최고 국방지도기관'인 국방위원회의 국방위원은 군 소속이 그대로 4명인 반면, 당 소속 4명, 국가기구 소속 4명으로 비교적 균형된 모습을 보인다. 특히 당 소속 인물의 약진이 눈에 띈다. 당 작전부장, 행정부장, 군수공업부 제1부부장이 합류했으며, 국가기구에서는 국가안전보위부 제1부부장이 포함되었다.

둘째, 신분의 변화를 보면, 김일성 시대와 김정일 시대는 1998년 별 변화가 없다가 2009년에 많은 변화를 보인다. 1993년 국방위원은 당 군수담당비서 전병호를 제외하곤 모두 군인이었다. 1998년에도 전병호와 함께 연형묵 정도만 민간인이고 나머지 국방위원은 군인이었다. 그런데 2009년에는 전병호 외에도 당 행정부장 장성택, 당 군수공업부 제1부부장 주규창, 그리고 제2경제위원장 백세봉이 민간인이다. 특징적인 점은 당에서 군 관련 업무를 담당하는 이들, 예를 들면 군수담당 비서나 군수공업부 제1부부장이 군인이 아닌 민간인이라는 점이다. 반면, 군 소속은 아니지만 국가기구에서 군사경제와 사회통제를 담당하는 인물은 군인 신분을 가지고 있다. 제2경제위원장인 김철만(대장), 인민보안상인 백학림(차수), 최용수(상장), 주상성(대장), 그리고 교통위원장인 리용무(차수), 국가안전보위부 수석 부부장인 우동측(상장) 등이 모두 군인의 신분이다.

선군 시대 군 엘리트의 위상 강화를 뒷받침해 주는 예라고 할 수 있다.

셋째, 업무의 변화를 보면, 국방위원회는 김일성 시대에 군 관련 담당자들로 구성되었다면, 김정일 시대에는 군(지휘 및 군수), 당(군수), 국가기구(사회통제)를 담당하는 이들로 구성된 점에서 차이가 있다. 김정일 시대인 1998년과 2009년을 비교하면, 2009년에 사회통제 관련 기구 담당 인물이 보강되었다는 점이 특징적이다. 장성택 당 행정부장(2010년 부위원장)의 경우, 일부에서는 후계자와 관련된 해석을 내놓고 있다. 그런데 그가 맡고 있는 당 행정부장의 업무는 보위부, 검찰 등 공안부서를 담당하고 있다. 이러한 점에서 장성택의 진입은 사회통제 관련 부서를 총괄하는 당 소속 인물의 진입으로 이해해야 한다. 또한 오극렬 당 작전부장의 진입은 국방위원회 산하에 정찰총국이 신설된 데 따른 것으로 알려져 있다. 해외 정보기관인 노동당 35호실, 미사일 등 무기 밀매를 주도하는 작전부, 대남 공작기구인 대외연락부 등 정보기관이 정찰총국으로 통합, 신설되었으며 작전부장을 맡고 있는 오극렬이 새로 국방위원이 된 것이다.[4] 그리고 국가안전보위부 부부장이 처음으로 국방위원이 된 것은 사회통제, 즉 업무와 연관된 것으로 보인다.

국방위원회가 군사지도기관 → 국방관리기관 → 국방지도기관으로 변모함에 따라 국방위원들 역시 변화를 보여 왔다. 1998년 '국방관리기관'으로 규정된 국방위원회의 국방위원은 여전히 야전의 주요 군인사들이 대부분이다. 역할 확대에 따라 사회통제 관련 인물이 두 명 추가되었고 이와 상관없는 주요 인물(연형묵)이 국방위원이 되는 등 국방위원회가 제 기능을 발휘하기에는 미흡하다고 평가할 수 있다. 반면, 2009년 국방위원들은 '최고 국방지도기관'의 역할을 할 수 있도록 국방위원들이 적

4 『연합뉴스』, 2009년 6월 18일.

절히 보강되어 왔다. 당 · 정 · 군의 적절한 배합과 군사 관련 담당 인물과 사회통제 관련 담당 인물이 모두 포함된 것이다.

이러한 점에서 본다면, 북한 스스로 "강성대국 건설 시대의 국가기구 체계는 당연히 국방 위주의 체계로 되어야"[5] 한다고 한 것처럼 국방위원회는 국방 위주의 체계로 구성되었다. 그러나 국방위원회가 "모든 정치, 군사, 경제적 역량을 통솔 지휘할 수 있게 되었다"[6]고 보기에는 문제가 있다. 경제 부문의 경우 군수 또는 군 관련 업무를 담당하는 당 군수담당 비서, 당 군수공업부 제1부부장, 제2경제위원장이 주요 구성원이며 민수 경제를 담당하는 인물은 포함되지 않았다. 그럼에도 국방위원회의 업무 개편과 신임 국방위원의 면면을 볼 때, 국방위원회는 이제 권력 중심기구로 역할을 할 수 있는 토대가 마련되었다. 이러한 측면에서 2009년 헌법 개정은 국방위원장의 역할 강화와 함께 국방위원회의 강화에도 초점이 맞추어진 것으로 보아야 한다.

3. 여성의 정치적 역할과 한계

국방위원회 국방위원 중에는 여성을 찾을 수 없다. 여성은 군(지휘 및 군수), 당(군수), 국가기구(사회통제) 등 군과 사회통제 부문의 최고위직에 오르지 못한 것이다. 그러면 여성 엘리트는 과연 누구를 말하며 주로 어떤 분야에서 활동하고 있는가?

북한에서 엘리트는 주로 '간부'라는 용어로 표현되곤 한다.[7] 이때 '간부'는 협의의 의미와 광의의 의미 두 가지가 있다. '협의의 간부'란 당 및

5 「로동신문」, 2003년 3월 12일.
6 「로동신문」, 1999년 6월 16일.

국가기관, 사회단체 등에서 일정한 책임적 지위에서 사업하는 핵심일군으로 일정한 집단이나 조직을 책임지는 고위층을 말한다. '광의의 간부'는 국가가 정한 기준 자격을 가지고 일정한 조직체나 기관, 집단 등에서 일하는 일군으로 노동자나 농민 등 일반 주민을 제외한 일반 사무원과 지식인층을 말한다. '협의의 간부'가 흔히 말하는 지배 엘리트라고 할 수 있다.

북한 사회에서 지배 엘리트는 '영도핵심'과 '지도핵심'으로 구성된다. '영도핵심'은 주석단에 오르는 노동당 정치국 위원과 후보위원, 비서국 비서, 국방위원회 간부, 차수급 장성 등 30~50명 정도에 이른다. '지도핵심'은 당 중앙위원회 중앙위원과 후보위원으로 이들은 군의 대장급과 당 중앙위원회 부장급, 도당 책임비서급, 그리고 내각의 상급과 사법검찰 최고 책임자, 사회단체의 중앙급 책임자, 도 인민위원장급, 장령 이상의 군인 등이 포함된다. 1970년대 김정일 주도로 만들어진 『간부사업지도서』에 따르면 정치국 비준간부가 대체로 좁은 의미의 북한 지배 엘리트인데 이들은 대체로 당 중앙위원회 중앙위원과 일치한다. 따라서 북한의 지배 엘리트는 대체로 당 중앙위원이며 이들이 당, 내각, 최고인민회의, 군 등에서 최고 또는 중앙급 직위를 중첩적으로 맡고 있다.

이러한 분류에 따르면, 여성의 정치적 위상은 당·정·군의 부문에서 여성이 최고 또는 중앙급 책임자를 어느 정도 차지하고 있는가를 통해 판단할 수 있다. 중앙위원은 1980년 이후 제외, 추가되는 등 변화되어 왔지만 이에 대한 정확한 정보는 알기 어렵다. 대안으로 최고인민회의 여성 대의원 중에서 인물 검색을 통하거나 언론에 노출된 여성 중에서 지도급 여성 인사를 선별해 낼 수 있다.

7 정창현, 「북한 지배 엘리트의 구성과 역할」, 세종연구소 북한연구소 엮음, 『북한의 당·국가기구·군대』, 세종연구소 북한연구총서 2(서울: 한울아카데미, 2007), 528-529, 537-542쪽.

북한 측 주장에 따르면,[8] 지난 60여 년 간 사회지도급 여성 8천여 명을 배출했다. 예를 들어, 2003년 8월 제11기 대의원 687명 중 여성이 20.1%를 차지하는 등 지난 60여 년 간 1,100명의 여성 최고인민회의 대의원이 나왔다는 것이다. 1990년 제9 · 11기 687명 중 20.1%(약 138명)에 이어 2009년 제12기에는 687명 중 15.6%(107명)를 여성이 차지한 것으로 알려지고 있다. 문제는 실제 이들이 정치 엘리트로 부를 수 있는가의 여부이다. 최고인민회의는 당이 결정하는 사항을 추인하는 기관에 불과하다. 그리고 대의원이 각 부문별 주요 지위에 오르는 것이 아니라 당, 군, 내각에서 책임자급 지위를 가지고 있는 이들이 대의원이 되는 구조이다. 실제 대의원 중 정치적 영향력을 가진 이들은 200~300명가량이며 나머지 반 이상은 직업, 지역, 성에 대한 배려와 분배에 의해 이루어지고 있다.

더구나 당 중앙위원이나 최고인민회의 대의원들을 분석할 때 일반적으로는 당 · 정 · 군의 비율 변화, 새로 진입한 사람과 탈락한 사람의 분석에 초점을 맞출 뿐 여성과 남성의 비율에 관심을 두는 이들은 거의 없다. 이는 정치 부문에서 여성의 역할이 미미하며 여성의 정치활동도 별다른 것이 없다는 점을 반증해 준다. 통일부에서 발간한 『2009 북한의 주요 인물』 자료집에서도 각 부문을 망라한 주요 인물 302명 중에서 여성은 14명에 불과하다. 또한 흔히 북한의 권력 서열을 평가할 때 주요 지표로 삼는 주석단 상위에는 여성들을 볼 수 없다. 따라서 여기에서는 먼저 북한 사회에서 왜 여성의 정치적 역할과 지위가 낮은가를 여성에 대한 인식의 특징을 통해 살펴본 후 제12기 최고인민회의 대의원과 『2009 북한의 주요 인물』 자료 등을 통해 여성 엘리트의 특징을 분석하기로 한다.

8 『조선중앙통신』, 2008년 3월 7일.

1) 여성의 역할과 정치적 한계

사회주의 논리를 보면, 남녀의 차이는 그들이 담당하는 노동의 종류, 그리고 이로 인한 사회 관계의 차이에서 비롯된다. 남성이 사회적 생산노동에 종사하는 반면, 여성은 사적인 가사노동만을 담당한다. 그 결과 남성의 활동은 중요하게 대우받는 반면, 여성의 활동은 보조적으로 폄하되면서 불평등한 구조를 낳는다.[9] 따라서 레닌은 여성문제의 해결 방식으로 사적 소유 폐지와 여성의 경제적 활동을 제시했다. 사적 소유가 폐지되고 여성이 경제적 활동을 벌이면 여성의 자연적 기능(어머니)과 사회적 의무(근로자)가 결합될 수 있다고 주장한 것이다.[10] 즉, 사회주의이론에서는 여성의 '경제적 역할'이 중요시된다. '여성문제'는 자본주의 타도를 통해 해결이 가능하며 여성은 경제적 역할을 통해 억압과 불평등 구조에서 해방될 수 있다고 보는 등 모든 문제의 해결책을 '경제적 역할'에 두기 때문에 정치적 역할 등 다른 부문에 대한 언급은 없다.

실제 '사회주의 조국'인 소련에서도 여성의 지위는 이러한 범주를 벗어나지 못했다.[11] 여성의 대표적인 대중조직인 '여성 소비에트'는 공산당의 지도하에 '새로운 공산주의 여성'을 만들기 위한 활동을 벌였다. 그 활동은 크게 세 가지, 즉 경제활동(생산 현장에 여성 동원), 정치활동(정치 계몽, 반종교활동), 사회 · 문화활동(환경 보호, 문화계몽, 육아, 복지, 교

9 조금안 옮김, 『마르크스 · 엥겔스 · 레닌 · 스탈린 여성해방론』(서울: 동녘, 1988), 15-17, 47-70쪽.

10 레닌, 「공산주의 여성운동을 위한 지침」(코민테른 제2차 대회, 1920년 11월), 「여성 속에서의 공산당활동의 방법과 형태에 관한 테제」(코민테른 제3차 대회, 1921년 7월), 「근로여성 속에서의 공산당활동에 관한 테제」(제3회 국제공산주의여성대회, 1924년 7월), 편집부 편역, 『코민테른 자료선집: 대중운동, 농민문제』 제2집(서울: 동녘, 1989), 128-136, 299-375쪽.

11 G. K. 브라우닝, 손봉숙 옮김, 『소련의 여성과 정치』(서울: 한국여성정치연구소, 1992); 한정숙, 「혁명, 그리고 여성해방: 혁명기 러시아 여성운동에 대한 史的 眺望」, 여성사연구회(편), 『여성』 제2권(서울: 창작사, 1988), 23-65쪽; 한국여성연구회(편), 「러시아의 여성조직: 1850년대에서 1930년까지」, 『여성과 사회』(서울: 창작과비평, 1990), 82-110쪽.

육) 등으로 나뉜다.

이 중 정치 부문에서의 활동을 보면 여성의 정치적 의식화가 이루어지는데 이러한 정치의식 고양은 당이나 국가정책에 여성을 성공적으로 동원하기 위한 방편의 하나였다. 또한 여성 소비에트는 투표장에서 지원하거나 후보자모임을 주선하고, 특정 이슈에 참여하는 등 정치활동을 벌였지만 이런 활동도 국가정책에 대한 지원에 지나지 않았다. 1960년대 베트남 원조사업, 1970년대 평화기금 모금 참여 등이 대표적인 예이다. 여성은 국가와 당 정책의 수행을 위한 노동력 동원의 대상인 한편 정치적 의식화를 통해 국가 건설에 적극 동참시키는 대상이었던 것이다. 이러한 사회적 분위기에서 여성이 정치적 자각과 함께 최고 또는 책임자급 직위에 올라가는 것은 현실적으로 제약이 따를 수밖에 없었다.

북한 사회에서 여성의 역할도 크게 다르지 않다. 국가 과업을 수행하기 위한 직접적인 노동력 제공 역할, 즉 경제적 역할이 중심이 되는 것이다. 차이가 있다면, 김일성의 우상화 및 후계 확립 과정에서 가정혁명화를 통한 국가 과업의 보조적 역할로 강조점이 바뀌게 된 점이다.

북한에서 대표적인 여성의 이미지는 '꽃'과 '충신 · 효녀'인데 이 두 이미지는 김일성, 김정일을 중심으로 연관되어 있다. '꽃'의 이미지에는 '나라의 꽃', '혁명의 꽃', '충성의 꽃', 그리고 '사회의 꽃' 등 중층적 이미지가 복합되어 있다. 여성은 '나라의 꽃'으로 국가의 부강 발전에 이바지하고, '혁명의 꽃'으로 당의 영도에 따라 사회주의 혁명에 앞장서며, '충성의 꽃'으로 김일성, 김정일을 충성으로 모셔야 하고, 그럴 때 여성은 '사회의 꽃'으로 피어날 수 있다. 그런데 '자연의 꽃'이 생명력을 유지하려면 햇빛이 필요하듯이 '사회의 꽃'도 생명력을 유지하려면 사회의 햇빛이 필요하다. 그 햇빛이 바로 김일성, 김정일이라고 주장한다. 그리고 이들이 여성의 삶을 유지시켜 주는 존재라면 그들에게 충신, 효녀가 되는 것은 당연하다는 논리를 전개한다. 즉 노동자나 농민, 군인과 마찬가지로 여성 또한 최고지도자와의 관계 속에서 국가 발전에 앞장서야 한다는 것이다.

이러한 여성의 이미지를 바탕으로 북한은 여성의 역할을 국가 과업과 연계시켜 제시해 왔다. 해방 후 1940년대와 1950대는 여성의 법적·경제적 지위를 향상시키는 여러 조치가 법제화되었으며,[12] 여성의 실질적 생산활동 참여가 급증하면서 경제적 역할이 증가되었다. 변화는 1960·70년대에 시작되었다. 당시 북한은 여성의 사회생활의 필요성을 꾸준히 제기하는 한편 가정과 관련된 사회적 역할도 점차 강조되기 시작했다.[13] 1950년대만 해도 김일성이 여성의 사회생활 참여 이유로 제시한 것은 노동력 제공, 그리고 여성의 정치적 후진성을 막기 위해서였다. 그런데 1965년 김일성의 연설에서는 일부 변화를 보인다. '사회주의 경제 건설에 노동력을 제공하고', '현실에 뒤떨어지지 않으며', '건강 유지에도 좋기' 때문이며 그 밖에 또 하나의 이유가 있다. 여성은 미래 공산주의 건설자인 자녀들에게 노동을 사랑하는 정신을 교양시켜야 하는데 이를 위해 여성이 먼저 노동에 참가하여 노동계급의 사상으로 무장할 필요성이 있다. 즉 여성의 노동 참여를 여성의 아동 교육과 연계시킨 것이다.

1971년 김일성의 표현은 좀 더 직접적이다. 여성이 사회와 동떨어진 생활을 하면 사회를 좀먹는 '식충이'가 되고 이기주의 사상이 자라나며, 다른 한편으로 여성이 혁명화되지 못하면 자신뿐만 아니라 가족에게 영향을 미쳐 이들을 망치는 결과를 가져온다는 것이다. 그리고 1976년 김

12 대표적인 것으로는 축첩 등의 처벌 규정(1950년 3월 최고인민회의 상임위 정령 제253, 256조), 여성의 생산활동 참여 보장을 위한 노동 법령(1946년 6월), 남녀평등권 법령(1946년 7월), 탁아소 규칙(1947년 6월), 탁아소에 관한 규정(1949년 2월) 등을 들 수 있다.

13 김일성, 「녀맹조직들 앞에 나서는 몇가지 과업에 대하여」(조선민주녀성동맹 제3차대회에서 한 연설, 1965.9.2), 『김일성저작집』 제19권(평양: 조선로동당출판사, 1983).

일성은 국가 차원에서 어린이보육 교양사업의 발전을 강조하면서도 할머니나 부모가 집에서 키우겠다고 하는 어린이들까지 억지로 탁아소에 넣을 필요는 없다고도 했다.

이러한 여성의 역할 변화는 1970년대 상황과 밀접히 연관되어 있다. 1970년대는 '3대 혁명'에 총력을 기울이던 때로 북한은 여성에게 두 가지를 요구했다. 하나는 여성을 혁명화·노동계급화하는 것이고, 다른 하나는 기술혁명을 통해 여성을 어렵고 힘든 노동에서 해방하는 한편 사상·문화혁명을 통해 여성이 법적으로 보장된 사회적 평등과 권리를 제대로 누리도록 한다는 것이다. 국가 과업인 '3대 혁명'을 위해 여성이 사상적·기술적·문화적 혁명 과업을 수행하도록 한 것이다. 이와 함께 1970년대는 대내외적 도전을 극복하고 김일성에 대한 충성과 사상을 강화하기 위한 사업을 벌이던 시기였다. 주체사상과 김일성의 항일혁명 전통에 대한 교양사업이 대대적으로 벌어졌는데, 교양사업에는 무엇보다 어렸을 때부터의 교육이 중요하다. 1차 교양은 가정에서 주로 이루어지며 따라서 여성의 가정에서의 역할이 강조되었다. 더구나 부자 세습을 통한 후계 체제 구축 과정에서 이 방식이 인민들에게 무리 없이 받아들여지려면 남편과 아들 중심의 가족 질서가 정당화되어야 한다. 즉, 1970년대 들어 여성은 체제와 정권의 필요에 따라 국가 과업 수행을 위한 경제적 역할과 함께 가정에서 훌륭한 어머니, 순종하는 아내 역할도 부각된 것이다.

이러한 김일성 시대의 특징은 김정일 시대에도 별다른 변화가 없다.[14] 1990년대 경제적 위기와 함께 여성의 역할과 국가 과업 간 관계는 더욱 직접적으로 드러났다. 1995년 『로동신문』 사설을 보면, 여성운동은 "당

14 『로동신문』, 1995년 7월 30일; 1996년 3월 8일; 1997년 3월 8일; 2000년 3월 8일.

의 영도를 받들어 여성들을 주체형의 혁명가로 준비시켜 나가는 충성의 운동이며 내 나라, 내 조국을 더욱 부강하게 하여 여성문제를 종국적으로 해결하기 위한 보람찬 투쟁"으로 규정되었다. 또한 1996년에는 여성운동이 수령의 유훈 교시를 관철하는 충성의 운동으로 표현되었고, 2000년에도 여성에게 "'강성대국 건설'에서 전진을 이룩하여 새 시대의 요구에 맞게 여성운동 발전에서 전환을 가져올 과업이 있음"을 지적했다.

북한에서 '여성문제'는 조국의 부강을 위한 '충성의 문제'이다. 국가의 행복이 곧 여성의 행복이며 강성대국을 위해서라면 그 어떤 역할이든 당이 부과하는 역할을 수행해야 한다. 여성의 정치적 역량이나 정치적 활동이 '여성문제' 해결과는 관련이 없다. '여성문제'의 해결을 국가 과제의 달성 여부와 동일시한다는 점에서 여성의 역할은 정치적 성격을 가지지만 그 내용은 주로 경제적 · 사회적 역할에 머무를 뿐이다. 여성은 경제적 산업 현장에서 '위력한 노동자'로, 그리고 사회적 단체에서 핵심 역할을 할 때 지배 엘리트의 범주에 들어가기 용이한 구조인 것이다.

2) 여성 엘리트의 특징

통일부의 『북한의 주요 인물』 2005년, 2007년, 2009년 자료와 2009년 최고인민회의 대의원 자료를 중심으로 여성 엘리트는 누구이며 어떠한 특징을 가지고 있는지 살펴보자.[15] 2009년 대의원은 687명(신규 선출 322명, 48.7%)이며 이 중 여성이 15.6%로 약 107명으로 추산된다. 이 중 경력 등이 확인된 여성 37명에 통일부 자료 등을 고려해 강관선(여맹

15 통일부, 『2009년 북한의 주요 인물』(서울: 통일부, 2009); http://www.nkchosun.com(조선일보 통한문제연구소); http://www.unikorea.go.kr(통일부); http://www.kinu.or.kr(통일연구원) 참조.

부위원장), 김복신(내각 명예참사), 김영숙(농업성 부상), 림경숙(상업성 부상), 천연옥(한광복(금속기계공업성 부상), 홍일천(김형직사범대학장) 등 6명을 추가했다.[16] 이들 43명 중에서 현 직위와 직책이 확인되지 않은 10명[17]을 제외한 33명을 중심으로 여성 엘리트의 전반적인 특징을 제시한 후 당 및 내각을 중심으로 여성 엘리트의 경력상 특징 및 활동을 살펴보기로 한다.

(1) 전반적인 특징

현직 중심으로 33명의 여성을 분류하면 〈표 5〉와 같다. 최고인민회의 대의원이면서 현재 별다른 직책이 없는 경우, 해임 직전의 직책을 중심으로 구분했다.

〈표 5〉 여성 엘리트의 소속별 분류

구분		이름	현직	총계
당 (12명)	중앙	김경희 (金敬姬)	· 당 경공업부장/9~12기 대의원 · 당 중앙위원	2명
		황순희 (黃順姬)	· 조선혁명박물관 관장/3~5, 7~12기 대의원 · 당 중앙위원	
	지방	김락희 (金洛姬)	· 황해남도 당위원회 책임비서/2~5, 9, 12기 대의원 · 당 중앙위 후보위원	2명
		리순임 (李順任)	· 평양산원 초급당비서/6~12기 대의원	

16 최성숙은 전 농근맹 중앙위원장이자 당 중앙위원으로 통일부의 『2005년 북한의 주요 인물』에 올라 있으나 2001년 사망하여 제외했다. 또한 김성애(金聖愛)는 1953년 김일성과 결혼 후 당 중앙위원(1970, 1980), 여맹 중앙위원장(1971), 최고인민회의 대의원 5~9기 대의원을 역임했다. 그러나 제6차 당대회에서 김정일이 공식적으로 후계자에 추대됨에 따라 내리막길을 걸었고 1998년 여맹 위원장에서 해임된 이래 별 다른 직책이나 움직임을 보이지 않고 있어서 제외했다.

17 김금숙, 김순화, 규령옥, 리명숙, 리정옥, 리추옥, 손금월, 유경숙, 위영애: 10~12기 대의원, 김순화: 11, 12기 대의원.

<table>
<tr><th colspan="2">구분</th><th>이름</th><th>현직</th><th>총계</th></tr>
<tr><td rowspan="8">당
(12명)</td><td rowspan="8">외곽단체</td><td>강관선
(康寬仙)</td><td>· 여맹 중앙위원회 부위원장/범민련 북측본부 중앙위원
9기 대의원</td><td rowspan="8">8명</td></tr>
<tr><td>김경옥</td><td>· 여맹 중앙위원회 부위원장/12기 대의원</td></tr>
<tr><td>김복실</td><td>· 평양시 여맹 부위원장/8~12기 대의원</td></tr>
<tr><td>려원구
(呂鴛九)</td><td>· 조국전선 중앙위 공동의장, 범민련 북측본부 부의장/
10~12기 대의원</td></tr>
<tr><td>로성실
(盧成實)</td><td>· 여맹 중앙위원장/12기 대의원</td></tr>
<tr><td>박순희
(朴順姬)</td><td>· 전 여맹 중앙위원장(2008 해임)/6 · 15공동선언실천 북측위
부위원장/11, 12기 대의원</td></tr>
<tr><td>천연옥
(天連玉)</td><td>· 전 여맹 중앙위원장(2000 해임)/10기 대의원</td></tr>
<tr><td>홍선옥
(洪仙玉)</td><td>· 조선대외문화연락위 부위원장/11, 12기 대의원</td></tr>
<tr><td rowspan="5">내각
(5명)</td><td rowspan="5">중앙</td><td>김복신
(金福信)</td><td>· 전 정무원 부총리 겸 경공업위 위원장(1998 해임),
내각 명예참사/4, 5, 7 · 12기 대의원
· 당 중앙위원</td><td rowspan="5">5명</td></tr>
<tr><td>김영숙
(金英淑)</td><td>· 농업성 부상/7~9기 대의원</td></tr>
<tr><td>김혜란</td><td>· 교육성 보통교육국 부국장/11, 12기 대의원</td></tr>
<tr><td>림경숙
(林京淑)</td><td>· 상업성 부상/11기 대의원</td></tr>
<tr><td>한광복</td><td>· 기계공업성 부상/10기 대의원</td></tr>
<tr><td rowspan="2">행정
(2명)</td><td rowspan="2">지방</td><td>송금옥
(宋錦玉)</td><td>· 체신성 청진우편국 국장/10~12기 대의원</td><td rowspan="2">2명</td></tr>
<tr><td>장인숙
(張仁淑)</td><td>· 백두산밀영 혁명전적지관리소 교양과장/10~12기 대의원</td></tr>
<tr><td rowspan="4">언론계
학계
종교계
(5명)</td><td>언론계</td><td>김정숙
(金貞淑)</td><td>· 『민주조선』 책임주필/7~12기 대의원
· 당 중앙위 후보위원</td><td>1명</td></tr>
<tr><td rowspan="3">학계</td><td>윤기정
(尹基貞)</td><td>· 인민경제대학 총장(2001 해임), 김일성종합대학 명예교수
/7~12기 대의원
· 당 중앙위 후보위원</td><td rowspan="3">3명</td></tr>
<tr><td>허정숙</td><td>· 평양 장경인민학교 교장/10~12기 대의원</td></tr>
<tr><td>홍일천
(洪一天)</td><td>· 김형직사업대학 학장, 범민련 북측본부 중앙위원/6~8기
대의원</td></tr>
</table>

구분		이름	현직	총계
언론계 학계 종교계 (5명)	종교계	류미영 (柳美英)	· 조선천도교청우당 위원장, 조선천도교회 중앙지도위원회 위원장, 단군민족통일협의회 회장/9~12기 대의원	1명
기타 (9명)	농장 · 공장 · 상점 책임자급 (관리 위원장 /지배인)	김금옥	· 문덕군 입석협동농장 관리위원장/6, 8~12기 대의원 · 당 중앙위 후보위원	9명
		김영애	· 봉산군 청계협동농장 관리위원장/10~12기 대의원	
		김옥련	· 평남 양덕군 은하협동농장 관리위원장/8~12기 대의원	
		김화숙	· 평양시 사동구역 이연협동농장 관리위원장/8~12기 대의원	
		리영애 (李英愛)	· 함주군 동봉협동농장 관리위원장/8~12기 대의원	
		차명옥	· 약수협동농장 관리위원장/10~12기 대의원	
		한정화	· 평원군 원화협동농장 관리위원장/10~12기 대의원	
		김정옥	· 자강도 전천군 상업관리소 학무종합상점 지배인/10~12기 대의원	
		박성실	· 삭주직물공장 지배인/8~12기 대의원	

첫째, 소속별로 보면 당 12명, 내각 5명, 행정 2명, 언론계 1명, 학계 3명, 종교계 1명, 협동농장 · 공장 · 상점 책임자급 9명 등이다. 숫자로만 본다면, 당의 고위급 여성이 상당수인 듯하다. 그런데 당 중앙에는 2명(김경희와 황순희)뿐이며 조선민주여성동맹(이하 여맹) 6명 등 외곽단체(8명)에서 책임을 맡고 있다. 여맹은 현재 전업주부를 대상으로 한 당의 외곽단체로 책임자가 여성인 것은 당연하다. 즉, 당의 고위직 여성들은 주로 여성단체에 포진되어 있고 이는 당에서 여성의 활동이 미약하다는 것을 반증해 준다. 반면, 내각에서 여성의 직위는 흥미롭다. 5명 모두 중앙 경제 관련 기관(농업성, 기계공업성, 상업성)의 부상을 맡고 있다. 후술하겠지만, 이들은 해당 부처에서 경험과 경력을 바탕으로 부상에 오른 경우로 북한의 '실용주의' 경향과 밀접한 관련이 있는 것으로 판단된다.

둘째, 33명 대부분은 최고인민회의 대의원을 겸하고 있으나 그 중 4명은 현재 12기 대의원이 아니다. 강관선(여맹 중앙위 부위원장)은 9기(1990) 대의원으로만 선출된 적이 있고, 천연옥은 여맹 중앙위원장에서 해임된 이후 11기(2003), 12기(2009) 대의원에서 모두 탈락했으며, 홍일천 김형직사업대학장도 9기 이후 더 이상 대의원이 아니다. 특이한 점은 현재 농업성 부상인 김영숙이 10기(1998) 이후 대의원이 아니라는 점이다. 반면 노동자 · 농민 · 사무원의 책임자급 여성은 대부분 10기 이후 최고인민회의 대의원으로 안정적으로 선출되고 있다. 전체 대의원 중 노동자 10.9%, 사무원 10.1%를 차지한 점을 고려할 때 직업과 성별에 따른 배려로 보아야 한다. 따라서 여성 대의원의 비율을 통해 여성의 정치적 활동을 평가하기는 어렵다.

셋째, 여성 고위직 중 당 중앙위원은 김경희(당 경공업부장), 황순희(조선혁명박물관 관장), 김복신(내각 명예참사) 등 3명이며,[18] 당 중앙위 후보위원은 김락희(황남 당위원회 책임비서), 김정숙(민주조선 책임주필), 윤기정(김일성종합대학 명예교수), 김금옥(협동농장 관리위원장) 등 4명으로 총 7명이다. 이들은 당 생활 경험, 가계(家系)의 특이 사항, 그리고 정위원 및 후보위원 당시 직책 등에서 다음과 같은 공통점과 차이점이 있다(〈표 6〉 참조).

우선 이들 대부분은 당 또는 근로단체 등에서 일한 경험이 있다. 김경희와 김복신은 각각 당 중앙위원회 국제부 1과 과장, 당 경공업부 부부장

18 그 밖에 당 중앙위원을 지낸 대표적 여성 인물로는 김성애(金聖愛)와 최성숙(崔成淑) 등이 있다. 김성애는 1953년 김일성과 결혼 후 여맹 중앙위 부위원장을 거쳐 1970년 당 중앙위원이 되었고 1971~1998년 여맹 중앙위 위원장, 제5~9기 최고인민회의 대의원, 최고인민회의 상설회의 의원(1982)을 역임했다. 그러나 1998년 여맹 위원장에서 해임된 후 별다른 직책이 없는 것으로 알려져 있다. 최성숙은 빨치산 활동가로 대외문화연락위원회 부위원장(1962), 방직제지공업성 부상(1970), 여맹 중앙위 부위원장(1977), 조선농업근로자동맹 부위원장(1982)을 거쳐 당 중앙위원(1993), 1993~1998년 농근맹 중앙위 위원장을 역임했고 2001년에 사망했다.

〈표 6〉 여성 당중앙위원회 정 · 후보위원

구분	이름	당생활 경력	가계 특이사항	당시 직책
정위원 (3명)	김경희	· 1975 당 중앙위 국제부 1과장 · 1976 국제부 부부장 · 1984 중앙위 부부장 · 1987 경공업부 부장 · 1971 여맹 중앙위 집행부 임원	· 부–김일성 · 오빠–김정일 · 남편–장성택 (당 행정부장 /국방위원회 위원)	· 중앙위원(1988) – 1987 당 경공업부 부장
	김복신	· 1958 당 중앙위 과장 · 1959 당 중앙위 부부장 · 1960 당 경공업부 부부장	·	· 중앙위원(1980) – 1972 5기 대의원 경공업위 방직 및 피복공업 총국장
	황순희	· 1956 여맹 양강도위원장 · 1971 여맹 중앙위 비서 · 1977 여맹 부위원장	· 빨치산 활동 (김일성유격대 재봉 · 작식 대원)	· 후보위원(1961) – 1956 여맹 양강도위원장 · 중앙위원(1969) – 1965 조선혁명박물관 당중앙위 위원장 – 1967 4기 대의원 – 1969 여맹 중앙위 위원
후보위원 (4명)	김금옥	·	·	· 후보위원(1970)
	김락희	· 1965 개천군 당위원장	·	· 후보위원(1980) – 1977 황해북도 농촌경리위원장
	김정숙	· 1954 민청 중앙위 부장 · 1959 민청 중앙위 부위원장 · 1964 사로청 중앙위 부위원장 · 1971 직맹 중앙위 부위원장	· 남편–허담 (조평통위원장)	· 후보위원(1988) – 1986 『민주조선』 책임주필 8기 대의원
	윤기정	·	· 오빠–윤기복 (조국전선중앙위 공동의장) · 사촌오빠–김일성	· 후보위원(1980) – 1980 정무원 재정부장

등 당 중앙에서 근무한 경력이 있으며, 김락희는 지방 당(개천군 당위원장), 그리고 김정숙은 근로단체(민청-사로청-직업총동맹), 황순희도 근로단체(여맹)에서 일한 경력이 있다.

또한 가계의 특이 사항을 보면, 김경희와 김정숙은 김일성과 직접적 관련이 있다. 김경희는 김일성의 딸이며, 김정숙의 남편은 허담(조평통 위원장)으로 사촌오빠가 김일성이다. 윤기정의 오빠는 윤기복(조국전선 중앙위 공동의장)이었고, 황순희는 빨치산 활동 경력(김일성유격대 재봉 및 작식 대원)이 있었다.

중앙위원 또는 후보위원 당시 직책을 보면,[19] 중앙위원은 중앙기관의 책임자급, 그리고 후보위원은 주로 지방기관의 책임자급임을 알 수 있다. 중앙위원의 경우, 이들 여성의 당시 직책이 당 경공업부 부장, 경공업위원회 방직 및 피복공업 총국장, 조선혁명박물관 당중앙위원회 위원장 및 여맹 중앙위원회 위원 등이라면, 후보위원의 당시 직책은 여맹 도위원장, 도 농촌경리위원장, 정무원 재정부장, 책임 주필 등 지방기관과 중앙의 책임자급이 섞여 있다. 특히 중앙위원들은 모두 김일성 훈장을 받았다는 공통점이 있다. 김경희는 김일성 훈장(1992)과 함께 '로력영웅' 칭호를 수훈(1995)받았으며, 김복신은 두 차례(1982, 1992) 김일성 훈장을, 그리고 황순희는 김일성 훈장(1982)과 함께 노력 훈장(1979), 공화국 2중 영웅 칭호(1992)를 받았다. 그리고 후보위원 중에서도 김정숙(1992)과 윤기정(1987)도 김일성 훈장을 받은 바 있다.[20]

이를 종합하면, 북한의 여성 엘리트 가운데는 '영도핵심'은 없으며 주로 '지도핵심'에 해당되는 여성들이다. 이들의 현 직위가 무엇이거나 간에 당이나 당 외곽단체에서 근무한 경력이 있으며, 지방 수준의 기관에서 책임자급의 직위를 가진 사람 중에서 당 후보위원이 되며, 중앙에서 책임자급의 직위를 가진 사람 중에서 당 중앙위원이 되는 경향이 있다. 당 중

19 중앙위원이나 후보위원은 당 대회마다 지명되는 등 여러 번 지명될 수 있다. 따라서 여기에서는 처음 중앙위원이나 후보위원이 되었을 당시 직책을 중심으로 살펴보았다. 또한 후보위원이 반드시 중앙위원이 되는 것은 아니며 후보위원에서 탈락하는 수도 있다.

20 그 밖에 리순임(김일성 훈장, 1982), 려원구(김일성 훈장, 2007), 류미영(국가훈장 1급, 1991; 김일성 훈장 2002)도 훈장을 받은 바 있다.

앙에 근무하는 경우 당 중앙위원이 될 확률이 더 높고, 내각에서 주요 직위를 맡는다고 해서 당 중앙위원이나 후보위원이 되는 것은 아니다. 김복신은 정무원 부총리를 역임한 예외적인 인물로 보인다.

(2) 부문별 여성 엘리트의 특징

① 당 부문

먼저 당 부문에서 여성 엘리트는 중앙 및 지방, 그리고 외곽단체 부문으로 구분된다. 당 중앙 및 지방의 여성 엘리트가 자신의 분야에서 지속적으로 경력을 쌓으면서 활동을 벌인다면, 외곽단체 여성 엘리트는 주로 '여성' 단체 소속이라는 특징을 보인다.

당 중앙의 대표적 여성인 김경희(당 경공업부장)와 황순희(조선혁명박물관장)는 빨치산 과 지·간접적으로 연관되는 좋은 출신 배경과 여맹 경력에 공통점이 있다(〈표 6〉 참조). 김경희는 1971년 여맹 중앙위원회 집행부 임원을 지냈으며, 황순희는 여맹 양강도위원회 위원장을 거쳐 여맹 중앙위원회 비서를 역임했다.

김경희는 국제부와 경공업부 등 당 중앙(국제부와 경공업부)에서 꾸준히 일하고 있으며 대외적 활동은 그다지 알려져 있지 않다. 1972년 장성택과 결혼 후 1984년 북한 주재 외교대표들을 위한 연회에 참석한 것으로 알려져 있으며, 김일성 추모대회(1994년, 1997년)에 이어 2000년 당 창건 55돌 경축 열병식 및 군중 시위 등에 참석했다.

황순희는 1965년 조선혁명박물관 당 중앙위원회 위원장을 시작으로 박물관에서 활동을 벌이고 있다. 박물관의 성격,[21] 그리고 다른 경력이 없는 점을 고려할 때 조선혁명박물관에서 활동한 것[22]은 역시 빨치산 경력과 관련된 것으로 보인다. 박물관 관련 토론회, 보고회 등에 주로 참석했으며,[23] 1999년 김정일 생일 기념 항일혁명투사 일군들 상봉모임과

2000년 조총련 조선대학생 조국방문단 성원과의 상봉모임에 참석한 점이 특징적이다. 황순희는 김일성 국가장의위원회 위원(63위), 최광 국가장의위원회 위원(28위), 전문섭 국가장의위원회 위원(1998)도 역임했다.

지방 당의 경우, 김락희(황해남도 당위원회 책임비서)와 리순임(평양산원 초급 당비서)은 자신의 위치에서 꾸준히 경력을 쌓은 후 지방 당 책임자로 진출한 경우이다. 김락희는 개천군 협동농장 관리위원장을 시작으로 양강도 · 황해북도 · 개성시 · 평안남도 농촌경리위원장을 거쳐 황해남도 당위원회 책임비서를 맡고 있다.[24] 리순임은 평양산원 간호장을 거쳐 '영웅간호원' 칭호(1981)와 김일성 훈장을 수훈(1982)한 후 평양산원 초급당 비서로 있다.

이들의 활동을 보면, 김락희는 주로 자신의 업무와 관련된 활동[25] 이외에도 김일성 사망 10주기 여맹원들의 회고무대(2004)에 참석하는 한편 2006년에는 새해 공동사설 제시 과업 관철과 관련하여 「비상한 책임성과

21 이 박물관은 1948년 8월 1일 '국립중앙해방투쟁박물관'이라는 이름으로 건립된 후 1961년 1월 31일에 현재 이름으로 개칭되었다. 3층 건물로 1층에는 '김정일장군님실록관', '조국통일관', 2층에는 김일성의 항일혁명 투쟁 시기, 사회주의 건설 시기의 전시관, '수령님과 전우관', 3층에는 6 · 25 전쟁과 전후 복구건설 시기, 1970년대 사회주의 건설기에 대한 전시관이 있다.

22 조선혁명박물관 당 중앙위 위원장(1965), 조선혁명박물관 당 중앙위 비서(1973),

23 조선혁명박물관 창립 40돌 기념 토론회(1988), 왕재산회 60돌 기념 중앙연구토론회(1993), 조선혁명박물관 창립 50돌 혁명사적 부문 과학토론회(1998), 김정일 생일 기념 항일혁명투사 일꾼들 상봉모임(1999), 방송 좌담회(2002), 조선혁명박물관 창립 60돌 기념보고회(2008).

24 개천군 협동농장 관리위원장(1953), 개천군 당위원장(1965), 양강도 농촌경리위원장(1971), 황해북도 농촌경리위원장(1977), 개성시 농촌경리위원장(1984), 평안남도 농촌경리위원장(1988), 평안남도 농촌경리위원회 고문위원장(2002), 황해남도 당위원회 책임비서(2005).

25 김일성, 온천군 금당협동농장 현지지도 수행(1993), 당 창건 60돌 당 중앙위, 당 중앙군사위 공동구호 관철 황해남도 군중대회 보고(2005), 황남일보 · 황북일보 창간 60돌 기념보고회 참석(2005), 해주 10월 13일 청년제련소 창립 20돌 기념보고회 참석(2005), 신년 공동사설 관철 황해남도 군중대회에서 보고(2006), 핵실험 성공 환영 황해남도 군민대회에서 연설(2006), 김일성의 재령군 삼지강협동농장 현지지도 60돌 기념보고회 참석(2006), 황남 신천군 새길리 · 김부자의 혁명사적비 준공 보고(2007), 신년공동사설 과업 관철 황해남도 군중대회에서 보고(2008), 장수산명승지 윤환선도로 준공 보고(2008), 김일성의 조옥희해주교원대학 현지지도 60돌 기념보고회 참석(2008).

조직지휘력을 발휘하여」라는 글을 발표하기도 했다. 오진우 국가장의위원회 위원(1995)와 연형묵 국가장의위원회 위원(2005)을 맡기도 했다. 리순임은 1986년 제8기 최고인민회의 대의원이 된 후 조선 · 카메룬 친선의원단 위원장(1987)을 맡은 바 있다.

그 외 당 부문의 여성 엘리트는 외곽단체에서 활동하고 있는데 대부분 여맹 소속이다. 외곽단체 여성 엘리트 8명 중 강관선(중앙위 부위원장), 김경옥(중앙위 부위원장), 김복실(평양시 부위원장), 로성실(위원장), 박순희(전 위원장), 천연옥(전 위원장) 등 6명 모두 여맹 중앙조직의 전 · 현직 위원장과 부위원장들이다.

여맹 중앙조직에로의 진입 경로를 보면 두 가지로 나뉜다. 여맹 조직 내에서 꾸준히 성장한 경우로 대표적 인물이 현재 여맹 위원장인 로성실이다. 로성실은 여맹 평양시 부위원장과 위원장을 거쳐 중앙위 부위원장, 그리고 위원장에 오른 경우이다. 또 다른 진입 경로는 다른 부문에서 두각을 나타내며 여맹 조직에 진입한 경우이다. 김복실은 평양종합방직공장 청년정방 직장장, 강관선은 학장 · 부학장,[26] 천연옥은 대외문화연락위원회 부위원장 및 세계인민들과의 연대성 조선위원회 부위원장 출신이다. 강관선의 대외활동은 상당히 다양하게 이루어져 여맹 대표단장 자격으로 공산권 여성단체 지도자회의(1974년)에 참석했고, 체코(1987년), 동독 및 소련(1988년), 시리아 및 동독(1989년), 불가리아(1989년) 등을 방문했다. 그 밖에도 집회 · 보고회 · 토론회에 참석하고,[27] 발표 · 보고 · 연설도 하는[28] 등 다방면에서 활발한 활동을 보이고 있다.

26 평양외국어대학 부학장(1970), 평양외국어대학 학장(1972), 함흥수리대학 부학장(1974).

27 김일성 82회 생일기념 연구토론회(1994), 김일성 83회 생일 기념 여맹원 연구토론회(1995), 김일성 사망 1주기 추모 여맹 연구토론회(1995), 당 창당 50주 기념 연구토론회(1995), 여맹 창립 50돌 중앙연구토론회(1995).

이들의 활동은 여성의 권익을 위한 활동이 아니며 당 외곽단체로서의 역할에 충실하고 있다. 여맹 전·현직 위원장의 경력을 보면(〈표 7〉 참조), 이들은 여맹 위원장이 된 후 공통적으로 국가기구에 진입하거나 권력의 핵심부에 근접한 것처럼 보인다. 천연옥, 박순희, 로성실 모두 여맹 위원장이 된 후 최고인민회의 선거에서 대의원이 되었으며 천연옥과 박순희는 당시 최고인민회의 상임위원회 위원도 겸직했다. 로성실은 위원장이 된 지 얼마 되지 않았고, 2009년 헌법에서 최고인민회의 상임위원회의 권한이 축소된 만큼 동일한 경로를 밟을지 주목된다.

또한 이들은 모두 국가장의위원으로 이름이 거명되었다. 북한 사회에서 '국가장'이란 '국가에 공로가 있는 사람이 사망했을 때'의 장례식 절차로 주로 권력 핵심부에 있는 사람들이 장의위원으로 참석하곤 한다. 장의위원이 국가의 의전을 고려하여 결정되기 때문에 장의위원 순서가 곧 권력 순위와 일치하는 것은 아니지만 북한의 권력 서열을 가늠할 때 참고하는 주요 자료 중의 하나이다. 또한 김일성의 국가장의위원회(273명)를 제외하곤 연형묵 49명, 박성철 65명의 장의위원 수를 고려한다면 국가장의위원이 갖는 의미를 가늠할 수 있다. 그런데 여맹 위원장 모두는 국가장의위원회에 이름을 올려놓았다. 1998년 이후 북한에서 국장을 치른 주요 인물로는 전문섭 전 최고인민회의 상임위원회 명예부위원장·국가검열위원회 위원장(1998), 리종옥 전 국가부주석·전 최고인민회의 상임위원회 명예부위원장(1999), 김병식 전 국가부주석(1999), 최홍희 전 국제태권도연맹 총재(2002), 연형묵 전 정무원 총리·국방위원회 부위원장

28 여맹일군 충성의 결의모임에서 보고(1993), 김일성의 신년사 지지 '담화' 발표(1994), 비전향 장기수들의 송환을 위한 '평양시 여성집회'에서 연설(1994), 3·8 국제부녀절 85돌 기념집회에서 연설(1995), 국제아동절 45돌 기념 중앙보고회에서 보고(1995), 여맹 중앙위 제5기 22차 전원회의에서 보고(1995), 국제부녀절 86돌 기념 중앙보고회에서 보고(1996), 김일성 사망 2돌 즈음 여성들의 추모의 밤 행사에서 추모 연설(1996).

〈표 7〉 여맹 전 · 현직 위원장의 경력 비교

<table>
<tr><th rowspan="2">이름</th><th colspan="2">경력</th><th rowspan="2">특징</th></tr>
<tr><th>위원장 이전</th><th>위원장 당시</th></tr>
<tr><td rowspan="2">천연옥
(1998~
2000)</td><td rowspan="2">· 대외문화연락위원회 부위원장(1985)
· 세계인민들과의 연대성 조선위원회 부위원장(1985)</td><td>· 최고인민회의 10기 대의원(1998)
· 최고인민회의 상임위원회 위원(1998)</td><td rowspan="2">· 당 외곽단체→ 여맹 →여맹+최고인민회의</td></tr>
<tr><td>· 전문섭 국가장의위원회 위원(1998)</td></tr>
<tr><td rowspan="2">박순희
(2000~
2008)</td><td rowspan="2">·</td><td>· 최고인민회의 중앙선거위원회 위원(2003)
· 최고인민회의 11기 대의원(2003)
· 최고인민회의 상임위원회 위원(2003)
· 6 · 15 공동선언실천 북측준비위원회 부위원장(2004~2006)</td><td rowspan="2">· 여맹 →여맹+최고인민회의
대남 관련</td></tr>
<tr><td>· 최홍희(2002) · 연형묵(2005) 국가장의위원회 부위원장</td></tr>
<tr><td rowspan="2">로성실
(2008~
현재)</td><td rowspan="2">· 여맹 평양시 부위원장(2001)
· 여맹 평양시 위원장(2002)
· 여맹 중앙위 부위원장(2006)</td><td>· 최고인민회의 12기 대의원(2009)</td><td rowspan="2">· 여맹 내부승진 →여맹+최고인민회의</td></tr>
<tr><td>· 박성철 국가장의위원회 위원(2008)</td></tr>
</table>

(2005), 박성철 조국통일민주주의전선 의장 · 최고인민회의 상임위원회 명예부위원장(2008) 등 6명이었다. 이 중 천연옥은 전문섭, 박순희는 최홍희와 연형묵, 그리고 로성실은 박성철 국가장의위원으로 국장에 참석했다. 1999년 당시 여맹 위원장이었던 천연옥이 리종옥, 김병식의 국장에만 불참한 것이다.

그러나 이러한 활동은 이들이 영향력 있는 여성 엘리트이기 때문이 아니라 당의 근로단체인 여맹 위원장 자격이기 때문에 가능하다는 점을 간과해서는 안 된다. 여맹 위원장에서 해임된 후 천연옥은 별다른 활동이 없으며, 박순희는 현재까지 최고인민회의 대의원이지만 역시 다른 직위는 얻지 못했다. 여맹 위원장으로서의 한계는 이들의 활동이 여맹의 범위를 벗어나지 못하고 있음을 보아도 알 수 있다.

〈표 8〉을 보면, 여맹 위원장들은 재임 기간 중 대회, 회의, 모임, 토론회에 참석, 보고, 토론하거나 대표단의 일원 또는 단장 자격으로 해외를 방문하기도 했다. 이들 활동을 주제에 따라 좀 더 세분하면, 여맹활동, 정권 관련 활동, 대남 관련 활동, 기타 등으로 구분할 수 있다. 위원장들이

〈표 8〉 여맹 전 · 현직 위원장의 활동 비교

<table>
<tr><th>이름</th><th colspan="2">대내 활동</th><th>대외 활동</th></tr>
<tr><td rowspan="4">천연옥
(1998~
2000)</td><td>여맹활동</td><td>· 여맹 중앙위 제30차 전원회의(1999)
· 전국 근로단체 일군회의(1999)
· 전국 근로단체 교양 모범일군대회(1999)
· 국제부녀절 89돌 기념 중앙보고회 보고(1999)
· 국제아동절 49돌 즈음 각국 여성 · 아동들과의 친선연환 모임(1999)
· 식수절 즈음 여맹원들의 궐기모임(1999)
· 여맹 중앙위 제33차 전원회의(2000)</td><td rowspan="4">· 문화대표단장 이집트(1986)
· 문화교류단원 인도(1998)
· 친협대표단장 네팔(1991)
· 여성대표단원 일본(1991)
· 방문 중국(1995), 인도(1998)</td></tr>
<tr><td>정권 관련 활동</td><td>· 정권 창건 50돌 기념 여맹 연구토론회(1998)
· 김정일 국방위원장 추대 여맹 경축모임(1998)
· 최고사령관 추대 7돌 경축 여맹원들의 모임(1998)
· 김정일 생일 57돌 경축 여맹원들의 웅변모임(1999)
· 여맹원들의 김일성이 창작한 노래모임(2000)</td></tr>
<tr><td>대남 관련 활동</td><td>· 남북정상회담 여성계 인사 좌담회(2000)
· 남북공동선언 지지, 실천을 위한 정부 · 정당 · 단체 연합대회(2000)</td></tr>
<tr><td>기타</td><td>· 제1차 군인가족예술소조 공연 관람(1998)
· 휴전 46돌 즈음 전시가요 실화무대 공연 관람(1999)</td></tr>
<tr><td>박순희
(2000~
2008)</td><td>여맹활동</td><td>· 전국 여맹 모범일군회의 보고(2000)
· 방북 터키 여성대표단 면담(2001)
· 여맹 36차 전원회의 보고(2002)
· 여맹 창립 60돌 기념 중앙보고회 기념보고(2005)
· 제3차 전국어머니대회 보고(2005)
· 여맹 중앙위 제148차 전원회의 보고(2006)
· 김영남, 중국 여성대표단과 면담시 배석(2006)
· 3 · 8 국제부녀절 96돌 기념 중앙보고회 보고(2006)
· 국제아동절 56돌 기념 중앙보고회에서 보고(2006)
· 남녀평등권법령 발포 60돌 기념 중앙보고회 보고(2006)</td><td>· 대표단장 태국 · 라오스(2001), 쿠바 · 브라질(2003), 중국(2004), 우간다(2006), 베트남 · 라오스 · 캄보디아(2007)

· 행사 제14차 세계여성대회 0돌 기념행사(2005)</td></tr>
</table>

이름	대내 활동		대외 활동
박순희 (2000~ 2008)	정권 관련 활동	· 여맹 주최 김정일 총비서 추대 경축 웅변대회(2002) · 김정일 생일 즈음 주북 시리아대사 주최 경축연회(2002) · 김정숙 사망 55주기 여맹일군들과 여맹원들의 회고무대(2004) · 'ㅌ.ㄷ' 결성 80돌 여맹일군들과 여맹원들의 경축대회에서 보고(2006) · 김정일 업적에 대한 여맹사업부문 연구토론회에서 토론(2007)	· 대표단장 태국 · 라오스(2001), 쿠바 · 브라질(2003), 중국(2004), 우간다(2006), 베트남 · 라오스 · 캄보디아(2007) · 행사 제14차 세계여성대회 기념행사(2005)
	대남 관련 활동	· 6 · 15 공동선언 발표 5돌 기념 민족통일대회 연설(2005) · 6 · 15 공동선언 실천 위한 남북여성대표자회의(금강산, 2006) · 권양숙과 북한 여성계 대표들 간 간담회(2007)	
	기타	· 김정일, 국립교향악단 및 국가합창단 경축공연 관람시 수행	
로성실 (2008~ 현재)	여맹활동	· 국제아동절 58돌 기념 친선연환모임 축하연설(2008) · 남녀평등권법령 발표 62돌 즈음, 여맹원들의 민족체육유희오락경기와 민속음식품평회(2008) · 전국여맹모범초급단체위원회의에서 보고(2008) · 여맹 중앙위 제53차 전원회의 보고(2008)	· 대표단장 중국 · 스위스(2007)
	정권 관련 활동	· 2 · 16 경축 여맹원들 모임에서 연설(2002) · 북한의 NPT 탈퇴 지지 여맹대회에서 연설(2003) · 김정일에 대한 여맹원들의 충성 맹세모임(2005) · 광복 60돌 기념 여맹원들의 경축모임(2005) · 2 · 16 경축 여맹원들의 충성맹세모임(2006) · 김정일 국방위원장 추대 15돌, 여맹원들의 경축모임 보고(2008) · 정권수립 60돌 경축 전국여맹원들의 웅변모임(2008) · 김정일 조선인민군 최고사령관 추대 17돌 즈음 여맹일꾼들과 여맹원들의 경축모임에서 보고(2008)	
	대남 관련 활동	· 6 · 15선언 실천과 평화를 위한 남북 여성통일대회(2002) · 10 · 4선언 발표 1돌 기념 연구토론회에서 토론(2008)	

여맹 관련 활동을 벌인 것은 일면 당연하다. 대내적으로는 여맹 중앙위원회 회의에서 보고하거나 전국어머니대회, 남녀평등권법령, 국제부녀절, 국제아동절 관련 중앙보고회에 참석 및 보고를 하는가 하면, 대외적으로

대표단장 자격으로 여러 국가를 친선 방문하거나 세계여성대회 기념행사에 참석한 것이다.

주목되는 것은 여맹 위원장의 정권 관련 활동과 대남 관련 활동이다. 정권 관련 활동의 경우, 정권 수립, 광복, 'ㅌ. ㄷ(타도 제국주의동맹)', NPT(핵무기비확산조약) 탈퇴 지지 등 국가적 기념행사는 물론 김정일(국방위원장, 최고사령관, 총비서 추대 기념, 2 · 16 생일 기념, 충성 맹세 모임, 노래모임, 업적 연구토론회 등)과 김정숙(회고모임) 관련 행사를 주도하고 있다. 이는 여맹이 여성의 권익 신장을 위한 단체가 아니라 당의 외곽단체 역할에 머물러 있음을 직접적으로 보여 준다. 한편 대남 관련 활동은 여맹 위원장이 남북관계에서 여성계를 대표하는 역할을 하고 있음을 보여 준다. 사회주의 국가에서 '퍼스트 레이디'의 역할을 당 중앙위원이나 내각 고위직 여성이 아니라 여맹 위원장이 담당하는 것이다.

여맹 외에 기타 외곽단체 여성 엘리트로는 려원구(조국통일민주주의전선 중앙위원회 공동의장, 조국통일범민주연합 북측본부 부의장), 홍선옥(조선대외문화연락위원회 부위원장)이 있다. 이들은 현 직위에 오른 그다음 최고인민회의 선거에서 대의원(려원구 10~12기, 홍선옥 11~12기)이 되었다. 직무활동 외에 려원구가 김정일과 관련된 활동도 했다면, 홍선옥은 위안부문제와 대남 관련 활동도 했다는 점이 특징적이다.

려원구는 려운형의 딸(려연구 최고인민회의 상설회의 부의장의 동생)로 1946년 월북하여 김책공업대학 교원으로 활동을 시작했다. 그후 교육부문(교육위원회 부위원장, 교육성 부상)에서 활동하다 1998년 대남 관련 기구로 옮긴 것은 출신 배경과 관련된 것으로 보인다. 교포사업총국 부국장(1989)을 역임한 것도 마찬가지이다. 활동은 주로 직무[29]와 여운형[30]과 관련해 이루어졌다.[31] 2000년 남북정상회담시에 공항 영접, 환영 만찬, 공식 면담, 여성계 인사 좌담회, 공항 환송 등 행사에 참석했으며,

조국통일상(2005), 김일성 훈장(2007) 수훈에 이어 2008년 김정일로부터 80돌 생일상을 받는 등 상당한 대우를 받은 것으로 알려져 있다.

홍선옥은 김일성종합대학과 국제관계대학을 졸업한 후 여맹 부위원장(1998)을 거쳐 대외 친선 교류 분야에 종사해 왔다. 여맹 이전 경력이 알려져 있지 않아 어떠한 경로로 대외문화연락위에 진입했는지를 확인할 수 없었다. 북 · 인도네시아 친신협회 위원장을 맡은 후 1999년 대외문화연락위 부위원장이 되었다. 그 후 북한과 중국 · 오스트리아(1999), 스웨덴(2001), 스위스 · 독일(2002), 러시아(2003), 불가리아 · 폴란드(2006)와의 친선협회 위원장을 맡는 한편 종군위안부 및 태평양전쟁피해자대책위원회 위원장(2000년), 일본의 과거 청산을 요구하는 국제연대협의회 조선위원회 위원장(2005년)도 겸임했다. 그리고 2004년에는 6 · 15 공동선언 실천 북측 준비위원이 되었다. 활동은 친선 교류,[32] 종군위안부,[33]

29 8 · 15 범민족대회 참석(1998), 단군 및 고조선에 관한 학술토론회(1999), 남북정상회담시 공항 영접, 환영 만찬, 공식 면담, 여성계 인사 좌담회, 공항 환송행사 참석(2000), 범민련 북측본부 중앙위 특별총회(2002), 김일성의 노작 「민족의 분열을 중지하고 조국을 통일하자」 발표 30돌 기념 평양보고회(2003), 조국전선 중앙위원회 회의(2003), 김정일 국방위원장 초대 11돌 중앙보고대회(2004), 조국전선 결성 60돌 기념보고회(2006).

30 8 · 15 민족통일대회 참석차 서울 방문, 여운형 묘소 헌화(2002), 중앙TV 프로그램 '민족대단합의 길에서 영생하는 여운형' 출연(2007).

31 그 밖의 활동으로는 김일성, 캐나다 공산주의 대표단 접견시 배석(1994), 베트남 공산당 창건 65돌 기념 영화감상회(1995), 천도교청우당 창립 55돌 기념보고회(2001), 김정일 국방위원장 추대 11돌 중앙보고회(2004), 조선사회민주당 창립 60돌 기념보고회(2005) 등의 정권 관련 활동과 국제부녀절 92돌 기념 중앙보고회(2002) 등 여맹 관련 활동도 벌였다.

32 대외문화연락위 · 북 · 중 친선협외 주최 중국 창건 50돌 연회(1999), 시리아 방문, 북 · 시리아 문화협조에 관한 협정 이행 2005-07 집행계획서 조인(2004), 북 · 독일 친선협회 대표단장으로 독일 방문(2005), 상트페테르부르그시 정부 무역경제 협조 조인(2005), 북 · 독 외교 관계 설정 5돌 기념 주북 독일대사 주최 연회(2006), 북 친선대표단장으로 핀란드 · 스웨덴 · 덴마크 방문(2008), 삼석구역 북 · 폴란드 친선 장수원협동농장에 종합정미기 기증식(2008).

33 종군위안부 및 태평양전쟁피해자보상대책위원장 명의로 일본 비난 면담 발표(2000), 조선일본군 위안부 및 강제연행피해자 보상대책위원회 대표단장으로 국제회의 참석(2003), 조선인강제연행피해자유가족협회 결성 총회 참석(2003), 일본의 과거 청산 요구하는 국제연대협의회 제2차 회의 참가(2004), 일본의 과거 청산 요구하는 국제연대협의회 제3차 회의 개막식 기조 발언(2005), 조선일본군 위안부 및 강제연행 피해자 보상대책위원회 대표단장으로 제8차 일본군 위안부문제 해결

그리고 여맹 관련 활동[34]과 대남 관련 활동[35]으로 나뉜다.[36]

② 내각 부문

내각의 여성 엘리트는 김복신(명예참사), 김영숙(농업성 부상), 김혜란(교육성 보통교육국 부국장), 림경숙(상업성 부상), 한광복(기계공업성 부상) 등이 있다.[37] 이들은 현 직위에 오르기까지 한 분야에서 꾸준히 경력을 쌓는 한편 해당 부처의 여러 부서를 두루 거치는 등 전문성을 가진다는 점이 공통적이다.[38]

김복신(김일성종합대학 경제학과), 김영숙(인민경제대학), 한광복(김책공업대)은 경제학과 또는 공업대 출신으로 경제 관련 부서에 진입한 경우이다. 김일성종합대학 경제학과 1기 출신인 김복신은 내각에서 활동하는 여성 엘리트 중 가장 고위급의 직위에 오른 여성이다. 정무원 부총리를 역임했으며 당 중앙위원(1980~현재), 정치국 후보위원(1983~1992)에 오르기도 했다. 그 과정을 보면 공장 지배인[39]에서 출발해 행정 및 내각,[40] 당[41]의 경공업 부문에서 꾸준히 경력을 쌓은 경우이다.

을 위한 아시아연대회의 참석(2007), 조선 일본군 위안부 및 강제연행피해자보상대책위원회 대표단장으로 일본의 과거 청산 요구하는 국제연대협의회 연차회의 참가(2008).

34 남녀평등권법령 발포 52돌 기념 대담 토론(1998).

35 조선의 통일과 북 · 일 국교정상화를 위한 북 · 일 여성들의 연대성집회 연설(2004), 정상회담시 권양숙과 북한 여성 대표들 간 간담회(2007), 김영남, 남 연합뉴스 대표단 · 일 교도통신사 대표단과 면담시 배석(2007).

36 그 밖에 양형섭과 중국 전문인민대표대회 상무위원회 위원장 간 면담시 배석(2002), 최고인민회의 대표단과 유럽의회 대표단의 회담(2005), 김영남, 일 교도통신사 및 가맹신문사 대표단과 면담시 배석(2006) 등이 있다.

37 윤기정은 1980년 정무원 재정부장을 맡은 이래 1990년 다시 유임되었다. 그러나 1999년 인민경제대학 총장(2000년 해임)을 거쳐 2003년 이래 김일성대학 명예교수를 맡고 있어 기타(학계)로 분류했다.

38 김혜란 교육성 보통교육국 부국장의 경우 2003년에 11기 대의원(제249호 선거구)과 현 직위에 올랐다는 정보 외에는 알려진 경력이 없다.

39 길주펄프공장 지배인(1958), 평양종합피복공장 지배인(1968).

그리고 김영숙은 협동농장 관리위원장(1985)을 거쳐 도 농촌경리위원장(1991), 농업위원회 부위원장(1996) 등 차근차근 올라가며 농업성 부상에 올랐다.[42] 또한 림경숙은 중앙은행 부총재(1997)와 재정상(1998)을 거쳐 상업성 부상(2003)이 되었으며,[43] 한광복도 기계공업성 부상(2005; 금속기계공업성 부상, 1998)이 되기 전에 기계공업부 부부장(1990)을 거친 것으로 알려져 있다.[44] 내각의 특성상 각 부처에서 전문성을 갖추지 않으면 승진이 어려우며 성별에 의한 배분이 어렵다는 점을 고려할 때 이들은 전문성과 능력을 바탕으로 현재의 직위에 오를 수 있었던 것으로 판단된다.

이들의 활동을 보면, 자신의 직책과 관련된 활동이 주를 이룬다(〈표 9〉 참조). 보고대회와 군중대회에 참석하거나 해외 총회에 참석하고, 또한 논문을 게재하기도 한다. 또한 외국 인사의 면담시 배석하기도 했다. 김복신과 김영숙은 대외활동을 벌인 점이 주목된다. 김복신은 정무원 부총리 자격으로 북한의 경제대표단을 이끌고 동구와 아세안을 방문했으며, 김영숙은 농업성 부상으로 유엔 식량 및 농업기구(FAO), 국제농업개발기금(IFAD) 총회에 각각 참석했다.

그러나 직무 활동 외에도 이들은 역시 정권과 관련된 활동을 벌인다는 점이 공통적이다. 김 부자의 생일이나 사망 관련 모임, 대회, 연회에 참석

40 국가계획위원회 지도원 · 국장(1950), 함경북도 인민위원회 지방산업관리국 국장(1959), 경공업위 부위원장(1961), 평양시 지방산업총국 부총국장(1966), 방직공업성 면방직공업관리국 국장(1970), 방직제지공업상(1971), 경공업위 방직 및 피복공업 총국장, 은하무역총국 총국장(1972), 정무원 부총리 겸 경공업위원장(1981), 정무원 부총리 겸 무역위 위원장(1985), 정무원 부총리 겸 대외경제위 위원장(1985), 정무원 부총리 겸 경공업위 위원장(1988), 부총리 해임(1998), 내각 명예참사(2001).

41 당 중앙위 과장(1958), 당 중앙위 부부장(1959), 당 경공업부 부부장(1960).

42 평양 삼석구역 장수원 협동농장 관리위원장(1977), 청산 협동농장 관리위원장(1985), 황해북도 농촌경리위원장(1991), 농업위원회 부위원장(1996), 농업성 부상(1997).

43 중앙은행 부총재(1997), 재정상(1998), 상업성 부상(2003).

44 기계공업부 부부장(1990), 금속기계공업성 부상(1998).

〈표 9〉 내각 여성 엘리트의 주요 활동

이름	직위	구분	활동 내용
김복신	정무원 부총리 (1981~98)	직무 관련	· 전국자력갱생모범일군대회/전승 45돌 경축 중앙보고대회(1998)
			· 경제대표단장: 소련 · 불가리아(1987) · 경제대표단원: 태국 · 인도네시아 · 말레이시아(1991)
		정권 관련	· 김일성 생일 85돌 기념 중앙보고대회(1997)
			· 김일성(1994), 오진우(1995) 국가장의위원회 위원(1994)
	내각 명예참사 (2001~현재)	정권 관련	· 김일성 사망 7주기 여맹원들의 회고 모임(2001) · 김일성 노작 「사회주의 경제건설에서 새로운 혁명적 전환을 일으킬데 대하여」 발표 10돌 반향 중방 인터뷰(2004) · 중앙TV 〈마안산 모포에 깃든 사랑의 전설〉 프로그램 출연(2007)
		기타	· 평양시 청년학생들의 이야기모임(2002)
김영숙	농업성 부상 (1997~2000)	직무 관련	· 농민동맹 결성 70돌 중앙보고대회(1998) · 김영남 · 양형섭, 잠비아 부대통령과 회담시 배석, 김영남, 잠비아 정부 대표단과 면담시 배석(2005) · 정권 수립 60돌 즈음 농업근로자들의 경축모임/북 · 중 경제기술협조에 관한 협정 조인식(2006)
			· FAO 29차 총회(1997) · IFAD 22차 총회 및 총재 방문(1999)
		기타	· 스웨덴 국경절 즈음, 주북 스웨덴대사 주최 연회(2006) · 체코 국경절 즈음 주북 체코대사 주최 연회(2007)
림경숙	재정상 (1998~2000)	직무 관련	· 최고인민회의 10기 2차회의에서 국가예산 집행 결과 보고(1999)
		정권 관련	· 주북 몽골대사 주최 김정일생일 즈음 연회(1999) · 김정일의 제535군부대 시찰 반향 발표(2001)
		여성 관련	· 국제부녀절 89돌 기념 중앙보고회(1999) · 남북정상회담시 이희호와 여성 분야 간담회(2000)
		기타	· 제8차 백두산상 국제피겨대회 개막식(1999) · 시리아 3월8일혁명 37돌 기념집회 참석(2000)
	상업성 부상 (2003~현재)	직무 관련	· 개건 현대화된 만경대 천석식당 조업식(2005)
		정권 관련	· 김정일의 황남 신원군 계남목장 현지지도 반향 발표(2003)

이름	직위	구분	활동 내용
한광복	기계공업부 부부장 (1990~98)	직무 관련	· 전국 4 · 15기술혁신 돌격대원대회 토론(1990) · 북한 경제대표단 나이지리아 방문 전송(1996)
	금속기계공업성 (1998~2005) 기계공업성 부상 (2005~현재)	직무 관련	· 스위스 아베베그룹 대표단 평양 출발 전송(2001) · 당 창건 60돌 기념 주체의 산업미술연구토론회, 전국과학자, 기술자돌격대운동 선구자대회 토론(2005)
		정권 관련	· 김일성 생일 기념 중앙기관 일군들의 웅변모임(1998) · 김정일의 제891군부대 시찰 반향 발표(2002)

하기도 하는 것이다. 특징적인 점은 김정일의 현지지도 반향을 림경숙, 한광복이 발표한 점이다. 림경숙은 2001년과 2003년 군부대와 목장의 현지지도 반향을 각각 발표한 바 있다. 2001년 림경숙의 직책은 재정상이었으며 2003년에는 상업성 부상이었다. 한광복도 2002년 군부대 시찰 반향을 발표했다. 한편 의외인 점은 이들이 여성으로 내각의 고위직에 있음에도 여성 관련 활동이 거의 없다는 점이다. 예외적으로 림경숙이 국제부녀절 중앙보고회에 참석했고, 제1차 남북정상회담시 이희호 영부인과의 여성 분야 간담회에 여성 대표로 합류했다.

4. 맺음말

지금까지 북한의 국방위원회 체제의 변화와 의미를 알아보는 한편 여성 엘리트의 특징 및 활동을 살펴보았다. 북한 사회에서 여성의 지위는 사회주의의 일반적 한계와 북한의 특수한 한계라는 다층적 구조 속에 자리매김해 왔다. '여성문제'를 경제적 활동과 연계시킴으로써 여성을 국가 과업을 수행하기 위한 직접적인 노동력 제공 대상으로 파악하는 한편 '여성문제'를 '충성의 문제'로 동질화함으로써 여성의 사회적 역할에 중점을 두어 온 것이다.

그 결과 북한에서 정치적 역할 및 활동은 주로 남성 위주로 이루어져 왔다. 여성의 정치적 역할이 확대되기 위해서는 정치적으로 영향력 있는 조직에서 활동해야 한다. 현재 여성 엘리트들은 당, 내각, 행정, 학계, 언론계, 교육계, 종교계, 그리고 농장 · 공장 · 상점 등 다양한 부문에서 책임자급으로 활동하고 있다. 그러나 그 실상을 들여다보면, 일부 여성이 배경 및 전문성을 바탕으로 자신의 분야에서 경력을 쌓아온 데 불과하다.

국방위위원회는 2009년 헌법에 따라 '국가주권의 최고 국방지도기관'으로 부상하며 위상이 더욱 강화되었다. 그러나 군의 지휘 및 군수 부문, 당의 군수 부문, 그리고 국가기구의 사회통제 부문 등으로 구성된 국방위원회에는 아직 여성의 진출이 이루어지지 못하고 있다. 또한 당에서 여성의 활동 또한 미진하다. 당 중앙 및 지방에서 활동하는 여성은 극히 소수이며 여성단체인 여맹의 일군들이 대부분이다. 이들의 활동은 당 정책의 수행을 위해 여성을 독려하거나 김 부자에 대한 충실성 교양을 통해 체제 유지에 기여하는 한계를 보이고 있다. 그리고 최고인민회의 여성 대의원 수는 일정 지분을 가지고 있지만 최고인민회의가 갖는 한계로 여성의 영향력 증대를 기대하기란 어렵다. 최고인민회의 대의원으로 선출되어 당 · 정 · 군에서 주요 자리에 오르는 것이 아니라 반대로 각계각층에서 책임자급 지위에 올라서 대의원이 되기 때문이다.

그럼에도 고무적인 점은 여성 엘리트의 내각 진입 과정이다. 이들은 모두 해당 부처에서 꾸준히 경력을 쌓아 전문성을 인정받고 부상으로 발탁된 공통점이 있다. 북한에서 여성이 자기 분야, 특히 경제 부문에서 두각을 나타내는 경우 최고 책임자급에 올라서는 것이 가능하다. 더욱이 이들의 발탁 시기는 대부분 김정일 시대이다. 이는 경제실리주의 경향에 따라 능력 위주의 발탁이 가능해진 때문으로 보인다. 즉 김일성 시대에 비해 여성은 노력 여하에 따라 경제 및 사회 부문에서 '지도핵심'이 될 가능성이 크며, 이러한 양적 성장을 바탕으로 정치 부문에서도 여성 엘리트의 역량 또한 강화될 가능성도 커진 것이다.

북한 사회에서 여성이 엘리트로 성장하고 정치적 영향력을 발휘하기 위해서는 무엇보다 여성 자신의 인식 변화와 자각이 선행되어야 한다. 이는 북한에서 이루어지는 사상교양 학습의 내용을 고려할 때 상당한 시일이 요구될 것이다. 그럼에도 경제 위기 이후 여성의 인식 변화와 역할 강화는 그 첫발을 내딛는다는 점에서 주목할 필요가 있다.

참고 문헌

김일성, 「녀맹조직들 앞에 나서는 몇가지 과업에 대하여」(조선민주녀성동맹 제3차 대회에서 한 연설, 1965.9.2), 『김일성저작집』 제19권(평양: 조선로동당출판사, 1983).

『로동신문』, 1995년 7월 30일; 1996년 3월 8일; 1997년 3월 8일; 1999년 6월 16일; 2003년 3월 8일, 12일.

『조선중앙통신』, 2008년 3월 7일.

이대근, 「조선인민군의 정치적 역할과 한계: 김정일 시대의 당·군 관계를 중심으로」, 고려대 정치외교학과 박사학위 논문(2000).

정성임, 「북한의 민군관계: 군 역할을 중심으로」, 『북한연구학회보』 제21권 제2호(2009년 하반기).

_____, 「조선민주녀성동맹」, 세종연구소 북한연구소 엮음, 『조선로동당의 외

곽단체』, 세종연구소 북한연구총서 4(서울: 한울아카데미, 2004).
정창현, 「북한 지배 엘리트의 구성과 역할」, 세종연구소 북한연구소 엮음. 『북한의 당 · 국가기구 · 군대』, 세종연구소 북한연구총서 2(서울: 한울아카데미, 2007).
조금안 옮김, 『마르크스 · 엥겔스 · 레닌 · 스탈린 여성해방론』(서울: 동녘, 1988).
통일부, 『2009년 북한의 주요 인물』(서울: 통일부, 2009).
편집부 편역, 『코민테른 자료선집: 대중운동, 농민문제』 제2집(서울: 동녘, 1989).
『연합뉴스』, 2009년 6월 18일.

http://www.nkchosun.com(조선일보 통한문제연구소 사이트).
http://www.unikorea.go.kr(통일부 사이트).
http://www.kinu.or.kr(통일연구원 사이트).

2장 | 선군 시대 여성동맹의 활동과 역할

이주희(이화여대 사회학과 부교수)
조은희(이화여대 통일학연구원 연구교수)

1. 머리말

1990년대 중반 북한은 사회주의권 붕괴 여파로 인한 경제난, 홍수와 가뭄으로 인한 식량난이 겹쳐 위기에 처해 있었다. 당시 이러한 위기는 대량 아사자와 급격히 늘어나는 탈북자의 숫자 등으로 표현되었다. 이처럼 1990년대 중반 북한의 위기는 집단주의를 강조하는 북한으로서는 사회를 유지하는 근본적인 힘이었던 사회적 통합력의 상실로 이어졌다. 즉 경제난과 식량난으로 인해 국가는 기본적인 통제 수단이었던 배급제를 제대로 유지할 수 없었고, 배급제와 함께 국가의 기본적인 사회통제 수단이었던 근로단체의 조직활동인 생활총화와 학습 및 강연이 제대로 이루어지지 못하고 있음을 탈북자들의 증언 등을 통해 알 수 있었다.

이렇게 북한의 기본적인 통제 수단인 배급제와 조직활동에 대한 평가는 향후 북한 사회에 대한 평가를 하는 데 중요한 지표가 될 수 있다. 또한 경제난 이후 시장의 확대, 그리고 시장에서 여성이 차지하는 비율이 높아지면서 여성의 지리적 이동과 자본주의적 시장화로 인한 집단주의 이념의 약화 등은 여성의 조직생활에도 영향을 미칠 것으로 보인다. 그렇다면 최근의 북한 여성 근로단체의 활동과 역할에 대한 연구를 통해 경제난 이후 북한 사회의 변화를 평가할 수 있을 것이다.

이에 이 장에서는 북한 조선민주여성동맹의 성격과 역할을 살펴본 후, 선군 시대 북한 사회 변화와 함께 강조되고 변화한 조선민주여성동맹의 활동과 역할에 대해 알아보고자 한다. 즉 경제난 이후 북한에서 시장의 허용 등으로 인해 북한 주민에게서 나타나는 자본주의적 요소와 비사회주의적 요소들에 대한 비판과 경계의 내용을 구체적으로 살펴보고, 이를 통제하기 위한 국가의 근로단체의 활동과 역할에 대한 내용을 살펴볼 것이다.

이는 경제난 이후 조직생활의 와해와 통제의 약화된 측면을 보는 것과 함께 최근 탈북자에 대한 설문을 통해 경제난 이후 최근 근로단체의 조직활동의 약화된 측면과 강화된 측면에 대해서도 함께 살펴보고자 한다. 북한의 근로단체인 청년동맹, 직업동맹, 농업근로자동맹, 여성동맹의 활동을 비교해 현재 여성동맹과 여성에 대한 북한 당국의 조직적 통제의 정도에 대해서도 알아보고자 한다.

이를 통해 집단주의를 강조하는 북한이 경제난 이후 배급제 붕괴로 인한 인민에 대한 국가의 기본적인 통제가 약화된 상황에서 국가가 어떻게 대응하고 있는지에 대해 알아보도록 한다. 이는 향후 북한 사회에 대한 평가를 하는 데 자료로서 역할을 할 수 있을 것이다.

2. 북한 조선민주여성동맹의 성격과 역할

1) 북한 근로단체의 정치적 역할

전체주의 사회의 사회통제는 개인을 최대한 조직화함으로써 개인을 전체의 목적을 위해 동원하고 통제하며, 개인의 자율성은 최대한 제한하는 것을 특징으로 한다.[1] 전체주의적 특징을 갖고 있는 북한의 주민에 대한 사회통제는 조선로동당과 각각의 근로단체 등 조직을 통해 이루어지고 있으며 사상통제를 그 기본으로 한다.

북한에서는 당원을 제외한 모든 주민이 청년동맹, 농업근로자동맹, 직업동맹, 여성동맹과 같은 근로단체에 가입되어 있으며 근로단체의 조직생활을 통해 일상적인 활동을 하게 된다. 그 때문에 북한 당국은 주민의 조직생활에 대해 매우 중요하게 생각하고 있다. 북한에서는 근로단체를 "광범한 군중에 대한 사상교양단체이며 당의 외곽단체"로 규정한다. 김일성은 이에 대해 당을 '복숭아 씨', 근로단체를 '복숭아의 살'로 비유하면서 "복숭아가 잘 크고 맛있게 익어야 안에 있는 씨가 잘 보호되고 실속있게 여무는 것처럼 근로단체들이 일을 잘 해야 대중을 당의 주위에 튼튼히 묶어 세울 수 있으며 당을 힘 있는 당으로 만들 수 있다"고 하면서 모든 주민의 조직생활의 중요성에 대해 강조한다.[2]

이처럼 북한에서 근로단체는 모든 주민의 주요 정치 사상적인 통제 수단으로 활용된다. 북한은 근로단체의 성격을 크게 세 가지로 설명한다. 먼저, 근로단체는 대중적 정치조직이고 사상교양단체로서의 역할을 한다. 둘째, 근로단체는 조선로동당의 외곽단체로 대중과 당을 연결하는

1 정일동, 「북한의 통제정책에 관한 연구」, 서울대 박사학위 논문(1991), 51쪽.
2 사회과학원, 『정치용어사전』, 사회과학출판사(1975), 75쪽.

'인전대'[3]의 역할을 한다고 강조한다. 셋째, 근로단체는 조선로동당을 둘러싸고 있는 위성조직들로 조선로동당의 '방조자'이며 후비대 역할을 한다는 것이다.[4]

그 때문에 북한에서 직업동맹, 농업근로자동맹, 청년동맹, 여성동맹 등의 근로단체는 자본주의 사회에서처럼 이익단체로서의 역할을 하는 것이 아니라 정치사상 교양단체로서 의미를 지닌다. 김일성은 이에 대해 조직생활을 통해 "혁명적으로 단련되고 자본주의를 반대하며 사회주의, 공산주의를 옹호하는 사상을 갖게 되는 것이다"라고 강조한다.[5]

북한에서는 조직생활에 대한 중요성을 다음과 같이 설명한다.

첫째, 북한에서의 '조직생활은 사회주의 우월성을 구현'하는 것이다. 따라서 북한에서는 모든 사람이 정치조직에 망라되어 생활하고 있으며, 이를 통해 사회주의를 구현해 나가고 있다고 설명한다.

둘째, 조직생활을 하면 '혁명가적 품성의 하나인 조직성을 함양'할 수

3 동력을 전달하는 피대라는 뜻으로 "당과 광범한 대중과의 유기적 련계를 보장하며 광범한 대중을 당과 수령의 두리에 튼튼히 묶어 세워 혁명과업 수행에로 조직 동원하는 역할을 노는 사회정치적 조직들"을 이르는 말. 당의 외곽단체를 이루는 여러 가지 조직들을 말한다. 과학백과사전출판사, 『조선말대사전』(2004), 1661쪽.

4 먼저 근로단체는 대중적 정치조직이며 사상교양단체이다. 당이 근로단체를 조직하는 것은 광범한 대중을 자기 주변에 묶어 인민대중에 대한 당의 영도적 지위를 확립하며 주체를 튼튼히 꾸리기 위해서이다. 근로단체는 동맹원들을 혁명적으로 교양하고 정치적으로 각성시켜 공산주의적 인간으로 만들고 당과 수령의 주변에 묶어 세우며 그들을 당의 혁명조선과 정책을 관철하기 위한 투쟁에로 조직 동원하는 사상교양단체, 정치조직이다. 둘째, 근로단체는 당의 외곽단체이며 인전대이다. 당의 외곽단체로서의 근로단체는 당을 조직사상적으로 옹위하며 당의 영도적 역살을 보장하는 기능을 수행한다. 근로단체는 자기 활동을 통하여 각계각층의 광범한 군중을 당의 주변에 묶어 세움으로써 당의 대중적 기반을 튼튼히 다지고 당과 대중과의 연계를 보장하며 당으로 하여금 인민대중의 조직적 단결의 힘을 체현한 위력한 당으로 만든다. 셋째, 근로단체는 당의 방조자이며 후비대이다. 이는 근로단체들이 당의 위업, 사회주의·공산주의 위업을 대를 이어 계승해 나가는 정치적 조직이라는 것을 의미한다. 근로단체들은 당을 둘러싸고 있는 위성조직들로, 방패의 대오로 만들고 당을 견결히 보위한다. 조선로동당출판사, 『위대한 수령 김일성 동지의 불멸의 혁명 업적』 10권(1998), 29-36쪽.

5 김일성, 「함경북도 당위원회 앞에 나서는 몇가지 과업에 대하여」(함경북도당위원회 전원회의에서 한 연설, 1992년 9월 4일), 『김일성저작집』 43권(조선로동당출판사, 1996), 424쪽.

있다고 강조한다. 북한에서는 사람은 조직생활을 통해서만이 귀중한 '사회정치적 생명'을 지닐 수 있다고 강조하기 때문에 청소년 시절부터 조직에 망라하여 조직생활을 반드시 하도록 하고 있다.

셋째, 북한의 김정일은 조직생활을 통해 '주체의 혁명관'이 확립된다고 강조한다. '주체의 혁명관'은 '공산주의 혁명가가 지녀야 할 중요한 사상 · 정신적 풍모'로서 이를 갖추기 위해서는 강한 조직생활을 해야 한다고 강조한다.[6]

이처럼 북한에서는 조직생활을 주민을 통제하기 위한 가장 중요한 수단으로 활용하고 있다. 이를 실현하기 위해 북한은 조직생활의 가장 핵심적인 방법으로 '생활총화', '사상교양 학습', '분공' 등의 구체적인 활동을 하도록 하고 있다.

그 중 가장 기초라고 할 수 있는 것은 '생활총화'이다. '생활총화'란 "사업이나 생활의 진행 과정과 그 결과를 분석하여 앞으로의 사업과 생활에 도움이 될 경험과 교훈을 찾는 것"을 의미한다.[7]

또 하나는 사상교양 학습이다. 사상교양 학습의 주된 내용은 '주체사상 교양'과 '당과 지도자에 대한 충실성 교양', '계급 교양', '혁명전통 교양', '사회주의 도덕 교양' 등으로 이루어진다.

경제난 이후 최근의 교양학습의 주된 내용은 북한 사회의 여러 분야에서 나타나는 변화의 징후들을 사회주의 생활방식의 고수를 통해 막아내려는 내용이 강조되고 있다. 이러한 사상교양 학습은 주로 학습회, 강연회, 영화감상회 형식 등 구체적이고 다양한 형식으로 진행된다.[8]

6 임순희, 「근로단체 · 청년 · 여성」, 서재진 외, 『김정일연구(II)』, 통일연구원(2002), 182-183쪽.

7 김종수, 「북한의 '생애주기'적 조직생활 변화와 내구력 평가」, 『인문사회과학연구』 제21집(2008), 20쪽.

8 「제국주의자들의 사상문화적 침투 책동에 경각성을 높이자」, 문학예술출판사, 『조선녀성』 제8호(2005), 43쪽.

북한에서 '분공'이라는 것은 "조직 앞에 나선 혁명과업을 원만히 수행하기 위해 초급 단체에서 동맹원들에게 주는 구체적인 과업"이라 설명한다. 이는 곧 북한에서의 조직생활은 인민들에 대한 가장 기본적이며 중요한 통제 수단인 동시에 당이 요구하는 내용을 구체적으로 수행하도록 인민에게 각각의 강제적인 활동을 부여한다는 것이다. 이에 대해 김정일은 "분공은 대상의 준비 정도에 맞게 이런 것도 주고 저런 것도 주며 일단 분공을 준 다음에는 그 집행 정형을 검열하고 총화하는 방법으로 분공 수행 정형을 늘 장악 통제하여야 한다"고 강조한다.[9]

2) 조선민주여성동맹의 조직적 특성과 정치적 역할

(1) 설립 목적

그렇다면 '혁명을 통한 궁극적인 평등사회 건설'을 주창하는 북한과 같은 사회주의 국가에서 여성동맹이라는 유일한 여성조직이 존재하는 이유는 무엇일까? 사회주의하에서는 남녀 모두 동등하게 일할 권리를 강조하는 만큼 북한에는 상당히 다양한 근로단체가 존재한다([그림 1] 참조). 기술자, 사무원 등 정신노동 종사자로 구성된 조선직업총동맹, 협동농장이나 국영농목장 등 농촌에서 일하는 노동자가 가입하는 조선농업근로자동맹, 그리고 14세부터 30세 사이의 당원을 제외한 남녀 청년들의 모임인 김일성사회주의청년동맹 등이 그것이다.[10] 1980년대 후반 120만 명에 이르는 맹원을 가진 여성동맹은 적어도 숫자상으로는 이 조직이 농업근로자동맹이나 직업총동맹에 버금가는 중요성을 가지고 있음을 시사한다.

9 「분공조직과 총화」, 문학예술출판사, 『조선녀성』 제4호(2007), 53쪽.

10 김종수, 「북한의 '생애주기'적 조직생활 변화와 내구력 평가」, 『인민사회과학연구』 제21집(2008), 24쪽.

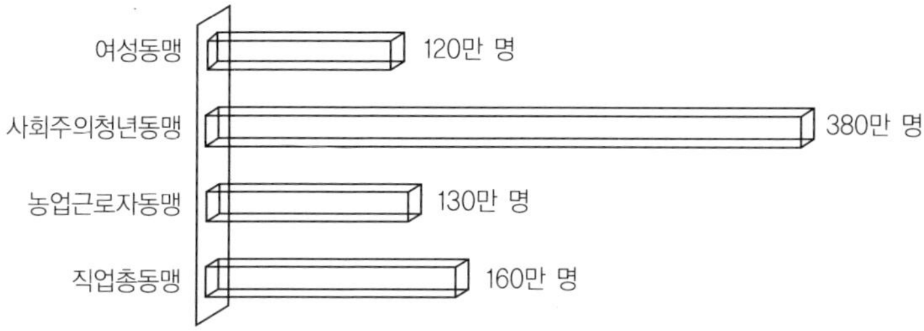

[그림 1] 북한의 4대 근로단체 및 맹원 수(1980년대 후반)

* 자료: 이현진, 「1980년대 조선민주여성동맹의 성격 변화에 대한 연구: 사회경제적 요인을 중심으로」, 경남대학교 북한대학원 석사학위 논문(2005), 31쪽, 〈표 3〉 재구성.

북한 여성에 대한 정치적 평등 이념은 북한 정권 수립 이전부터 사회주의 작업의 일환으로 1946년 제정된 남녀평등권법령과 그 이후 1948년 마련된 인민민주주의헌법에 잘 반영되어 있다. '북조선의 남녀평등권에 대한 법령'(1946. 7. 30.)은 사회주의 평등사상에 기초하여 남녀평등권(1조), 남녀 동등한 선거권과 피선거권(2조), 남녀 동등한 노동의 권리와 동일 임금을 받을 권리 및 사회권과 교육권(3조), 자유이혼소송권, 처첩 금지, 공사창 금지, 재산 및 토지상속권, 이혼시 재산 분할권 등(4조~8조)을 규정하고 있다. 이러한 남녀평등 사상은 전후 복구 시기 여성 노동력의 활용을 극대화하기 위해 더 강조되었다.[11]

여성에게 일할 권리가 헌법에 보장된 북한과 같은 사회주의 국가에서 여성이 직업에 따른 근로자동맹 외에 여성동맹에 가입하고 있는 현실은 첫째, 일하지 않는 상당수의 여성이 존재하고, 둘째, 이들을 따로 조직할 정치적 목적이 존재한다는 점을 시사한다. 실제로 혼인 상태에 따른 북한 여성의 경제활동참여율은 크게 차이난다. 미혼 여성의 경우 90% 이상

11 이희선, 「북한 여성 엘리트의 정치 참여에 관한 연구」, 전남대학교 대학원 정치학과 석사학위 논문(1996).

참여하지만, 이들 중 60~70%가 결혼 후 퇴직함에 따라 기혼 여성의 참여율은 30%에 불과하다고 한다.[12] 일하지 않는 기혼 여성을 대상으로도 사상교양작업을 수행하고 혁명을 통한 사회주의 건설에 동원할 필요성이 있었던 것이다.

1945년 11월 18일 창립 이후 1946년 5월 1차 대회에서 채택된 여맹의 다음과 같은 강령에서 이 조직의 설립 목적을 좀 더 분명히 읽어낼 수 있다: "첫째, 우리는 민주주의적 녀성과 대동단결하여 김일성 장군의 20개 정강을 기조로 한 조선민주주의인민공화국 수립을 위하여 총 역량을 집중함; 둘째, 녀성들에게 평등한 선거와 피선거권을 준 북조선인민위원회의 정강을 지지하며 이 명예를 전 여성에게 드리기 위하여 분투함; 셋째, 우리는 민주 건설을 파괴하는 일체의 파쇼분자 민족반역자를 박멸하기 위하여 분투함; 넷째, 조선문화의 향상과 정치경제의 건전한 발전을 위하여 분투함; 다섯째, 녀성의 문맹 퇴치와 생활 개선을 위하여 각 문화운동과 산업 부흥에 적극 참가함; 여섯째, 봉건적인 인습과 미신 타파를 위하여 노력함."[13] 즉, 북한의 여성동맹은 남녀평등을 제고하고자 조직되는 자본주의 사회에서의 자발적인 여성운동단체와는 달리 정권에 의해 위에서부터 만들어진 대중 정치조직이다.

(2) 조직구조

여맹은 [그림 2]에 나타난 바와 같이 중앙위원회와 상무위원회, 그리고 도, 시에서 군, 읍, 리에 이르는 전국 단위의 지역 조직을 갖추고 있다. 여

12 이현진, 「1980년대 조선민주여성동맹의 성격 변화에 대한 연구: 사회경제적 요인을 중심으로」, 경남대학교 북한대학원 석사학위 논문(2005), 50-51쪽.

13 『조선녀성』 1946년 제9호; 이미경, 「북한 여성의 교양학습 체계: '조선민주여성동맹(여맹)'의 활동 양상을 중심으로」, 『인문사회과학연구』(2008), 10쪽, 각주 7에서 재인용.

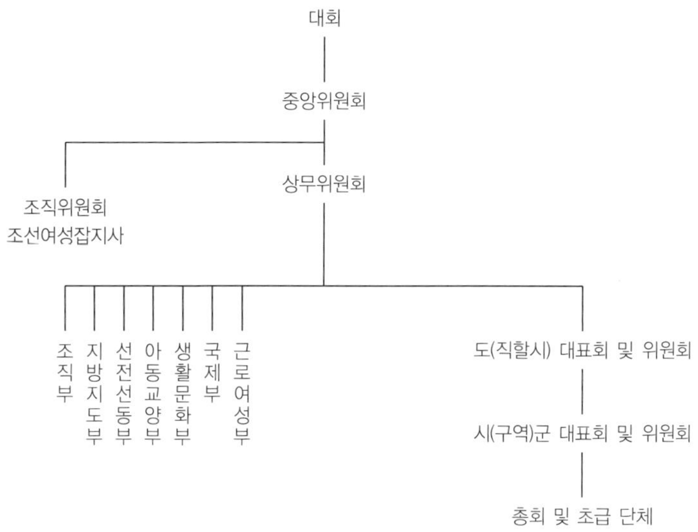

[그림 2] 여맹 조직도

* 출처: 정성임, 「조선민주녀성동맹」, 『조선로동당의 외곽단체』(서울: 한울, 2004).

맹에 가입하기를 원하는 여성은 초급 단체에 청원을 하게 되는데, 최종 가입은 시·군 지역위원회에서의 비준을 통해 결정된다. 대부분 초급 단체에서 여맹의 활동이 이루어진다.[14]

여맹의 정치조직으로서 특징은 여맹 고위간부들이 김일성 혹은 주요 당 간부의 친인척에 국한되어 있다는 사실에서도 살펴볼 수 있다. 〈표 1〉은 역대 여맹 위원장들의 정치적 경력과 배경을 보여 준다. 최고인민회의 상임위원과 같이 당의 주요 직책을 역임한 경력이 있으며, 특히 1971년부터 1998년까지 무려 28년가량 위원장직을 맡은 김성애는 김일성의 후처로, 혁명성이 뛰어난 남편이나 가족을 둔 특징이 있다. 그러나

14 정성임, 「조선민주녀성동맹」, 『조선로동당의 외곽단체』(서울: 한울, 2004).

〈표 1〉 여맹위원장의 정치적 배경

시기	이름	경력	기타 특이 사항
초대 위원장	박정애	최고인민회의 상임위원 역임	모스크바 유학생 김용범의 처
1965~1971	김옥순	최고인민회의 외교위원 역임	유격대 활동가 최광의 처
1971~1998	김성애	최고인민회의 상임위원 역임	김일성의 후처
1998~2000	천연옥	최고인민회의 상임위원 역임	빨치산 유가족 출신
2000~2008	박순희	–	–
2008~	로성실	–	–

자료: 이미경(2008), 10쪽 및 각주 6)에서 재구성.

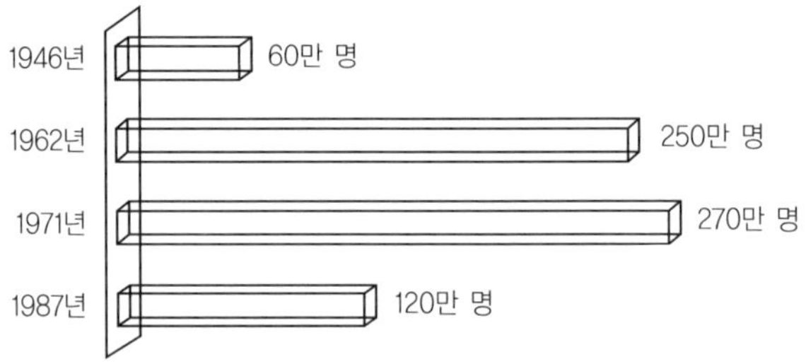

[그림 3] 여맹의 조직원 수 변화(1946년~1987년)

자료: 이현진(2005), 〈표 2〉 재구성.

이들 중 북한 사회를 실질적으로 움직이는 핵심 권력자인 경우는 거의 없었던 만큼, 이들이 북한의 여성정책에 미치는 영향력은 제한될 수밖에 없었다.[15]

여맹의 조직원 수는 1946년 60만 명이었지만, 1971년에는 270만 명으로 급격히 증가한 바 있다. 1987년 조직원 수가 다시 120만 명으로 감소한 것은 1983년 여맹 5차대회에서 가입 대상이 18세 이상 모든 여성에서

15 최선영, 「북한 여성의 정치 · 경제생활연구」, 조선대학교 대학원 정치외교학과 석사학위 논문(2003).

다른 근로단체에 가입하지 않은 여성으로 바뀌었기 때문이다.[16]

(3) 기능과 역할

여성동맹과 같은 북한의 근로단체는 "근로대중의 정치조직이자 당의 외곽단체로 당과 대중을 연결하는 인전대이자 당의 방조자이며, 당의 지도하에 대중들에 대한 사상교양 사업을 수행하는 한편 사회주의 건설에 조직, 동원하는" 역할을 수행한다.[17]

여맹이 설립된 지 얼마 되지 않은 한국전쟁 직후에는 여성의 노동력 동원이 무엇보다도 중요한 이슈였던 만큼, 이 시기 여맹의 사상교양 사업의 중점은 주로 노동과 생산활동 참여의 필수성을 여성에게 주입시키는 데 두어졌다. 그러나 1960년대에 사회가 안정됨에 따라 노동자로서의 여성보다는 가정에서의 여성 역할도 강조되었으며, 그로 인해 여성 교양 증진과 자녀 교육을 위한 교육이 여맹 활동에 포함되기 시작했다.[18]

1970년대 이후에는 주체사상이 강조되면서 세습 체제가 가시화되었고, 여맹에서도 김일성의 혁명사상과 주체사상에 대한 교양교육이 부각되기 시작했다. 사상교양을 위해서는 주로 중심사상에 대한 '해설'이나 긍정적 모범을 통한 감화를 뜻하는 '설복' 방법이 사용되었는데, 설복에 나오는 모범 사례가 육상선수나 발명가라 하더라도 이들에게서 주로 강조된 점은 그들의 성공과 성취가 아니라 지도자에 대한 충성심과 투쟁정신이었다.[19]

16 이미경, 「북한 여성의 교양학습 체계: '조선민주녀성동맹'(여맹)의 활동 양상을 중심으로」, 『인문사회과학연구』 각주 5(2008).

17 위의 글, 8쪽.

18 이현진, 「1980년대 조선민주여성동맹의 성격 변화에 대한 연구: 사회경제적 요인을 중심으로」, 경남대학교 북한대학원 석사학위 논문(2005), 4쪽.

19 정성임, 「조선민주녀성동맹」, 『조선로동당의 외곽단체』(서울: 한울, 2004).

종합하자면, 여맹은 사회주의 정권의 유지를 위한 사상교육과 동원의 역할을 충실히 수행했으며, 그 과정에서 여성은 혁명가와 노동계급이 되는 동시에 자녀를 양육하고 가정을 위해 희생하는 전통적인 여성의 역할도 수행하도록 요구되었다.

3. 선군 시대 조선민주여성동맹의 활동과 역할 변화: 『조선녀성』의 교양 내용 분석을 중심으로[20]

1) 비사회주의적 요소와 가족 해체에 대한 경계

경제난으로 인해 북한에서는 공장과 기업소 등이 비정상적으로 작동되고, 이것의 영향으로 주민의 이탈이 많아지면서 조선민주여성동맹은 물론 모든 근로단체의 조직생활에서 전과 같지 않은 이완된 현상들이 지적되었다. 북한 전체적으로 정치학습에 대한 관심과 열의가 낮아지고 조직생활을 기피하는 경향이 나타난 것이다.

조직생활에서 핵심을 이루는 생활 총화도 형식적으로 진행되는 경우가 많은 것으로 알려지고 있다. 예전에는 일주일에 한 번씩 하는 조직생활이 한 달에 한 번으로 줄어들었으며, 당원도 노동자도 상황이 다르지 않다. 어떤 때는 모이지도 않고 당 비서에게 서면으로 보고하는 일까지 생기고 있다고 한다.[21]

북한의 근로단체 중 가장 강력한 조직력을 갖추었던 청년동맹의 조직

20 『조선녀성』은 북한에서 발행되는 조선민주여성동맹 중앙위원회 기관지로서 『조선녀성』에 대한 내용은 북한 여성에 대한 내용은 물론 북한의 여성동맹 역할과 활동에 대해 다루고 있다.

21 정일영, 「조선로동당의 공장 · 기업소 조직에 대한 '통제' 연구」, 서강대 석사학위 논문(2006), 92쪽.

생활조차도 경제난 이후 생활 총화가 이완된 징후들이 보이고 있다. 김종수는 논문에서 청년동맹의 조직생활 중에서 생활총화는 학생들이 가장 싫어하는 것 중의 하나로, 친구들 간 '담합'을 통해 자아비판이나 상호비판을 쉽게 벗어나는 경향이 나타나고 있음을 지적한다. 경제난이 심화되면서 북한 청년들의 일탈행위가 증가하자 북한 당국은 이를 통제하기 위해 청년동맹은 과외교양사업부를 중앙을 비롯해 도 · 시 · 군 단위 조직에 설치했다. 청년동맹은 과외교양사업부를 통해 강도 · 절도 · 강간 등 범법행위자와 직장 및 학교 결석이 잦은 자, 자본주의 풍습을 유포하거나 모방하는 자 등 불량 청소년을 교양 · 선도하고자 했다.[22]

여성동맹의 조직활동에서도 이러한 현상이 나타나고 있다. 북한에서 발행되는 조선민주여성동맹 중앙위원회 기관지 『조선녀성』에 의하면 지난 〈고난의 행군〉 시기 나타났던 사회주의적 생활방식과 어긋나는 행동들이 여맹원들 속에 나타나고 있음을 지적한다.

> "녀맹원들 속에는 〈고난의 행군〉, 강행군으로 생활에서 시련과 난관에 부닥치게 되자 살아갈 생각을 하느라 여기저기 다니며 사회주의적 생활방식과 어긋나게 살아오던 버릇이 적지않게 남아 있었다."[23]

> "우리 녀성들이 일시적인 난관에 주저앉게 해서는 안 된다는 생각으로 안타깝게 뛰여다녔으나 제 살 궁리를 하느라 조직생활에 빠지는 녀맹원들이 날이 감에 따라 하나, 둘 늘어났다.
>
> ……정심동무는 나라가 어려울 때 제 살 궁리만을 하며 조직생활에 빠

22 김종수, 「북한 '청년동맹'의 정치적 역할에 관한 연구」, 동국대 박사학위 논문(2006), 236쪽.
23 「선군 시대 녀성들의 자랑찬 모습」, 문학예술출판사, 『조선녀성』 2003년 제4호, 45쪽.

져서야 되겠는가, 비사회주의적 현상을 두고 경애하는 장군님께서 얼마나 가슴아파 하시는지 아는가고 안타까이 타일렀다." [24]

"지난 기간에는 분공 수행 과정이 곧 조직생활로 이어지도록 생활지도를 짜고들어 진행하지 못한 탓에 분공을 이 구실, 저 구실을 대가며 집행하지 않거나 할 수 없이 굼때는 식으로 하는 현상까지 나타났었습니다." [25]

"그는 가정생활에 애로가 있다고 하여 조직생활을 잘하지 못하고 있는 녀맹원들도 있고 무슨 일을 하자고 하면 주어진 조건만 운운하면서 그 일에 낯을 돌리지조차 않는 녀맹원들도 있다는 것을 알게 되었다." [26]

"한편 녀맹일군들 속에서 자유주의적이며 비당적인 현상들을 철저히 극복하고 당성을 높여 동맹대오의 통일 단결을 강화하도록 하는 사업을 힘있게 밀고나갔다." [27]

내용을 살펴보면, 경제난 이후 여성이 먹고 살기 위해 여성동맹 조직생활에 빠지는 현상이 일어나고 있다는 것이다. 또한 그 과정에서 '비사회주의적'이고 '비당적인 현상'이 일어나고 있음을 지적한다. '비사회주의적'인 현상의 경우, 여성이 장마당에서 장사를 하는 등의 행위에서 나타나는 '비사회주의적', '비당적'인 요소가 나타났었다는 것을 말하는 것이다. 구체적으로 여맹원들 속에서의 '물욕', '다른 사람의 물건에 대한 욕

24 「선군 시대 〈리신자〉」, 문학예술출판사, 『조선녀성』 제4호(2003), 47쪽.
25 「분공 수행이자 곧 조직생활 과정」, 문학예술출판사, 『조선녀성』 제6호(2004), 42쪽.
26 「어디에 기본을 두었는가」, 문학예술출판사, 『조선녀성』 제11호(2004), 44쪽.
27 「조성된 정세의 요구에 맞게 녀성동맹의 기능과 역할을 높여」, 문학예술출판사, 『조선녀성』 제6호(2004), 48쪽.

심', '뢰물 물욕, 공짜', '사치와 부화타락한 생활' 등이 그것이다.[28]

그리고 여성동맹의 조직활동 중 가장 중요한 것 중의 하나인 '생활총화'에 빠지는 현상에 대한 지적과 함께 조직생활에 참여했다 하더라도 '분공'을 수행하는 과정에서 이러저러한 이유를 대며 잘 수행하지 않는 현상이 나타난다는 것이다.

하지만 최근 여성동맹의 활동에서는 이러한 현상에 대한 지적과 함께 다시 조직생활을 철저히 할 것에 대해 강조하고 있으며, 실제 여성동맹의 조직활동에서도 경제난 이후 이완되었던 조직활동을 다시 강조하고 있다. 즉 북한 여성에게 생계를 위한 경제활동 이외에도 분토 생산, 도로 공사, 농촌 지원활동 등의 사회 동원에서도 여맹원들의 역할이 요구된다.[29]

경제난 이전과 다름없이 이후에도 생활총화와 사회 동원 등이 계속되었고 특히 공장과 기업소가 비정상적으로 작동되면서 인민반과 여성동맹 활동을 강화시켜 여성의 인력을 활용하고자 한 것이다. 이에 따라 북한 여성은 경제난 이후에 장사를 하는 등 생계활동을 하면서도 국가로부터 요구되는 사회노동과 전통적인 성역할 병행으로 인해 과중한 역할 부담 속에 생활하고 있다.

다음의 내용은 여성에게 사회노동을 적극 참여할 것을 독려하는 동시에 가정주부로서 해야 할 역할에 대해서도 강조하고 있음을 보여 준다.

28 「경제도덕생활을 건전하게 하는 데서 녀맹원들 앞에 나서는 중요한 요구」, 문학예술출판사, 『조선녀성』 제9호(2008), 42쪽.

29 "사회 동원은 여맹과 인민반이 맡아서 한다…… 경제난이 있으면서 집에 있는 사람들이 많고 하니까 인민반의 사업이 직장보다 크게 되었다. 이전에도 인민반 사업이 있어 파지 수매하시오, 파철 수매하시오 했지만 이제는 돈 얼마 내라, 꽃제비를 어떻게 해라, 장사를 해서 이윤이 남는 사람은 도와 주라는 것이 많다. 또한 도로 닦기, 마을 정리 등 사회 동원이 많아졌으나 돈이 있는 사람은 인민반장에게 돈을 주고 동원에서 빠져 이전보다 인민반장이 어느 직장 지배인보다도 권한이 높아져 예전에는 인민반장을 하지 않으려 했지만 요즘에는 서로 하려고 한다."(혜산 출신 40대 대졸 여성), 이미경, 「탈북여성과의 심층면접을 통해서 본 경제난 이후 북한 여성의 지위 변화와 전망」, 『가족과 문화』 제18집 1호(2006), 47쪽.

"가두 녀성들은 혁명화하는 중요한 방도는 로동을 사랑하고 실천 투쟁에 적극 참가하는 데 있다. 모든 가두 녀성들은 조국 번영에 이바지하는 공동 로동에 성실히 참가하며 비약의 폭풍이 휘몰아치는 인민경제 여러 부문에 대한 로력 지원 투쟁을 힘있게 벌려야 한다. 그리하여 위대한 선군 시대에 사는 조선 녀성들의 자랑과 보람찬 삶을 끝없이 빛내여 나가야 한다."[30]

"언제나 남편의 사업을 진심으로 리해해 주고 한 마디 말을 하거나 행동을 해도 남편의 혁명사업에 도움이 되고 힘이 되게 하여야 한다. 녀성들은 가정의 주부이다. 그러므로 녀성들은 남편의 성실한 안해, 자식들의 다정한 어머니, 부모들의 살뜰한 며느리, 자식이 되어 남편들이 가정생활 때문에 걱정하거나 불편을 느끼지 않도록 정성 다해 보살펴 주고 뒷받침해 주어야 한다. 오늘이 아무리 어렵다 해도 혁명의 위대한 어머니 강반석 녀사와 항일의 녀성 영웅 김정숙 동지께서 혁명활동을 하시던 그때에 비하면 오늘은 너무나 행복하고 너무나 조건이 좋다."[31]

전통적인 성역할의 경우, 여성동맹의 교양학습 내용 중 중요한 주제로 북한의 정권 수립 초기부터 계속 강조되어 온 부분이다. 하지만 최근 여성동맹의 교양학습 내용 중 전통적 성역할은 경제난 이후 이혼율 급증을 반영하듯이 '바람직한 부부 관계', '부부 사이 례절을 바로 지키자' 등의 내용들이 강조되었다.

"예로부터 우리 인민은 청춘 남녀들의 사랑의 언약을 두고 '백년가약'

30 「선군 시대와 가두 녀성들의 혁명화」, 문학예술출판사, 『조선녀성』 제4호(2004), 36쪽.
31 「녀성들은 남편들의 혁명사업을 적극 돕자」, 문학예술출판사, 『조선녀성』 제9호(2007), 23쪽.

이라 일러 왔습니다. 그 언약은 가정을 이룰 때 '검은 머리 파뿌리 되도록' 일생을 변함없이 잘살라는 부모형제들과 동네사람들의 축복 속에 굳건히 지켜 왔습니다. 이러한 고상한 미풍량속이 대를 이어 지켜지면서 일단 부부가 되면 리혼이란 몰랐으며 간혹 그렇게 되는 일을 수치로 여겼습니다 ……정말이지 우리 녀성들이 이러한 미풍량속을 지켜 부부 사이에 서로 돕고 이끌며 살아가면 경애하는 김정일 장군님을 어버이로 모신 사회주의 우리 대가정은 더 화목하고 더 굳건해질 것입니다."[32]

이처럼 북한은 경제난 이후 주민의 생계가 직장에서 주어지는 월급으로 유지되는 것이 아니라 시장에서 장사하는 여성의 손에 의해 유지되는 경우가 늘어감에 따라 이전 시기와 비교해 여맹원들 내에서 '비사회주의적' 요소 및 '비당적' 요소가 더 많이 나타나게 된 것으로 볼 수 있다. 이러한 '비사회주의적' 요소의 영향으로 북한 여성의 가족 내 지위와 의식 변화의 영향을 받아 이혼이 증가하는 형태로 나타나고 있음을 짐작할 수 있게 한다.

2) 사상교양 및 집단주의 교육의 강조

북한 당국은 이러한 현상들에 대해 우려하게 되면서 여성동맹 조직을 통한 조직생활을 강화하고 있으며, 이를 통한 사상교양 및 집단주의 교육이 강조되고 있다. 〈표 2〉는 2002년부터 2008년 12월호까지 최근 『조선녀성』의 내용에서 강조되어 교양되는 내용을 정리한 것이다.[33]

32 「'백년가약'이라는 말을 두고」, 문학예술출판사, 『조선녀성』 제7호(2002), 40쪽. 그 밖에도 「원앙새 부부」, 『조선녀성』 제11호(2002); 「가정의 행복을 두고」, 『조선녀성』 제11호(2002); 「부부 사이 례절을 바로 지키자」, 『조선녀성』 제9호(2004); 「다정한 부부」, 『조선녀성』 제2호(2005); 「화목한 가정」, 『조선녀성』 제7호(2006).

〈표 2〉 2002년~2008년 『조선녀성』의 내용 중 강조되는 사상교양 내용

호수	제목	내용	강조 내용
2002/11	자본주의 나라 녀성들의 처지	자본주의가 복귀된 나라들의 여성들의 처지 참혹한 상황	자본주의 반대
2002/12	공민적 의무에 대한 자각	공민적 의무란 공민들이 반드시 지켜야 할 행동규범과 활동준칙 기업관리와 생산로동에서 법질서 지켜	공민-법규범
2003/1	사회주의가 그립다	자본주의가 복귀된 동유럽 나라들 녀성들의 사회정치적 권리와 생존권 위협	자본주의 반대
2003/11	공민적 자각을 안고 공화국 공민의 본분을 다해나가는 참다운 애국자가 되자	공민으로서 지켜야 할 법적 및 도덕적 행동규범과 활동준칙, 국가 법 존중	공민-법규범
2003/12	공민적 의무를 깊이 자각하고 공민의 본분을 다해 나가자	공화국의 법은 혁명과 건설의 위력한 무기	공민-법규범
	사회주의교양을 더욱 강화하자	참된 애국자는 나라의 주인, 공화국 공민으로서의 책임과 의무를 깊이 자각 국가와 사회의 공동재산 아끼고 사랑	사회주의교양
2004/2	계급교양의 도수를 높여	자본주의에 대한 환상은 죽음이라는 것을 깊이 인식할 것	자본주의 반대
2004/3	낡은 봉건적 사상 잔재를 없애는 것은 강성대국 건설의 중요한 문제	봉건적 사상 잔재는 부르죠아 사상문화(개인리기주의, 건달사상)가 쉽게 발붙일 수 있게 함	부르주아사상문화 반대
2004/4	선군시대와 가두 녀성들의 혁명화	남편, 시부모, 아들딸 잘 키우기 로동 사랑하고 실천 투쟁, 공동로동 적극 참가	성역할
2004/5	모든 녀맹원들은 반제계급 의식으로 튼튼히 무장하자	제국주의에 대한 환상은 곧 죽음, 제국주의자들과 싸워 이겨야 함	반제국주의
2004/6	분공 수행이자 곧 조직생활 과정	조직생활 -정치적 분공으로 되어야 총화평가사업 잘할 것	조직생활 강조
2004/10	자본주의가 복귀된 나라들에서의 녀성들의 운명	인간 이하의 천대와 멸시를 받으며 생활하는 처지	자본주의 반대
2005/6	사회주의 경제강국 건설에서 녀성동맹의 역할을 높이도록	녀성동맹은 매시기 경제 건설 구상을 실천해 나가는 철저한 관철자 · 방조자	사회주의경제
2005/8	제국주의자들의 사상문화적 침투 책동에 경각성을 높이자	제국주의 반동세력 사상문화적 침투책동 고무풍선에 소형 라지오와 소책자, 대조선 〈원조작전〉, 퇴폐적이고 반동적인 출판물, 록화테프, 록음테프, CD 등 심리모략전 사회주의 사상 무장	반제국주의

호수	제목	내용	강조 내용
2005/9	녀맹원들 속에서 사회주의 신념교양을 더욱 강화하자	녀맹원들 사이의 신념교육 더욱 강화 이색적 사상과 생활풍조 침습 없게	사회주의 신념
2005/10	녀맹원들 속에서 낟알을 허실하는 현상을 철저히 없애자	낟알을 허실하는 비량심적인 현상 없도록	집단주의 강조
2006/4	녀성조직들은 사회주의에 대한 신념교양을 일관성있게 틀어쥐고 나가자	사회주의는 사상사업을 틀어쥐면 승리, 줴버리면 망한다는 력사적 진리 명심	사회주의 신념
2006/7	조직 관념은 조직을 대하는 관점과 립장	조직의 지도와 통제를 받기 위해 노력 개인주의, 리기주의, 자유주의, 부르죠아 사상, 미신행위 등 낡은 사상 극복	조직생활 강조
2006/8	분공 수행과 조직생활지도	녀맹원들의 특성에 맞게 분공 · 조직 생활지도	조직생활 강조
2006/10	혁명적 조직관이란 무엇인가	혁명조직에 철저히 의거하여 사업	조직생활 강조
	부르죠아 사상문화는 우리식 사회주의를 좀먹는 위험한 녹소	부르죠아 사상문화는 정치생활에서의 반동화, 경제생활에서의 기형화, 정신 분화생활에서의 빈궁화 심화	부르주아사상 반대
2007/1	사회주의적 애국주의 교양과 인륜도덕에 대한 교양을 결부하여 진행하는 데서 나서는 요구	조국과 자기 일터에 대한 사랑을 결합	조직생활 강조
2007/4	분공조직과 총화	분공 집행 정형 검열 · 총화, 분공 수행 장악 통제 모이는 기회, 맹비 받는 기회 잘 이용	조직생활 강조
	녀맹원들이 조직 관념을 바로 가지도록 하자면	교양사업 강화, 녀맹규약과 생활규범 회의 · 생활총화 · 집체모임 빠짐없이 참가 분공집행, 맹비, 이동수속 제때, 조직규율 철저히 지키도록	조직생활 강조
2007/10	녀맹조직들은 녀맹원들에 대한 준법교양에 힘을 넣자	준법교양 강화 부르죠아사상, 수정주의 사상 침습 막고 반혁명적 · 반사회주의적인 요소들이 자라나지 못하게	법규범
2007/11	녀맹원들은 경제도덕생활을 건전하게 하자	물욕을 없애고 다른 사람의 물건에 욕심내거나 손실을 주어서는 안 됨 공동재산 아끼고 사랑	사회주의경제
2008/1	녀맹 일군들은 모든 사업을 끝장을 볼 때까지 혁명적으로 근기있게 내밀자	오분열도식 사업방법을 철저히 극복 형식주의, 요령주의	조직생활 강조

호수	제목	내용	강조 내용
2008/3	공민적 자각을 안고 공화국 공민의 본분을 다해나가도록 하는 데서 나서는 강령적 지침	일에 대한 애착, 사회의 공동재산 아끼고 사랑, 국가의 법 존중	공민-법규범, 조직
2008/5	녀성들은 사회에 적극 진출하여 부강조국 건설에 이바지하자	남편들의 혁명사업을 적극 도와줄 수 없으며 그들의 사업에 지장	조직생활 강조
2008/8	부르죠아 사상문화는 위험한 독소	부르죠아 사상과 부르죠아 생활양식은 사상적 독소, 사상교양사업 강화 불순출판물 선전물 내부에 침습 차단	부르주아사상 반대
2008/9	경제도덕생활을 건전하게 하는 데서 녀맹원들 앞에 나서는 중요한 요구	특권, 특혜, 뢰물, 물욕, 공짜를 바라지 말고 청백하고 검박하게. 사치와 부화 타락 반대	사회주의경제

* 출처: 문학예술출판사, 『조선녀성』 2002년 1호~2008년 12호까지의 내용을 발췌하여 정리.

(1) '낡은 사상' 극복과 집단주의 강조

2002년 7 · 1 경제 조치 이후 『조선녀성』에서 강조하고 있는 사상교양 내용을 정리해 보면, 조직생활의 중요성과 집단주의에 대한 강조가 10회로 가장 많았다. 조직 관념과 조직생활에 대한 강조는 2006년 이후 두드러지게 나타난다. 「조직 관념은 조직을 대하는 관점과 립장」(2006년 7호), 「혁명적 조직관이란 무엇인가?」(2006년 10호), 「녀맹 일군들은 모든 사업을 끝장을 볼 때까지 혁명적으로 근기있게 내밀자」(2008년 1호), 「녀성들은 사회에 적극 진출하여 부강조국 건설에 이바지하자」(2008년 5호) 등을 통해 "조직 관념은 수령에 대한 관점과 입장"이며 "녀맹조직을 사랑하는 립장과 태도", "조직의 리익을 위해서는 개인을 희생할 줄 알아야" 함을 강조하면서 조직의 지도와 통제를 받기 위해 의식적으로 노력해야 한다고 언급하고 있다. 이는 개인주의, 이기주의, 자유주의와 같은

33 2009년 1월호부터 『조선녀성』은 북한에서 출판되지 않은 것으로 파악되었다.

'낡은 사상'을 극복하기 위한 투쟁 과정이라 강조한다.

구체적인 조직생활에 대한 구체적인 행동방침에 대한 제시를 통해 여성동맹의 조직활동에 대해 독려하고 있다. 「분공 수행이자 곧 조직생활 과정」(2004년 6호), 「분공 수행과 조직생활 지도」(2006년 8호), 「분공조직과 총화」(2007년 4호)에서 조직에서 주는 '분공'을 수행하는 과정이 곧 조직생활 과정이라고 강조하면서 지난 시기 '분공 수행 과정'이 잘 진행되지 못했다고 지적했다. 그 때문에 '총화 평가사업'을 통해 각각의 여맹원들의 정치사상적 수준과 능력, 성격과 취미, 나이와 조건에 맞게 누가 무슨 일을 언제까지 어떤 방법으로 수행해야 한다는 것을 구체적으로 밝혀 분공을 주어야 하고 이를 수행할 수 있도록 교양해 나갈 것을 강조한다.

또한 '분공 수행 정형' 과정에서 꼭 총화하고 넘어가는 것을 제도화할 것을 강조하면서 특히 여맹원들이 모이는 기회 및 '맹비' 받을 기회 등을 잘 이용하여 '총화'해야 한다고 구체적으로 제시하고 있다. 이는 조직생활에서 '분공'의 중요성을 강조함과 동시에 최근 경제난 이후 조직생활에서 중심이라고 할 수 있는 '생활총화'와 '분공 수행' 등이 잘 이루어지지 않는 것에 대한 문제점을 지적하고 개선에 대해 독려하는 것이다.

이는 「녀맹 일군들은 모든 사업을 끝장 볼 때까지 혁명적으로 근기있게 내밀자」(2008년 1월)에서 더 잘 나타나고 있다. 즉 '오분열도식 사업방법'이란 "우리 일군들이 무슨 일이나 한번 시작하면 끝장을 볼 때까지 내밀지 못하고 조금 하는 척하다가 중도에 집어치우군 하는 그릇된 일 본새를 비유한 말"로 이러한 방법으로 일하게 되면 형식주의, 요령주의를 하게 되어 당 정책 수행에 장애가 됨을 말하는 것이다.

(2) 자본주의에 대한 비판과 사회주의 우월성 강조

다음으로 많이 언급된 내용은 자본주의에 대한 반대, 반제국주의, 부르

〈표 3〉 2002년 이후 여성동맹 및 여맹원들에게 강조된 사상교양 내용 횟수

교양 내용	횟수
조직생활 강조/집단주의 강조	10
자본주의 반대/반제국주의/부르죠아 사상문화 반대	9
사회주의 교양/사회주의 경제생활	7
공민적 의무/법규범 강조	5
성역할 강조	2
계	33

* 출처: 문학예술출판사, 『조선녀성』 2002년 1호~2008년 12호까지의 내용을 발췌하여 정리.

주아 사상문화의 반대와 관련된 교양 내용이었다. 「자본주의 나라 녀성들의 처지」(2002년 11호), 「사회주의가 그립다」(2003년 1호), 「자본주의가 복귀된 나라들에서의 녀성들의 운명」(2004년 10호)에서는 사회주의 사회에서 삶을 누리던 여성들이 사회주의가 붕괴되어 하루아침에 인간 이하의 천대와 멸시를 받고 있는 동유럽 여성들의 삶에 대해 언급하면서 김정일의 보살핌 속에서 살고 있는 북한 여성들이 행복한 미래를 누릴 수 있음을 강조한 것이다. 또한 동유럽 나라들에서는 여성이 사회정치적 권리도 없고, 생존의 권리도 없으며 가정적 폭력과 사회의 버림 속에 시달리고 있다고 강조한다.

이는 북한 사회 내에서 시장화로 인한 변화된 환경에 대한 경계를 담고 있는 것으로 이는 곧 부르주아 사상문화가 침습하는 것을 막지 못하면 동유럽 국가들처럼 될 수 있음을 말하는 것이다. 그 때문에 「계급교양의 도수를 높여」(2004년 2호)에서처럼 "자본주의에 대한 환상은 곧 죽음", 또는 부르주아문화와 생활 풍조를 유포시키고자 하는 제국주의자들을 반대하지 않으면 개인주의, 이기주의가 조장되고 사회의 안정이 파괴됨을 강조하여 여맹원들의 사상적 독려와 자본주의 및 부르주아문화 등과 '투쟁'해야 함을 교양하고 있다. 특히 미국이 "사회주의를 포기시려는 의도"

로 보낸 소형 라디오, 소책자, '대조선 〈원조작전〉', '퇴폐적이고 반동적인 출판물, 녹화 테이프, 녹음 테이프, CD 등 구체적인 사례에 대한 지적을 통해 더욱 경계하고 있다.

이는 자본주의의 반대, 제국주의에 대한 반대, 부르주아 사상문화 반대 등은 조직생활 및 집단주의를 강조하는 사회주의적 생활양식에 반대되는 것으로서 자본주의 반대, 반제(反帝), 반(反)부르주아 사상문화 등은 결국 조직생활의 강조와 집단주의를 강조하는 논리로 사용되고 있다. 그 때문에 전체 『조선녀성』의 사상교양 내용 중 가장 강조되는 것은, 경제난 이후 북한 사회의 시장화 등의 변화로 인해 자본주의적 · 제국주의적 · 부르주아 사상문화 등이 만연하고 있는 것에 대한 우려를 조직생활과 집단주의에 대한 강조를 통해 극복하고자 하는 것으로 보인다. 이는 여성동맹의 활동에서 분공의 수행 및 법 규범의 강조를 통해 조직생활이 더욱 강조되고 있다.

(3) 공민적 의무와 법규범의 준수 강조

그 다음으로 여맹원들에게 공민적 의무를 지킬 것과 법규범의 준수를 강조하고 있다. '공민적 의무'란 공민으로서 반드시 지켜야 할 법적 및 도덕적 행동규범과 활동준칙의 총체로 국가의 법을 존중하고 그것을 자각적으로 지켜 나가는 것이다(「공민적 자각을 안고 공화국 공민의 본분을 다해 나가는 참다운 애국자가 되자」, 2003년 11호). 이렇게 여맹원들에게 준법 교양을 강화해야 하는 것은 "밖으로부터의 부르죠아 사상, 수정주의 사상의 침습을 막을 수 있으며 반혁명적 · 반사회주의적인 요소들이 자라나지 못하게 하고 적대분자들이 우리 사회에 발을 붙일 수 없게" 할 수 있기 때문이다.

이는 여성동맹의 조직활동을 통해 '사회주의 로동법과 로동규률 규정을 비롯한 법규범과 자기 부문, 자기 단위의 법규범 및 규정들을 여러 가지 형식과 방법으로 해설 침투'(「녀맹조직들은 녀맹원들에 대한 준법 교양에 힘을 넣자」, 2007년 10호)시켜 교양하고자 하는 것이다. 이는 사회주의적 강조와 사회주의적 경제생활에 대한 우월성을 강조하는 것과 연장선상에서 분석해 볼 수 있다.

4. 선군 시대 조선민주여성동맹 활동과 다른 근로단체의 활동 비교: 설문조사 내용을 중심으로

북한 당국은 이처럼 경제난 이후 북한 사회 내부에서의 시장화 등 사회의 변화에 대해 여성동맹 등 근로단체 조직의 통제 강화를 통해 이에 대처해 나가고자 해왔다. 이처럼 모든 근로단체는 경제난을 겪으면서 조직생활이 와해되는 현상이 나타났으며, 이를 위해 각각의 근로단체와 당국은 조직활동 강조를 통해 극복하고자 하는 것으로 보인다. 특히 근로단체의 조직활동을 강화하면서 다른 근로단체 조직과 비교했을 때 여성동맹이 훨씬 더 강화되었다고는 단정지어 말할 수 없지만 그러한 경향성이 보이기도 한다.

경제난 이후 북한 주민의 생계가 직장과 공장에서 주어지는 월급으로 유지된다기보다는 시장에서 장사하는 부녀자의 손에 의해 유지되는 상황으로 인해 북한 내부에서 여성의 지위가 달라지고 있다는 것은 기존의 연구에서도 확인되었다.[34] 이로 인해 북한 당국에서는 여성의 통제 강화를 위해 여성동맹의 활동이 강화된 측면이 있음을 밝히고 있다. 여성의 조직

34 이미경·구수미, 「경제위기 이후 북한 도시 여성의 삶과 의식」, 최완규 편, 『북한 도시의 위기와 변화』(서울: 한울, 2006), 223-226쪽.

〈표 4〉 각 근로단체별 경제난 이후 강조된 활동과 약화된 활동

소속 근로단체	명(%)	강조된 활동		약화된 활동	
청년동맹	28(25.5)	생활총화(조직)	4	생활총화(조직)	12
		학습 · 강연	16	학습 · 강연	4
		장사 · 경제 · 식량	3	국가 지원(경제)	4
직업동맹	16(14.5)	생활총화(조직)	4	생활총화(조직)	5
		학습 · 강연	4	학습 · 강연	1
		개인경제	4	국가 지원(경제)	1
농근맹	13(11.8)	생활총화	6	생활총화(조직)	5
		학습 · 강연	2	국가 지원(경제)	1
여성동맹	39(35.5)	생활총화	10	생활총화	6
		학습 · 강연	12	국가 지원(경제)	9
기타	3(2.7)				
계	99(100)				

* 출처: 이 연구를 위해 실시한 2009년 10월 탈북자 설문조사 결과를 정리.

생활이 강조되면서 여맹활동도 강화되었고, '고난의 행군'이 마감되고 '강성대국' 건설을 주장하기 시작한 1998년 하반기부터 여성동맹원들에 대한 사회적 동원도 증가했다.

특히 2002년 이후에는 여성을 대거 여성동맹에 가입시키고, 여성동맹의 노력 동원 활동을 강화하라는 지침도 당국에 의해 내려졌다고 한다.[35] 그 때문에 원래는 다른 근로단체의 조직활동 강조와 비교해 가장 '활동하기 수월한' 여성동맹의 조직생활이 더 강화되었다고 볼 수 있다. 이는 2009년 10월 설문조사 결과에서도 확인해 볼 수 있었다.

〈표 4〉는 각 근로단체별 경제난 이후 강조된 조직활동과 약화된 조직

35 이현진, 「1980년대 조선민주여성동맹의 성격 변화에 대한 연구: 사회경제적 요인을 중심으로」, 경남대학교 북한대학원 석사학위 논문(2005).

활동에 대한 설문 결과를 보여 준다. 전체적으로 보았을 때 경제난 이후 근로단체들의 강조된 활동의 경우 생활총화 등의 출석을 요구하는 활동보다는 사회주의 우월성 및 정치사상 교양 등 학습 · 강연의 활동이 훨씬 더 강조된 것으로 보인다. 또한 전체적으로 약화된 활동에는 생활총화와 강연 · 학습도 언급되지만 경제 부문의 국가 지원이 많이 축소되었음이 지적된다.

조선민주여성동맹의 경우를 살펴보면, 우선 응답자 전체 99명 중 39명(35.5%)이 조선민주여성동맹 활동을 한 여성이었다. 경제난 이후 여성동맹 활동 중에서 강화된 것으로는 10명이 생활총화, 12명이 사상 교양 등의 학습 · 강연인 것으로 나타났다. 반면 경제난 이후 여성동맹 활동 중에서 약화된 것으로는 생활총화가 6명, 국가의 경제적 지원이 9명으로 나타나 여성동맹의 경우 생활총화와 학습 · 강연 등 조직활동에서 오히려 강화되었다고 응답한 사람이 많았음을 알 수 있다.

이와는 대조적으로 청년동맹의 경우 경제난 이후 조직활동에서 학습 · 강연은 강화된 활동으로 응답한 사람이 16명으로 약화된 활동으로 대답한 4명보다 많은 반면, 생활총화는 강화되었다고 대답한 4명보다 약화된 활동으로 응답한 사람이 12명으로 오히려 많음을 알 수 있다. 즉 탈북 여성들이 경제난 이후 오히려 생활총화와 같은 조직활동 참여의 강제가 경제난 이전보다 훨씬 강화된 것으로 느끼고 있으며, 탈북자들도 그렇게 인식하고 있음을 알 수 있다.

또한 경제난으로 인해 조직생활이 이완되는 모습을 보인 것도 사실이지만, 2005년 이후 북한 당국은 조직생활에 대해 강조하기 시작했고, 이에 대한 사람들의 인식도 생활총화와 사회 노력 동원 등을 부정하기보다는 가능한 범위 내에서 지키려 했다고 한다. 이미경 · 구수미의 연구에서 신의주, 혜산, 청진 출신 탈북 여성 44명을 대상으로 심층면접 조사 결과를 보면 "'고난의 행군' 시기에 많은 사람이 굶어 죽는 상황에서도 생활총화를 비롯한 조직생활을 가능한 범위에서 지키려고 했다"고 대답하고 있었다. 생활총화나 사회 노력 동원에 비판하지 않을 정도로 참여했고, 참여하지 않는 경우에는 불가피한 경우로 참여 자체를 부정하지 않았다고 한다.[36] 이러한 현상에 대한 증언은 조정아의 연구에서도 보인다.

> "그때 당시에는 느슨해서 먹고 살기 위해서 조직생활을 안 했다가 좀 괜찮아졌기 때문에 조직생활을 해야 된다는 의식이 있었어요. 이젠 다시 충성을 해야 된다, 조직생활 열심히 참가해야 된다, 그런 의식적으로 참가하는 사람들이 더 많죠."[37]

이처럼 경제난 이후 북한에서의 조직생활은 과거에 비해 약화된 것으로 보인다. 앞서 『조선녀성』 내용에 대한 분석과 탈북자들의 설문조사 결과에서 살펴본 것처럼 조직생활 자체가 붕괴되어 주민 통제가 불가능해졌다고 평가할 수 있는 근거는 확실치 않아 보인다. 오히려 결과에서처럼 또한 실제 여성동맹원들이 느끼는 것에서도 오히려 북한 당국이 조직생활을 통한 통제를 강화하고 있는 현상을 볼 수 있다.

또한 조직생활 강화를 통한 사회통제를 회복하는 데 사회주의 교양학습이 강화되었고, 그와 반대로 반자본주의, 반제국주의, 부르주아식 생활·문화에 대한 비판이 그 어느 때보다도 강화되었다. 이렇게 북한 당국은 주민을 사회주의식의 사상 및 생활의 통제를 강화하면서 교양학습

36 이미경·구수미, 「경제위기 이후 북한 도시여성의 삶과 의식」, 최완규 편, 『북한 도시의 위기와 변화』(서울: 한울, 2006), 223-226쪽.

37 조정아, 『경제난 이후 북한 문학에 나타난 주민생활 변화』(통일연구원, 2006), 101쪽(탈북자 H3 증언, 2003년 11월 탈북).

을 다양화하고 대상별 맞춤 교육 방식을 활용하여 여성동맹의 활동 참여를 독려하고 있다. 최근에는 노래를 통한 교양학습 방법이 널리 보급되고 있다.

> "혁명적 락관주의 정신을 심어 주자면 또한 노래를 통한 교양을 잘하여야 한다. 위대한 장군님께서는 혁명적이며 전투적인 노래들은 필승의 신념과 천백 배의 용기를 준다고 하시면서 노래를 통한 교양을 많이 할 데 대하여 여러 차례 걸쳐 가르쳐 주시였다."[38]

또한 김일성과 김정일의 저서와 신년 공동 사설 등의 내용을 노래와 시의 형식으로 대본을 만들어 학습시키는 예술 선동 방식과 교양학습을 효율적이고 체계적으로 이루어지도록 하기 위한 학습교양망의 운영 등을 적극적으로 활용하고 있다. 특히 교양망 운영은 경제난 이후 조직활동의 부진과 사회통제 이완 등의 문제를 해결하기 위해 여성의 참여를 높이고 효율적인 사상교양이 이루어지도록 연령별 · 수준별 학습 체계를 세우고, 학습이나 강연회에 결석한 여성에게는 다시 모임을 결성하여 학습과 강연 전후에 새 노래 보급, 독창, 독주, 독시, 시 낭송모임 등 여러 가지 예술활동을 통해 참여를 독려하고 있다.

5. 맺음말

북한에서는 경제난 이후 조선민주여성동맹의 조직활동이 생활총화 참

38 「사상사업을 방법론 있게」, 『조선녀성』 4호(2006), 41쪽.

가를 통해 주민의 기본적인 통제를 강화하는 것은 물론 현재 북한 사회에 만연되어 있는 자본주의적 요소와 부르주아적인 사상문화 현상들에 대한 경계를 주요 내용으로 하는 강연과 학습을 강조하고 있다. 이러한 현상은 1990년대 중반 이후 극심한 경제난으로 인해 배급제가 폐지되는 등의 기본적인 국가 통제 기반이 약화된 것을 근로단체 등의 조직생활의 강화를 통해 회복하려는 국가 당국의 의지를 엿보게 한다.

특히 다른 근로단체 조직과 비교해 보았을 때 좀 더 강조된 조선민주여성동맹의 조직활동은 북한 내부에서 공장과 기업소 등이 비정상적으로 작동되고 시장활동이 가능해지면서 장사가 가능한 여성의 활동이 활발해졌기 때문으로 볼 수 있다. 즉, 여성이 시장을 통한 경제활동에 참가하게 되면서 자본주의에 대한 무비판적인 수용과 이로 인한 부르주아적인 색채의 문화 등이 만연된 현상이 나타나게 되면서 북한 당국으로서는 이러한 여성들에 대한 조직적 통제가 더욱 중요해지게 된 것이다.

북한 당국은 이러한 상황을 통제하고 극복하기 위해 노력하고 있으며, 이는 생활총화를 통한 인민들의 파악과 학습 · 강연을 통한 교양이 우선되고 있는 데에서도 확인할 수 있었다. 또한 "사회주의가 아니면 죽음"이라는 원색적인 표현에서 잘 나타난다고 할 수 있다.

전체적으로 볼 때, 여성동맹 등 근로단체 조직을 통한 북한 당국의 사회통제 강화 의도가 실현되고 있음을 알 수 있으며, 이후 여성동맹 활동과 조직을 통한 북한 당국의 사회통제는 향후 북한 사회를 평가하는 중요한 단서로서 이후에도 계속 주목할 필요가 있을 것으로 보인다.

참고 문헌

〈국내 문헌〉

김종수, 「북한 '청년동맹'의 정치적 역할에 관한 연구」, 동국대 박사학위 논문(2006).

_____, 「북한의 '생애주기'적 조직생활 변화와 내구력 평가」, 『인문사회과학연구』 제21집(2008).

이미경, 「탈북여성과의 심층면접을 통해서 본 경제난 이후 북한 여성의 지위 변화와 전망」, 『가족과 문화』 제18집 1호(2006).

_____, 「북한 여성의 교양학습 체계: '조선민주녀성동맹'(여맹)의 활동 양상을 중심으로」, 『인문사회과학연구』(2008).

이미경 · 구수미, 「경제위기 이후 북한 도시여성의 삶과 의식」, 최완규 편, 『북한 도시의 위기와 변화』(서울: 한울, 2006).

이현진, 「1980년대 조선민주여성동맹의 성격 변화에 대한 연구: 사회경제적 요인을 중심으로」, 경남대학교 북한대학원 석사학위 논문(2005).

이희선, 「북한 여성 엘리트의 정치 참여에 관한 연구」, 전남대학교 대학원 정치학과 석사학위 논문(1996).

임순희, 「근로단체 · 청년 · 여성」, 서재진 외, 『김정일연구(II)』(통일연구원, 2002).

정성임, 「조선민주녀성동맹」, 『조선로동당의 외곽단체』(서울: 한울, 2004).

정일동, 「북한의 통제정책에 관한 연구」, 서울대 박사학위 논문(1991).

정일영, 「조선로동당의 공장 · 기업소 조직에 대한 '통제' 연구」, 서강대 석사학위 논문(2006).

조정아, 『경제난 이후 북한 문학에 나타난 주민생활 변화』(통일연구원, 2006).

최선영, 「북한 여성의 정치 · 경제생활연구」, 조선대학교 대학원 정치외교학과 석사학위 논문(2003).

〈북한 문헌〉

「가정의 행복을 두고」, 문학예술출판사, 『조선녀성』, 제11호(2002).
「경제도덕 생활을 건전하게 하는데서 녀맹원들 앞에 나서는 중요한 요구」, 문학예술출판사, 『조선녀성』, 제9호(2008).
「녀성들은 남편들의 혁명사업을 적극 돕자」, 문학예술출판사, 『조선녀성』, 제9호(2007).
「다정한 부부」, 문학예술출판사, 『조선녀성』, 제2호(2005).
「〈백년가약〉이라는 말을 두고」, 문학예술출판사, 『조선녀성』, 제7호(2002).
「부부 사이 례절을 바루 지키자」, 문학예술출판사, 『조선녀성』, 제9호(2004).
「분공 수행이자 곧 조직생활 과정」, 문학예술출판사, 『조선녀성』, 제6호(2004).
「분공조직과 총화」, 문학예술출판사, 『조선녀성』, 제4호(2007).
「사상사업을 방법론 있게」, 문학예술출판사, 『조선녀성』, 4호(2006).
「선군 시대 녀성들의 자랑찬 모습」, 문학예술출판사, 『조선녀성』, 제4호(2003).
「선군 시대 〈리신자〉」, 문학예술출판사, 『조선녀성』, 제4호(2003).
「선군 시대와 가두녀성들의 혁명화」, 문학예술출판사 『조선녀성』, 제4호(2004).
「어디에 기본을 두었는가」, 문학예술출판사, 『조선녀성』, 제11호(2004).
「원앙새 부부」, 문학예술출판사, 『조선녀성』, 제11호(2002).
「제국주의자들의 사상문화적 침투 책동에 경각성을 높이자」, 문학예술출판사, 『조선녀성』, 제8호(2005).

「조성된 정세의 요구에 맞게 녀성동맹의 기능과 역할을 높여」, 문학예술출판사, 『조선녀성』, 제6호(2004).
「화목한 가정」, 문학예술출판사, 『조선녀성』, 제7호(2006).
김일성, 「함경북도 당위원회 앞에 나서는 몇가지 과업에 대하여」(함경북도 당위원회 전원회의에서 한 연설, 1992년 9월 4일), 『김일성저작집』 43권(조선로동당출판사, 1996).
사회과학원, 『정치용어사전』(사회과학출판사, 1975).
조선로동당출판사, 『위대한 수령 김일성 동지의 불멸의 혁명 업적』 10권(1998).

3장 | 7·1 조치 이후 북한 여성의 사경제활동

이명휘(이화여대 경제학과 부교수)
박희진(이화여대 통일학연구원 연구위원)

1. 머리말

북한은 전후 사회주의 공업화 시기부터 여성의 노동계급화 정책을 추진하고 경제활동을 독려하면서도, 실제로는 성별 특성(gender features)이 강요되는 모순적인 사회 체제가 형성되어 왔다. 중공업 우선 발전전략에 따라 경제구조가 중공업 중심으로 형성되면서 직업의 배치라든지 노동 분담 등이 차별적으로 이루어졌으며, 가정에서도 여전히 여성성이 강요되어 왔다. 정책적으로 중요한 의사결정에서는 배제되어 항상 주변적 지위와 보조적 역할만이 주어졌던 것이다. 남성은 공식적인 경제 부문에서 일자리를 얻고 지위를 확보하는 반면, 여성은 농민시장과 8·3 인민소비품창조운동의 단위인 가내작업반, 가내부업반, 가내편의봉사반 등 비공식 부문의 사경제활동 영역에 더 많이 참여하고 있다.

그러나 1990년대 경제 위기를 기점으로, 북한 여성 사이에는 새로운 변화의 기운이 감지되고 있다. 주변적 위치에 머물러 있던 여성의 사경제 활동 영역이 부각되고, 7 · 1 조치 이후에는 여성이 합법 시장을 중심으로 한 비공식 부문에서 새롭게 경제 주체로서 부상하고 있는 것이다. 북한은 2003년 시장 합법화 정책으로, 계획과 시장이 공존하는 이중경제체제(dual economy system)가 형성되었다. 이중경제체제가 형성됨에 따라 북한의 가정은 남성과 여성, 혹은 부모와 자식의 역할 분담을 통해 공식 부문과 비공식 부문에서 경제활동을 담당하는 이중노동체계(dual labor system)가 형성되었다. 가족구성원 중 공식 경제 부문에 속한 사람이 있다면, 반드시 비공식 부문에서 사경제활동을 하는 사람이 공존하는 구조가 정착되고 있음을 의미한다. 주목할 만한 것은 가정 내에 형성된 이중노동체계 중 사경제(비공식) 활동의 주요 담당자가 '여성'이라는 사실이다. 이때 여성의 사경제활동은 가족을 부양하며, 가정의 생계유지를 위한 주요 소득원으로 중요 경제활동의 원천이 된다. 따라서 7 · 1 조치 이후 북한 여성은 전통적인 취약계층에서 벗어나, 비공식 부문의 사경제활동의 주체로 그 역할이 변화하는 계기를 맞게 된다. 그리고 현재 북한 여성은 기존의 가부장적 위계구조와 성별 위계 질서에 균열을 일으키는 특별한 존재로 부각되고 있다.

이 연구의 목적은 7 · 1 조치 이후 북한 여성의 사경제활동(시장활동) 변화 추이를 고찰하려는 것이다. 이를 위해 북한 당국의 정책 의도와 시장 관계, 즉 계획과 시장의 관계 속에서 시장의 변화정책이 어떠했는지를 살펴보고, 시장의 변화가 여성의 사경제활동에 미치는 영향이 무엇인지를 분석하고자 한다. 나아가 7 · 1 조치가 가져온 가정 내 이중노동체계를 설명하고, 사경제활동을 통해 사회와 가정에서 경제 주체로서 역할 변화와 그 역할 변화가 어떻게 국가와의 갈등 관계를 형성하게 되는지도 고찰할 것이다.

이 연구는 '사경제'를 연구 대상으로 하고 있기 때문에, 북한 당국의 공식적인 발표나 문헌자료를 활용하기는 쉽지 않다. 따라서 자료에 대한 내용분석(context analysis)보다는, 북한 여성의 실태를 참고할 수 있는 인터뷰, 실태 기록 등을 통해 사경제활동의 기록을 추적하고자 했다. 특히 이화여자대학교 통일학연구원이 2009년 10월 실시한 북한 체제 이탈 여성 110명의 설문조사 결과를 주요 자료로 활용했다. 설문조사는 여러 주제 영역을 질의했지만, 이 글을 위해서는 사경제 영역의 여성 시장활동과 관련한 다섯 가지 항목의 질문을 의뢰했으며 이에 대한 응답 데이터를 토대로 했다. 더불어 보조적으로 민간단체가 발행하는 북한 체제 내부의 실태를 알 수 있는 각 소식지 등을 참고했다.

2. 여성과 사경제활동의 관계

1) 국가의 여성노동정책

북한은 자립적 민족경제 건설을 목표로, 중공업 우선 발전노선을 사회주의 경제 건설의 기본 노선으로 채택하고 있다.[1] 중점산업을 지정하고 집중 육성하는 방식의 발전전략으로, 농업보다 공업, 경공업보다 중공업, 소비재보다 생산재 부문에 모든 자원을 집중 배치하는 방식이다. 이 과정에서 국가에 의한 계획적인 자원의 동원과 배치가 이루어졌고, 노동력 부족을 해소하기 위해 1956년부터 여성 노동 동원의 방식으로 '여성의 노동계급화' 정책을 단행했다. 여성의 노동계급화 정책이란 결혼 여부를 막

1 사회과학출판사 편, 『사회주의경제건설이론』(서울: 태백, 1989), 119쪽.

론하고 모든 여성을 노동 현장에 투입해 노동계급으로 배치하는 노동력 투입을 증대시키는 효과를 극대화하기 위한 것이었다. 이를 위해 경공업과 사무직에 종사하는 남성은 여성으로 교체되었으며, 자녀가 많은 기혼 여성은 노동일과 노동 시간 조절이 가능한 곳에 배치되었다. 기혼 여성의 노동력을 효과적으로 활용하기 위해 중공업과 경공업 공장을 최대한 같은 지역에 배치토록 하는 전략도 구사되었다. 중앙 중공업 공장 · 기업소가 있는 주변에는 경공업 공장을, 중앙 경공업 공장이 있는 주변에는 중공업 공장 · 기업소를 배치하는 등의 전략이 그 사례이다. 실제로 평양종합방직공장 옆에는 평양방직기계공장 등 중공업 공장들이, 자강도에 있는 중공업 공장 주변에 방직공장을 비롯한 경공업 공장들이 배치된 것은 이 전략을 따른 것이다.

이러한 정책으로, 1980년대까지 중앙 단위 공장 · 기업소 옆에 경공업을 중심으로 지방 산업이 확대되었고, 이 지역의 기혼 여성은 대부분 노동자로 현장에 투입되었다.[2] 그 결과 북한의 전체 여성 노동자 수를 100%로 볼 때 1971년 45.5%, 1976년 48%까지 확대되었다. 이 당시에는 많은 남성이 군대에 복무하여 경제활동 인구에서 제외되었기 때문에 1987년에 이르면 북한의 여성 경제활동 인구는 남성에 비해 약 200만 명이 더 많은 것으로 보고되고 있다.[3] 이는 전통적으로 북한의 경제노선과 경제구조 특성에 따라 북한 여성의 노동참여율이 매우 높았음을 의미한다.

경제 발전에 여성 노동의 기여율이 상당히 컸음에도 불구하고, 보상과 작업 배치면에서는 주변부화하는 경향이 나타나고 있다. 북한은 사회주

2 6개년계획 기간(1971~1976년)에 북한 공장 · 기업소는 1,055개 신설되었다. 또 2차 7개년계획 기간(1978~1984년)에는 17,788개가 신설되었다. 1970년대 신설된 공장의 대부분은 지방산업공장이었다. 리창근, 『로동행정사업경험』(평양: 사회과학출판사, 1989), 125-126쪽.

3 Eberstadt & Banister, *North Korea: Population Trends and Prospects* (Center for International Research U. S. Bureau of the Census Washington D. C., 1990), p. 125.

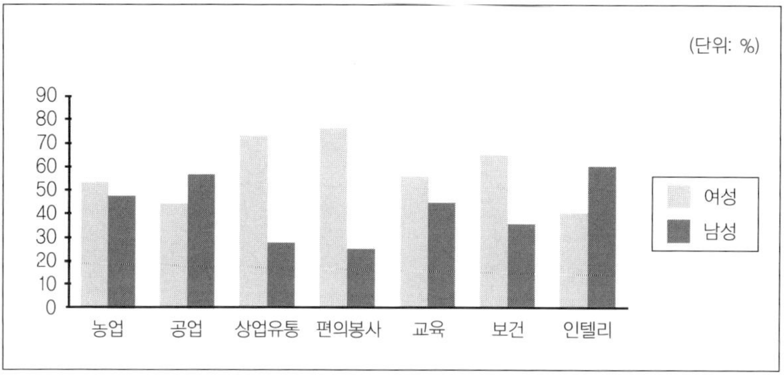

[그림 1] 1995년 북한의 성별에 따른 직종별 노동력 분포도

자료: 내외통신사, 『내외통신종합판』(57), 283-290쪽. 필자 재구성.

의 노동법 제28조, 제29조, 그리고 제30조를 통해 노동력 배치의 원칙을 규정하고 있는데, 노동력 배치는 국가의 산업 간, 직업 간, 직종 간, 노동력 균형을 보장하되 생산 부문을 우선적으로 보장하고, 국가 경제정책의 요구에 따라 조절되며, 근로자들의 성별, 연령별, 체질, 희망, 기술 기능 수준을 고려한다는 것이다.[4] 그리고 이와 같은 노동력 배치 원칙에 의거해 북한의 청장년 남성은 중공업 부문에 우선 배치하며, 여성은 경공업과 지방공업에 집중 배치하고 있다. 특히 여성의 특성을 구분하여 배치에 활용하려 한 북한 당국은 여성을 처녀, 가정부인, 세대주인 가정부인, 젖먹이 아이를 가진 가정부인으로 세분화했다. 그리고 경공업, 교육, 문화, 편의봉사 부문 등을 여성에게 적합한 직장으로 규정하고, 이 부문에 여성을

4 북한의 노동력 배치 기준은 생산 부문과 비생산 부문이라는 경제 분류이다. 생산 부문은 공업, 농업, 기본 건설, 대보수, 운수, 체신, 지질 탐사, 설계, 기자재 공급이며, 비생산 부문은 상품 유통, 편의봉사, 수매, 양정, 국토관리 및 도시경영, 교육, 문화, 보건, 과학 부문 등이다. 이러한 경제 분류에 따라 노동력도 생산과 비생산 부문 노동력으로 분류된다. 그리고 생산 부문 노동력은 직접과 간접 부문 노동력으로 분류된다. 구체적으로 노동 대상에 작용하는 형태에 따라 생산 과정에 직접 참여하는 직접 부문 노동력과 관리, 보조를 하는 간접 부문 노동력으로 나뉜다. 리창근, 『우리당에 의한 로동행정리론의 심화 발전』(평양: 사회과학출판사, 1992), 78-87쪽.

집중 배치했다. 실제 1995년 북한이 발표한 자료에 의하면 [그림 1]에서 보듯, 여성은 상업유통, 편의봉사, 교육, 보건 그리고 농업 부문에서 남성보다 많은 수가 배치되어 있음을 알 수 있다.[5]

[그림 1]에서 또 주목할 만한 부분은 공업과 농업 부문 사이의 노동력 배치이다. 여성은 공업 부문보다 농업 부문에 더 많이 배치되어 있다. 양적 배치 이외에도 농업에서 여성의 역할은 압도적이다. 농업협동조합의 여성 농민뿐만 아니라 노동자, 사무원의 부양가족들도 각종 동원 체계를 통해 보조 노동력으로 농업에 참가한다. 또한 산업화에 필요한 청장년 남성을 농촌에서 수급했으며 수많은 당과 국가기관의 유급간부와 지도원 대부분이 남성 농민이었기에 북한의 농업 노동력 대부분은 여성일 수밖에 없었다. 즉, 북한 여성은 경제정책의 우선순위에서 밀려난 농업과 노동력 배치 원칙에 따른 경공업과 교육, 보건, 편의봉사, 사무원, 상업유통 부문 등에 집중되었다. 이러한 산업 부문 간의 위계는 노동자 간 위계에 반영되어, 높은 비율의 생산활동에도 불구하고 여성 노동자의 가치는 남성 노동자에 비해 상대적으로 낮게 평가되었다.[6]

북한 여성의 경제활동 참가율이 상당히 높게 나타나지만, 사실은 대부분 직장조직이 아닌 비직업노동 부문 경제활동의 참가이다. 더구나 '미혼 여성은 직업노동(공식 노동 부문), 기혼 여성은 비직업노동(비공식 노동 부문)'으로 분절화되고 있다. 또한 여성 노동의 비중이 높은 영역의 경우 평균 임금소득에서 남성에 비해 상대적으로 낮은 소득을 얻도록 구조

5 1995년 북한의 윤기정 당시 내각 재정부장은 여성 노동자의 비중이 공업의 44%, 농업의 53%, 상업유통의 73%, 편의봉사 76%, 교육의 56%, 보건 65%에 달하고 있으며, 또한 여성의 기술자와 전문가 숫자가 북한 전체 인텔리 총수의 40%로 약 54만 명이라고 천명했다. 내외통신사, 『내외통신종합판』(57), 283-290쪽.

6 박영자, 「북한의 여성노동 정책(1953~1980년대): 노동계급화와 수평적·수직적 위계를 중심으로」, 『북한연구학회보』 제8권 제2호(2004).

화되어 있다. 중장비 기술자, 중노동자의 임금을 100원이라 할 때, 사무원, 편의봉사자들의 임금이 60~70원, 경노동자의 임금이 70원 정도이므로 북한 여성의 남성에 대한 평균 임금은 100: 60~70의 비율로 추정된다.[7] 직종별 임금 수준과 여성 비율의 관계를 살펴보아도 임금 수준이 높은 직업일수록 남성 집중도가 높은 반면, 임금이 낮은 직업일수록 여성 집중도가 높게 나타나고 있다.[8]

결과적으로 북한의 여성은 경제구조, 노동력 배치, 직업 분포, 소득 수준면에서 1990년대 중반 경제 위기 이전부터 불평등한 지위 아래 사회·정치적으로 차별적인 보상 체계 안에 놓여 있었다고 볼 수 있다. 이렇게 부차적이며 경노동 중심의 낮은 소득 직업군에 집중 배치되어 있던 북한 여성은 경제 위기 상황이 발생하자 실업의 일차적 대상 계층으로 사회적 역할을 박탈당하고, 사회적 취약계층 지위로 변화하게 된다.

2) 전통적 구조 붕괴와 여성의 역할 변화

북한의 경제 메커니즘은 국유화를 기초로 식량배급제와 소비품 공급제를 실시하고 있으며, 인민적 시책(사회보장정책)으로 무상교육, 무상치료, 탁아보육, 연로 보장 등을 실시하는 교육 중심의 생산·공급 시스템으로 작동되고 있다. 그러나 1996년대 고난의 행군 시기(탈북자들은 미공급 시기)에 경제 메커니즘의 토대를 이루는 식량 배급과 소비품 공급이 중단되었다. 배급제의 중단은 곧 계획경제 체제의 마비를 의미하는 것이었다.

이는 두 가지 결과를 초래했다. 하나는 배급제의 중단으로 더 이상 국

7 권영경, 「남북한 여성 노동시장의 비교 연구」, 『북한연구학회보』 제3권 제1호(1999).
8 김애실, 「북한의 경제체제와 여성노동」, 『경제교육연구』 제3호(1994).

가로부터 식량은 분배받을 수 없게 되었기 때문에, 식량문제를 직접 농민들이 해결해야만 하는 자구적 활동이 확대될 수밖에 없었다. 다른 하나는 배급제가 중단될 정도의 경제 위기 상황 속에서 인민적 시책은 정상적으로 유지될 수 없었다. 즉, 인민적 시책 단위였던 교육, 의료, 편의봉사 부문 또한 정상적 가동이 불가능했다. 이것은 앞선 북한 여성의 산업별, 직업별, 성별 배치구조와 연관해 해석할 때, 북한 여성이 주로 배치되어 있는 산업, 직업, 성별 배치 부문이 전면 파괴되었음을 의미한다. 1990년대 경제 위기는 북한 여성으로 하여금 비공식 부문에서 사경제활동을 할 수밖에 없는 유인환경을 조성한 것이다. 이 과제를 위해 2002년 7 · 1 조치 이후 북한 체제를 이탈한 여성 110명을 대상으로 조사한 설문조사 결과를 보더라도, 체제 이탈 여성의 대부분이 농업노동에 종사하거나, 직업을 갖고 있다면 주요 직종은 교원, 식품, 의료 등 편의봉사 부문의 직종으로 조사되었다. 다시 말해 주로 농업노동과 경노동 단위에 종사했던 북한 여성은 경제 위기 상황에서 국가와 기업으로부터 가장 먼저 벗어날 수 있는 신분적 지위를 획득했고, 이 지위를 활용하여 사경제활동에 뛰어들어 전통적인 북한 여성의 사회적 역할을 변화시키는 행위자로 변모하게 되었다.

이처럼 북한의 1990년대 경제 위기 상황은 전통적인 계획경제 구조를 붕괴시켰고, 이로 인해 가장 취약 고리에 위치했던 북한 여성은 국가와 기업으로부터 벗어나게 되었다. 공식 부문의 남성 노동자에 비해 자유로운 신분 지위 획득이 가능했으며, 전통적인 구조의 붕괴가 가져온 생계부양의 임무를 여성이 대신하면서 여성의 사회적 역할을 변화시키는 결정적 계기를 맞게 되었다. 흥미로운 사실은 북한 여성의 사경제활동 참여가 구조적 측면에서 시작되었지만, 시간이 흐를수록 자발적 선택에 의해 확대되며 지속된다는 점이다.

일반적으로 여성 노동이 비공식 부분으로 유입되는 동기에 대해서는 두 가지 이론적 가설이 제시되고 있다.[9] 하나는 여성 구축가설(push hypothesis)이고, 다른 하나는 여성 유인가설(pulling hypothesis)이다. 구축가설에 의하면 여성의 비공식 부문으로의 진입은 공식 부문의 성차별이 여성을 비공식 부문으로 유인해 비공식 부문에서 여성 노동이 주요하게 구축된다는 가설이고, 비공식 부문이 여성에게 성적 차별로부터의 은신처(shelter)를 제공한다는 것이다. 반면 유인가설은 비공식 부문으로의 진입은 여성이 자발적으로 선택한 결과이며, 여성이 비공식 부문에서 노동행위를 지속하는 이유는 비공식 부문의 비정기적 노동 시간 운용, 노동 공급 시간의 자유로운 활용이 가능함에 따라 자율적으로 선택하게 하여 유연노동 공급(flexible laber supply)의 매개체 역할을 한다는 것이다. 유인가설은 여성이 노동 공급의 유연성이라는 매력적인 특징을 구매하기 위해 다소 낮은 임금을 지불하는 보상임금 격차 시장기제(market mechanism for compensating wage differential)가 작동되는 사실을 감안하고서라도 지속적으로 비공식 부문에서 노동행위를 한다고 보았다.[10]

이 같은 가설에 입각해 볼 때, 배급제 중단 이후 취약 분야에 주로 종사했던 북한 여성이 사경제활동으로 이동한 것은 구조적 요인이 작용했던 구축가설에 근거한다고 볼 수 있다. 농민시장, 8 · 3 인민소비품창조운동 단위의 가내수공업 등 국가정책의 부차적 측면에 종사하면서 경제 위기 이후 자연스럽게 농민시장 등 사경제 부문이 확대되자 사경제활동에 좀 더 직접적으로 참여하는 계기가 된 것이다. 그러나 7 · 1 조치를 통해 시

9 J. C. Breman, "Comparative Asian Studies Program 3," *The Informal Sector in Research: Theory and Practice* (Rotterdam: Erasmus University, 1980).

10 조준모 · 조동훈 · 권태희 · 홍광표, 『공식부문과 비공식부문의 여성 인적자원 활용 국제비교』(서울: 한국직업능력개발원, 2008), 5쪽.

장을 합법화한 이후 북한 여성의 사경제활동은 더 이상 구축가설에 머물지 않고, 공식 경제활동과 함께 이중노동 행위를 병행하면서 사경제활동을 자발적으로 지속하는 유인가설에 의해 해석할 수 있다. 이때 유인가설의 특징은 노동행위 주체의 자발성이며, 비공식 부문이 주는 시장의 유연성으로 인해 지속적 참여를 유인한다는 점이다. 다시 말해 비공식 부문의 근절이 쉽지 않음을 의미한다.

3. 여성 사경제활동의 실태

북한이 2002년에 취한 7 · 1 경제관리 개선 조치(이하 7 · 1 조치)는 가격, 임금, 물가의 인상 및 상대가격의 조정을 통해 국가와 개인의 배분을 구분하고, 국가가 자원을 우선적으로 장악하기 위한 국가재정 확충정책의 일환이었다. 또 전반적으로 산업가동률을 높이며 국유기업을 빠르게 정상화시키기 위한 조치로서 노동 인센티브제도를 도입하여 근로자들의 노동 의욕 고취를 도모하고자 한 정책이었다. 따라서 기업과 협동농장 단위에 일정한 자주권을 부여하지만, 자주권을 부여한 대신 엄격한 계산을 통해 국가의 몫을 우선적으로 상납도록 했으며, 평균주의 타파를 목적으로 '번수입 지표'[11]라는 인센티브 정책을 병행했다. 그리고 별도로 시장을 제도권 내로 유인하여 국가가 책임지지 못하는 물자 부족을 완화하고, 시장이란 장(場)을 통해 상품 생산과 상품 판매를 보충적으로 활용하

11 번수입 지표란 기업소의 경영지표로서 '벌어들인 수입: 이윤+임금'을 뜻한다. 7 · 1 조치 이전 북한은 기업소의 경영지표로서 현물 지표, 총생산액 지표 등을 사용했으나 7 · 1 조치를 통해 번수입 지표를 도입함으로써 이전 시기 기업의 목표가 '생산량 극대화'였다면, 7 · 1 조치 후에는 '이윤 추구'가 기업의 목표로 전환하게 된다.

고자 한 것이었다.[12]

북한의 7 · 1 조치는 다중적 목적을 가지고 경제관리 개선 조치라는 이름으로 시행되었지만, 여성의 경제활동 측면에서 볼 때는 두 가지 의미로 압축된다. 그것은 7 · 1 조치 시행을 통해 여성의 생산활동 참여를 촉진하고, 여성을 경제활동 주체로 변모시켰으며, 동시에 여성을 공식 체계 밖으로 유인하여 비공식 부문에 종사하게 하며, 국가정책에 반하는 통제와 관리의 대상으로 그 지위를 변모시키게 되었다는 것이다.

1) 7 · 1 조치와 사경제활동

앞서 북한 여성의 경제활동 단위와 직업별 분포는 농업노동 부문과 경노동, 즉 편의봉사와 상업망, 교육, 보건 등의 부문임을 보였다. 이때 7 · 1 조치는 농업 분야에서 국가재정 지출을 억제하기 위해 수매가 보상금을 폐지하는 대신 분조 단위의 작물선택권을 부여하고, 개인 소유 범위를 확대하여 시장 판매를 허용하게 된다. 그 결과 농업 분야에서 텃밭, 부업밭, 소토지[13]를 활용한 개인 농사는 확대되고, 사적 생산물은 용인된 시장을 통해 거래되면서 농업노동에 종사하는 여성의 시장활동을 촉진하게 되었다. 이에 7 · 1 조치 이후 국가 공급이 미치지 못하는 농부산물에 대한 시장 거래는 농업 여성을 중심으로 활발히 전개된다. 특히 7 · 1 조치 이후 도시 이외의 지역에서는 소토지 농사 행위가 확대되어 산중턱이나 산비탈에 어렵게 일군 뙈기밭에 옥수수를 비롯해 감자, 두부콩, 수수, 조

12 박희진, 『북한과 중국: 개혁개방의 정치경제학』(서울: 선인, 2009), 138–143쪽.

13 텃밭은 협동농장 주민들의 개인 부업 경리에서 나오는 생산물로 농가 세대당 집 근처의 약 30평 정도의 땅에서 곡물을 재배하는 것이다. 부업밭은 공장, 기업소의 각 단위별로 땅을 활용해 경작하는 것으로 작업반별로 1천 평 이상을 할당받는다. 소토지는 개인이 산골짜기의 짜투리 땅을 스스로 개간 경작하는 것이다.

등 남알을 심고, 수확 이후 시장에 판매하는 행위가 확대된다.

농업노동 부문 이외 경노동 부문에 종사하는 여성은 두 부문으로 나뉜다. 공식 부문에서 7·1 조치의 수혜를 받으며 노동하는 단위와 7·1 조치의 결과 용인된 비공식 부문에서 노동하는 단위로 나뉜다. 먼저 7·1 조치의 실시 결과 공장·기업소의 독립채산제 실시가 가능해진 피복, 방직, 신발, 화장품 등 국가 소비품 공급 단위에 근무하는 여성 노동 부문은 생산활동을 촉진하며 7·1 조치의 수혜를 받게 된다.

> "함경남도 함흥시 은하 피복회사에는 미혼 여성 재봉 노동자가 170명이고, 기혼 여성 노동자는 약 50명가량이다. 여성들 작업반에 남자 직원이 1명씩 배속되는데 남자들은 대체로 재봉기 수리공들이다. 시 노동부에서 올 초에 졸업한 여학생들을 50명 배치시킨 데 이어 내년 초에도 100명을 추가 배치시키기로 했다. 150일 전투 기간 피복회사는 주야간 관계없이 한국 노동자들의 작업복 생산에 주력하고 있다. 작업 시간 안에 얼마나 더 많이 생산하느냐에 따라 우대 물자와 식량 배급을 다르게 주는데, 노력 공수가 많은 여성들에게는 한 달에 쌀 25kg, 콩기름 2kg, 사탕가루 2kg 등의 식품과 품삯 9천 원을 준다. 올해 2월부터 결근 일수에 따라 공급 물품에서 몇 % 감소한다는 규정이 적용되기 시작했다. 미혼 여성 재봉 노동자들은 생산성을 높이려고 휴식 시간도 없이 일하고 있다. 한편 은하 무역총회사에서는 피복 노동자들의 출퇴근을 돕기 위해, 지난 8월 28일 청년절을 맞아 신의주 세관으로 중국산 버스를 들여와 각 도시에 있는 13개 은하 피복회사들에 나누어 주었다."[14]

14 좋은벗들, 『뉴스레터』 304호, 2009.11.10.

그러나 국가의 중점 단위가 아닌 경노동 부문에서 근무하는 대부분의 여성은 공장 가동이 중지된 공장·기업소에 적을 두고 가내작업반이나 부업반[15] 활동을 통해 유휴자재와 폐기폐설물, 부산물을 동원해 국가계획에 없는 제품을 만드는 사적 생산활동을 한다. 그리고 이들에 의해 국가가 공급하지 못하는 일용세소상품, 식료품 가공, 각종 인민 소비품이 시장에서 판매된다. 따라서 7·1 조치 이후 여성의 사경제활동은 농업 부문에서 텃밭, 부업밭, 소토지 개인 농사와 공장·기업소에 적을 두고 가내작업반이나 부업반을 통해 소비품을 생산해서 시장을 중심으로 매대를 확보해 개인 농산물, 과일류, 일용잡화 등을 파는 행위와 시장의 안팎에서 음식을 파는 행위, 그리고 시장 밖에서 식량 및 공산품 등 통제 상품을 파는 행위로 나타나게 된다.

이처럼 7·1 조치의 시장의 합법화 정책은 여성 노동력이 집중 배치되어 있는 생산 부문이 마비됨에 따라 자연스럽게 여성을 비공식 부문의 사경제활동으로 유인하는 결과를 초래한다. 따라서 여성 노동력은 공식 경제 체제가 마비됨에 따라 실업 상태에 놓이지만, 역으로 국가로부터 벗어나 사적 생산 단위와 사적 판매시장의 새로운 경제 주체로 변모하는 계기를 확보하게 되는 것이다.

2) 국가적 이중경제, 가정 내 이중노동의 체계화

7·1 조치와 시장의 합법화 정책은 시장의 체제 내 활용 목적에 따라 계획과 시장이 공존하는 이중경제체제를 형성하게 되었다. 그리고 국가

15 가내작업반과 부업반은 기관, 기업소, 협동단체뿐 아니라 도시와 노동자구의 가두인민반에서 조직되어 사적 생산을 하는 단위이다. 이들은 주로 노동자의 부양가족, 즉 연로여성과 가정부인들이 주를 이룬다.

〈표 1〉 7·1 조치 이후 가족 중 공장 임금 노동자

가족 구성원	남자 응답자	여자 응답자	전체 응답자 수
배우자	4명(16.7%)	24명(28.2%)	28명
자식	4명(16.7%)	2명(2. 4%)	6명
부모/시부모	5명(20.8%)	12명(14.1%)	17명
형제/자매	0	5명(5. 9%)	5명
본인	7명(29.2%)	3명(3. 5%)	10명
없었다	4명(16.7%)	39명(45.9%)	43명
계	24명(100%)	85명(100%)	109명

적 이중경제체제는 국가의 말단 세포 단위인 가정 내 이중노동체계로 이어지게 된다. 즉, 가족구성원 중 공식 경제활동에 종사하는 사람과 사경제활동에 종사하는 사람이 공존하는 양상으로 나타나고 있다. 이때 공식 경제활동은 국가의 강제 동원에 의해, 국가 체제에 일원으로 행해지는 노동행위이며, 사경제활동은 가족의 생계 부양을 위한 노동행위이다.

이것은 설문조사 항목에서 7·1 조치 이후 가족 중 공장임금 노동자가 있는지, 있다면 누구인지를 물었을 때, 주로 남성 중 30%에 해당하는 응답자가 본인이라고 답했으며, 이들의 연령대는 40대였다. 20대 응답자 중에 20.8%는 부모(시부모)라고 답했다. 그리고 여성 응답자 중 배우자가 임금을 받았다는 응답자는 28.2%이다. 이것은 배우자 혹은 남성 중심으로 20~30%의 응답자는 공장 임금을 받고 있으며, 이들은 공식 경제활동 영역에 속하는 노동행위를 하는 것이다.

또한 남성 노동자는 직장에 나가지 않으면 단련대 처벌을 받기 때문에 설혹 월급이나 배급이 나오지 않아도 출근해야 한다. 예를 들어 평남 순천비날론연합기업소와 같은 경우, 이 기업소는 평남에서 가장 큰 기업소이지만 생산이 정상적으로 운영되는 직장이 거의 없으며, 기업소 노동자들은 농촌 동원이나 사회 건설 노력으로 동원되는 등 생산과 무관한 일을

〈표 2〉 가족 내 주요 시장활동 담당자

가족 구성원	남자 응답자	여자 응답자	전체 응답자 수
세대주	6명(26.1%)	7명(8.0%)	13명
주부	17명(73.9%)	73명(83.0%)	90명
조부모	0	1명(1.1%)	1명
고등중졸 자녀	0	3명(3.4%)	3명
기타	0	4명(4.5%)	4명
계	23명(100%)	88명(100%)	111명

해왔다. 그리고 만출근한(개근한) 노동자들에게만 15일 분량의 15㎏씩 통옥수수 배급을 지급했고, 생산활동이 없기 때문에 월급은 지급하지 못하고 있는 실정이다.[16] 다시 말해 공식 경제 부문에서 일하는 남성 노동자, 배우자들은 월급과 배급이 없어도 국가 공식경제 부문에 묶여 있으며 간헐적으로 전달되는 배급과 소소한 임금만을 가정에 가져오고 있는 현실이다. 이것은 남성 노동자와 달리 북한 여성이 생계 보장을 위해 자구적 활동으로 사경제활동에 자발적으로 참여하고 있으며, 여성의 대부분은 사경제활동을 통해 가족의 직접적 생계 부양을 책임지고 있다는 결론이 가능하다.

설문조사의 결과도 동일하게 나타난다. 설문조사에 의하면 7·1 조치 이후 가정 내 시장활동을 하는 사람이 여성(주부)이라는 응답이 남녀 모두에게 80%를 웃도는 것으로 집계되었다. 그리고 여성의 생활비 마련 기여도는 60% 이상이라는 답변이 78.9%로 집계되었다. 생활비의 구체 내역을 보면 가정 내 가장 많은 지출비 항목은 식비(식량/부식비) 47.8%로 조사되었다.

16 좋은벗들, 『뉴스레터』 304호, 2009.11.10.

〈표 3〉 여성의 생활비 마련에 대한 기여도

기여도 비율	응답자 수	응답 비율
20% 미만	3명	2.8%
20~40% 미만	3명	2.8%
40~60% 미만	17명	15.6%
60~80% 미만	32명	29.4%
80% 이상	54명	49.5%
오류	1명	
계	110명	100%

공식 경제활동으로 버는 수입과 사경제활동으로 버는 수입에 대한 비교를 해보면 사경제활동으로의 유인과 자발성은 더욱 분명해진다. 현재 임금 수입에 관한 정확한 통계를 확보하긴 어렵지만 좋은벗들이 발행하는 『뉴스레터』를 통해 전해지는 전언들로 추정해 볼 때, 함경북도 청진 김책제철소 노동자가 받는 월 임금은 980원인데 반해 시장 내 매대별 하루 수입은 1,000원 미만으로 추정 가능하다.[17] 매일 매탁마다 장세 300원을 제하면 700원 × 30일 = 210,000원이다. 한 달 30일 내내 장사한다고 볼 수 없고, 매일 700원을 번다고 가정할 수 없으므로 정확한 수입액을 가늠하기 힘들지만, 대략의 산술적 계산만으로도 공식 임금과 시장 수입의 큰 차이는 여성(주부)들로 하여금 결코 사경제활동을 포기할 수 없게 함을 알 수 있다.

공식 경제활동과 사경제활동의 임금 수입 차이는 가정 내 이중노동체계를 지속시키는 이유로 작용하지만, 기혼 여성뿐 아니라 미혼 여성일 경우도 한 사람이 밤낮에 따라 공식 경제 부문과 사경제 부문에서 일하는 이중노동의 형태로 나타나고 있다.

17 좋은벗들, 『뉴스레터』 279호, 2009.5.19.

"함경북도 청진에 살고 있는 김은희(20세) 씨는 야간 직장에서 반장으로 일하고 있다. 저녁 9시에 출근해 다음 날 아침 9시에 퇴근한다. 집에 돌아오면 바로 전날 주문해 놓은 국수(40kg)를 자전거에 싣고, 청진 교외에 나가 집집마다 다니며 국수를 판다."[18]

이처럼 7·1 조치 이후 북한 여성은 사경제활동을 확대 강화하고 있으며, 특히 가정 내 이중노동체계 형성에 따라 여성을 중심으로 한 사경제활동이 가정 내 현금 수입원 역할을 담당하고, 이를 통해 가족의 직접적 생계 부양 기능을 담당하고 있음을 알 수 있다.

3) 사경제활동의 의존·불법화

북한은 2003년 3월 시장을 공식화하면서 이를 통제의 대상으로 보지 않고 '사회주의 상품 유통의 일환'으로 인정한다는 입장이었다. 북한은 시장을 기존의 국영 상업망을 대체하는 것이 아니라, 국영상점과 시장을 서로 보완하는 관계로 규정했다. 이에 따라 시장에 대한 4개 항의 규제사항을 통해 체제 내 활용 입장을 분명히 했다. 첫째, 최고 가격을 제한하는 가격통제를 실시해 물가를 임의로 인상하는 것을 엄금한다. 둘째, 시장 밖에서 거래를 금지한다. 셋째, 자동차 등 대형 수송 수단을 통한 원거리 객지 판매를 엄금한다. 넷째, 판매상품을 생활용품 등에 국한시키고 국가가 통일적으로 관리하는 상품 및 생산 수단의 판매에 대해서는 불허한다. 무역회사의 경우 시장 경영에 참여하지 못하고 국영상점을 통해서만 상품을 판매하도록 제한한다.[19]

18 좋은벗들, 『뉴스레터』 298호, 2009.9.28.
19 박희진, 앞의 책, 219-220쪽.

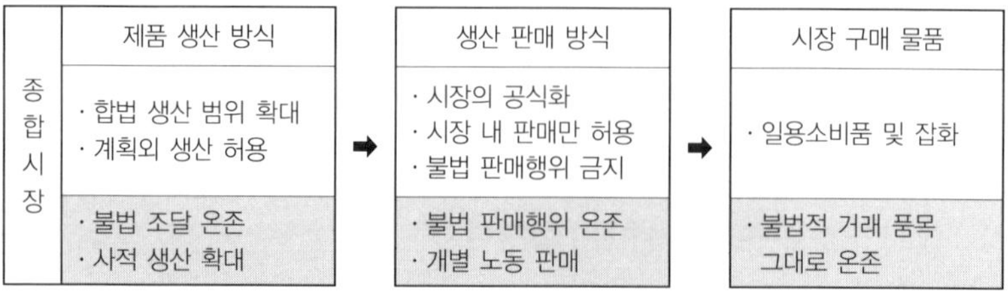

[그림 2] 북한 시장의 생산과 판매 경로

그러나 이미 1990년대 경제 위기 상황 속에서 불법적으로 확장된 시장은 시장의 규제 사항에 통제되지 못했다. 이미 시장이라는 사적 생산과 사적 판매의 장을 용인한 이상, [그림 2]와 같이 북한의 시장은 불법성과 합법성의 구별이 모호한 성격을 갖게 되었으며, 이 모호한 경계선을 타고 시장의 파행성과 불법성은 더욱 확대되는 현상을 보일 수밖에 없었다.

또한 가정 내 이중노동체계 형성에서 보았듯, 국가의 공장 · 기업소가 정상 임금을 지급하지 못하고 원활한 배급이 실시되지 못하는 상황에서 배우자의 공식 경제활동이 생계 부양을 담당하지 못하자 여성은 사경제활동에 대한 의존성을 더욱 심화시킬 수밖에 없었다. 그리고 규제 사항 밖의 불법적 시장활동에 여성을 내모는 결과를 초래하게 된다. 사경제활동의 환경 조건 차이도 여성의 불법행위를 더욱 심화시키는 요인으로 작용한다. 농촌과 도시가 다르고, 도시 내에서도 중심구역과 다른 여타 구역의 생활이 다를 정도로 현재 북한 사회의 빈부 차이는 크다. 빈부 차이가 발생하는 이유는 공장 · 기업소의 생산 여부, 전기 사정, 철도 및 자동차 운행 상태 등에 따른 유통의 차이와 지역마다 식량, 공업품, 필수품 수요에 대한 차이가 각기 다르게 나타나고 있기 때문이다. 따라서 사경제활동의 범주와 범위가 지역 내에서만 머무는가, 아니면 지역과 지역을 이동하는가, 더 나아가 국경을 넘는가에 따라 현금 수입의 정도는 달라진다.

따라서 북한 여성의 사경제활동은 의존성이 심화됨에 따라 불법성에 개입할 확률 또한 높아지게 된다. 즉, 북한 여성은 가족 내 '생계 부양'의 몫을 담당하고 있기 때문에 적당한 선에서 공식 경제 부문으로 복귀하지 않았으며, 오히려 사경제활동을 통해 개인주의적 가치관과 돈에 대한 의식 변화를 겪게 되었다. 나아가 북한 여성은 사경제활동을 통해 새로운 경제 주체로 활동하게 되면서 불법적 행위에 가담하는 과감성을 키우고, 가부장주의로 대변되던 가정 내 성별 위계 질서의 균열 조짐마저 보였다.

"시장 매대에서 물건을 파는 여성들이나 먼 지역까지 나가서 물건을 받아오는 중간 상인 역할을 하는 여성들 모두 집안 살림에 신경 쓸 여력이 거의 없다. 특히 중간 상인 역할을 하는 여성들의 활동 영역은 매우 넓다. 보안원이나 보위부원들 비위를 맞추고 뇌물로 구슬리가며 증명서도 떼야 하고, 서비차를 운행할 만한 동업자도 구하고, 도매시장에서 물건 줄 사람도 알아봐야 되고, 때때로 큰 돈을 빌릴 수 있는 신용도 쌓아야 하며, 소매자 관리도 해야 하는 등 단순 판매자가 아니라 판매 사업가의 면모를 갖추어야 한다.

일부 여성들 중에는 몇 톤씩 되는 짐을 실어 나르는 과정에 짐꾼도 필요하고 강도에 맞서 보호해 줄 만한 사람이 필요해서 젊은 남성과 짝지어 다니기도 한다. 도움을 주고받는 긴밀한 관계가 되니 정식 부부는 아니지만 생계활동을 같이하는 부부 같은 관계가 형성된다. 남편이 이를 시비해서 가정 불화가 생길 경우 여성들은 차라리 이혼하는 쪽을 선택한다."[20]

20 좋은벗들, 『뉴스레터』 27호, 2006.11.8.

이것은 앞서 비공식 부문의 여성 노동시장이 노동의 유연성과 자발성에 의해 구축된다는 유인가설을 뒷받침해 주는 현상이 북한에서 창출되고 있음을 보여 준다. 북한 여성은 사경제활동에 자연스럽게 인입되고, 사경제활동을 통해 국가가 책임지지 못하고, 세대주가 책임지지 못하는 생계 부양, 자녀 교육 등의 역할을 담당하게 되었지만, 북한 여성은 더 이상 부차적이며 보조적 측면에서 사경제활동을 하는 것이 아니게 되었다.

4. 여성 사경제활동의 통제와 변화

1) 시장정책의 변화

북한이 7 · 1 조치 이후 종합시장을 공식화했을 때 당국의 입장은 가격, 거래 물품, 거래 장소(범위)에 대한 규제 사항을 가지고 시장을 합법화했다. 시장을 체제 내로 인입함으로써 생산 부족을 보충하고, 시장을 통해 지역 간 공급 불균형 문제를 완화함에 따라 북한 주민의 당면한 생계 문제를 해결하고자 한 것이다. 특히 농축산물과 생필품은 주민들의 노동 의욕 고취를 통해 계획경제에서 불충분하게 이용되거나 이용되지 않는 자원을 동원하여 스스로 생산활동을 할 수 있도록 했다. 따라서 초기 시장을 합법화했을 때 북한의 시장정책은 관리와 단속 중심으로 전개되었다. 시기를 구분해 보면 2003년부터 2006년까지이다.

2003~2006년 시점 북한의 시장정책은 관리와 단속이었다. 정책 내용은 '시장 운영 시간의 제한', '개인 노동 금지', '시장 밖 장사행위 금지' 조치 정도였다. 시장 운영 시간의 제한 조치는 일반적으로 계절에 따라 시장의 운영 시간을 달리했는데 겨울(11월~3월)에는 오후 1시에 시장을

열어 6시경에 끝나지만, 여름철(4월~10월)에는 2시간을 더 연장하여 저녁 8시까지 운영되었다. 그러나 시장에 대한 의존성이 확대되자 시장으로의 노동력 유출문제가 심각하게 제기되었다. 개인 노동 금지 문제도 마찬가지이다. 북한의 개인 노동이란 돈 있는 개인 밑에서 개별적 임금노동 행위를 하는 것을 말한다. 개별적 노동행위가 문제인 것이 아니라, 국가 공장 · 기업소 단위에 속해 있는 국가 노동자가 국가 공장 · 기업소에 출근하지 않고 개인 노동 행위를 하는 현상이 문제시되는 것이다.[21] 따라서 북한은 시장의 관리정책 일환으로 공장 · 기업소 단위 국가 노동자의 시장행위를 금지하고, 농촌 총동원 기간처럼 국가의 노동 동원 시기에는 시장 운영 시간을 오후 4시부터 6시까지 제한적으로 운영하도록 했다.[22]

시장 단속정책으로는 시장 밖 장사활동 금지 조치를 들 수 있다. 국가가 용인한 시장 안 매대 장사는 국가에 등록된 장사로서 합법적 활동이다. 시장관리지침에 따라 거래 물품과 운영 시간, 도매반이 정한 가격의 제한을 받는다. 또한 매대별 등록비와 일일 시장거래 장세를 국가에 납부해야 한다. 그러나 시장 안에 들어가지 않고 시장 밖에서 좌판 행상을 하는 시장 거래자들이 늘어나자 단속을 통해 시장의 합법적 활성화를 유도하고자 했다. 이처럼 2003~2006년 시기 북한은 시장에 대한 관리와 단속정책을 통해 질서 있는 시장의 제도적 활용을 목적으로 했다.

그러나 국가의 공급 능력 부족은 부정적 사회 현상과 비사회주의적 파급 효과를 미치기 시작했다. 2003년 이후 주요 문제 현상으로 지적된 것은 크게 네 가지 측면으로 요약할 수 있다.

21 좋은벗들의 소식지에 의하면 김정일 국방위원장은 노동자들의 개인 노동 현상을 없애고, 집체적으로 공장, 기업소, 단위 등에 출근하도록 하라는 지시를 2005년 12월 2006년 3월 두 차례 하달했다고 전한다. 좋은벗들, 『뉴스레터』 56호, 2007.3.16.

22 좋은벗들, 『뉴스레터』 29호, 2006.11.16.

첫째, 공식 경제 부문의 주요 노동인력이 사경제 부문으로 이동하면서 공식 경제에서 사경제 부문으로 노동력 유출 현상이 지속화된 것이다. 주지하다시피 북한에서 합법화했던 시장은 가정주부, 연로자 등의 유휴 노동력을 주요 시장거래 참여자로 상정했다. 따라서 단기적으로 볼 때 사경제활동은 계획 부문 밖의 유휴 노동력 단위였던 가정주부, 연로자 등이 시장활동에 참여함으로써 노동력 활용 효과가 있었다. 그러나 시간이 지나 임금 수입만으로 생계유지가 불가능한 정규 직업군의 노동자도 시장활동에 참여하기 시작했다. 이는 장기적으로 계획 부문의 실질적 노동 인구의 감소 또는 유휴 노동력 투입 감소 현상과 연결되어 공식 경제 부문의 생산성을 저하시키는 결과를 초래했다.

둘째, 사경제활동이 확대됨에 따라 공식 경제 부문 운용에 필요한 물자가 직장에서 절취되거나 합법을 가장한 채 빼돌려져 국가의 자원 배분을 왜곡시킨다는 것이다. 특히 각종 불법적 상행위의 증가, 대외무역의 축소 보고 또는 고의적 보고 누락 등이 빈번히 발생해 국가의 재정수입은 감소되고, 이것은 다시 계획 부문에 대한 국가의 투자 감소로 귀결되면서 정상적 생산활동을 왜곡시키게 된다는 점이다.

셋째, 무엇보다 사경제활동에 참여하는 경제 주체들의 거주지, 직업, 신분 등의 참여 기회에 따라 소득 차이가 확대되며 빈부 격차를 파생시킨다는 점이다. 특히 사적 이익을 우선시하고 돈 중심의 물질주의적 가치관이 팽배해지면서 돈을 벌기 위해서라면 공공물자의 횡령, 노동자들의 직장 이탈 등의 행위를 관료들이 눈감아 주고, 나아가 방조 · 묵인하며 각종 사회 일탈행위가 세관, 안전부, 보위부 등의 부패 현상과 결탁하게 된다는 점이다.

넷째, 사경제활동 활동의 확산은 비공식 부문에서 화폐 유통 속도가 빨라지고 실질적인 화폐 공급의 과잉에 따른 통화 팽창(inflation)이 발생된다는 점이다. 각종 물자 및 소비품 등 재화 부족의 심화에 따라 물가는 상승하고 화폐가치는 하락하게 되며, 중국 인민폐(元), 미 달러($) 등의 외화 선호 현상이 동시에 발생하게 된 것이다. 시장은 생산활동 촉진과 물자 부족의 완화라는 순기능만 담당한 것이 아니라, 시장을 비합법적 상품 조달의 방식으로, 다수 계층의 시장 거래자를 양산하면서 전국적 범위로 확대되었고 그 결과 다양한 사회적 문제를 야기하기 시작한 것이다.[23]

2007년 4월 11일 북한의 제11기 5차 최고인민회의에서 김영일 신임 총리가 임명된 이후 북한 당국의 시장정책은 시장통제와 축소 지침으로 변화하기 시작한다. 2007년 4월 1일자로 시행된 농민시장 정돈사업은 그 시발점이었다. 우선 시장에서 장사할 수 있는 연령을 45세 이상으로 규정하고, 장사 물품은 20만 원 이상 판매할 수 없도록 했다. 그리고 시장 단속 집행을 위해 농민시장 단속 상무반을 조직하고 규정 위반 시 법으로 처벌할 수 있도록 했다. 이어 협동농장 내 단위별 개인 농사를 허용했던 '6개월 밭'을 회수했다.[24] 일본제 중고 자동차, 중국 변경지역을 통해 들어오는 한국산 중고 옷 수입을 전면 금지시켰고, 더불어 외화 단속을 통해 중국인들은 북한 방문시 인민폐 2천 원 이상 소지할 수 없고, 북한 사람들은 200달러로 제한했다.[25] 무엇보다 2007년 5월에는 중앙검찰소 검열 성원들이 전국 주요 도시에 파견되었다. 전국 단위에서 중앙검찰

23 체제 전환 국가들의 비공식 부문(informal sector)이 사회에 미치는 영향에 대한 견해 역시 북한적 현상과 동일하게 대조적이다. 로에이즈(Loayzz)는 비공식 부문이 법적 질서를 약화시키고 공공재 생산 능력 및 효율성을 감소시켜 경제 성장을 저하시킨다고 주장했다. 반면 Kim & Kang은 1994년부터 1999년까지 러시아 지역별 패널 자료를 사용하여 비공식 부문이 소규모 기업 형성에 긍정적인 영향을 주며 성공적 체제 이행을 위한 긍정적 효과를 강조한 바 있다. 로에이즈와 Kim & Kang의 견해는 다음 글을 참조. 조준모 · 조동훈 · 권태희 · 홍광표, 앞의 책, 13쪽.

24 북한은 경제 위기가 심화되자, 협동농장의 질 나쁜 땅을 농장 내 각 분조 단위에 배분해 그 땅에 해당 단위 성원들이 지은 농작물을 6개월 분량의 배급으로 계산하여 분배해 주었다. 북한 주민들은 이를 6개월 농사, 6개월 밭이라 지칭했다.

25 좋은벗들, 『뉴스레터』 70호, 2007.5.10.

소 검열이 나간 것은 1980년대 이래 근 20년 만에 있는 일로서, 검열의 주요 대상은 보위부와 보안서, 재판소, 도당, 시당, 인민위원회 등 바로 각 단위 책임자들 및 여맹 일군들이었다.[26]

종합해 보면, 2007년 4월 이후 북한 당국의 검열은 세 측면에서 전개되고 있다. 하나는 국경 연선(沿線) 지역의 시 · 군들에서 행해지고 있는 비사회주의 그루빠 검열이다. 이들은 주로 중국 도강, 밀수, 빙두(마약) 등 불법 장사행위를 검열 조사하고 있다. 다른 하나는 국가보위부 검열조이다. 이들은 주민 가운데 중국에 도강한 사람들이 자기 집에 돈을 보내 도와 주려고 하거나, 중국에서 보내는 돈을 받아다 전해 주는 사람들, 휴대폰을 가지고 있는 세대를 위주로 검열 조사하고 있다. 마지막으로 중앙당 비사회주의 검열 그루빠이다. 이들은 일반 주민이 호화로운 살림집에 살거나 아무 장사도 하지 않는데 수입 대 지출이 맞지 않게 잘사는 세대를 기본적으로 검열 조사한다.[27] 그리고 이 모든 비사회주의적 행위들은 시장을 중심으로 한 사경제활동이 가져온 후과로 인식되면서, 시장에 대한 전면적 통제 방침으로 하달하게 된다.

2) 사경제활동의 축소와 사회노동 강화

2007년 10월 조선로동당 중앙위원회는 「시장에 대한 인식을 바로 가지고 인민의 리익을 침해하는 비사회주의적 행위를 저지하자」라는 지시

26 당시 중앙검찰소 검열은 어려운 환경에서 동요하고 변질되어 가는 당 · 정 간부들이 늘어나는 현상에 대한 요해사업이었다고 한다.

27 검열조들은 일곱 가지 비사회주의 검열 요강을 기준으로 한다. 첫째, 인신 매매, 둘째, 자식이 한국으로 도주한 것, 셋째, 중국 · 한국 · 일본에서 온 돈을 받은 것, 넷째, 손전화기로 중국과 연락하면서 친척을 찾아 주고 돈을 받는 것, 다섯째, 마약 장사 또는 중국 거래자들과 밀수하는 것, 여섯째, 직업 없이 무직으로 있는 것. 마지막으로 무단 숙박이다.

문을 배포한다.[28] 주요 내용은 장사가 시장 밖으로 확대되고 있으며, 일할 나이의 여성 대부분이 장사를 하고 있다는 점. 그리고 장사꾼들이 폭리를 취해 주민의 이익을 침해하고 법질서를 위반하고 있기 때문에 오늘날의 시장이 "생활상 편의를 주는 장소가 아니라 국가 규율과 사회 질서를 문란케 하는 장소"로 되고 있다는 지적이다. 이것은 시장에 대한 인식을 바로 갖고, 시장운영규칙을 자각적으로 준수할 것에 대한 지시문이다. 그러나 〈표 4〉에서 보듯, 2007년 10월 이후 지속된 시장 통제 방침은 급기야 2009년 1월 1일 기존의 종합시장을 농민시장으로 전환할 것에 대한 조치로 귀결된다. 시장에 대한 단속과 통제를 넘어서 '시장 무력화 조치'이다. 또 일련의 조치 강화를 통해 볼 수 있듯 시장정책의 직접적 통제 대상은 여성이다. 구체적으로 언급하고 있는 것은 일할 나이의 여성들, 즉 40세 미만의 여성이다.

40세 미만의 여성은 기존의 공장 · 기업소로 복귀하여 공식 경제활동에 참여하라는 것이다. 그러나 공장 · 기업소의 낮은 공장 가동률과 낮은 임금 수입을 생각한다면 사실상 여성이 돌아갈 수 있는 직장은 없다. 따라서 2009년 현재 북한 당국은 장사 통제와 더불어 여성 근로단체인 '민주녀성동맹(여맹)'의 강화를 통해 사회적 노력 동원에 여성을 총동원하고 있다. 현재 벌이고 있는 150일 전투에 여성 노동력은 선전대로, 돌격대로 적극 활용된다. 또 농업 생산 증대를 위해 전 사회적으로 벌이고 있는 농촌지원운동에도 여성 노동력의 적극 참여를 촉구하고 있다. 국가적으로 벌이는 자강도 희천, 강계발전소 전력 생산 증대를 위한 돌격대 자원 임무도 촉구받고 있다.

28 류경원, 「장사군들 남조선 상품을 리용하여 적들에 대한 환상 류포」, 『임진강 2』(서울: 임진강출판사, 2008.3), 83-85쪽.

〈표 4〉 2007년 이후 북한의 시장 통제 방침 변화 추세

월	시행 내용	세부 내용
1	장사 연령 제한	"40세 미만 여성, 장사하지 말라"고 발표
3	40세 미만 여성 공장 배치	"40세 미만 여성, 직장에 모두 입직시키라" 발표 출근하지 않은 여성들은 남편 직장에까지 통보하겠다 엄포 다만, 다산모(아이 셋 이상 낳은 여성)는 나이에 관계없이 장사 허용
4	신의주 손수레 짐 금지	"손수레나 자전거에 짐 싣고 다니지 말라" 장사물품을 가지고 다니지 말라는 뜻
7	평성 큰 장사 금지	평성 시당, 인민위원회, 보안서, 시장관리소 합동단속조 활동 "큰 장사를 하지 말 데 대한" 지시 평성 "전국적인 장사 물품 도매지로 장사의 근원이 생기는 지역" 비판
8	평양, 여성 공장 배치 강조	장사 나이 제한, 젊은 여성을 공장에 배치할 것 강조 "녀성들도 사회 건설에 이바지할 데 대한 방침", "평양시 본보기가 돼야"
10	장사 연령 제한 조치 신발 매매 금지 개인 농산물 및 수공잡화 판매	전국에 40세 미만 장사 금지 다시 지시 전국 시장에서 국내산 신발 판매 금지 전국 시장 상업성 결정 지시문, "개인이 농사를 지은 남새, 과일류, 물고기 등과 일용잡화만 판매 허용"
11	농민시장으로 전환 지시 (상업성 23호, 61호 지시)	2009년 1월 1일부터 농민시장으로 전환 발표 매월 1일, 11일, 21일에만 장사 가능 개인 농산물, 과일류, 일용잡화 등만 판매 허용 (식량, 공업품, 돼지고기 등 판매 금지, 식량은 배급소, 기타 물품은 오직 국가 수매 상점에서만 거래 가능)
12	전국 주요 도시 시범 농민시장	평양, 함흥, 순천, 개성, 청진 등 주요도시 시범 농민시장 실시 1일, 11일, 21일에만 장사 허용 식량, 공업품 판매 금지 농산물만 판매

자료: 류경원, 「장사군들 남조선 상품을 리용하여 적들에 대한 환상 류포」, 『임진강 2』(서울: 임진강출판사, 2008.3), 83-85쪽; 좋은벗들, 『뉴스레터』, 2006년 이후 종합.

"녀맹원들은 150일 전투 기간에 농촌에 내보냈다. 농민들 3~4명 정도가 지도 농민 격으로 나와 옥수수밭과 김매기나 논밭 풀 뽑기에 데리고 다니면서 작업의 순서와 방법을 알려 주었다. 농촌 지원에 하루라도 참가하지 않으려면 3,000원씩 내야 했고, 아무리 환자라고 해도 예외가 없었다.

임산부 여성들과 해산한 여성들만 산전, 산후 기간 동안 농촌 지원을 면제 받을 수 있었다. 이렇게 오전에는 농장에 나가 일을 돕고, 오후에는 시장에 나가 장사를 해서 식구들을 먹여 살렸다."[29]

국가의 시장활동 축소와 사회노동으로의 동원 방침은 여성의 반발을 사고 있다. 국가는 공식 경제 부문에서 가장 많이 이탈되어 있는 여성 노동력을 시장 축소와 함께 사회노동을 통해 적극적으로 인입하고자 한다. 그러나 여성은 공식 경제 부문으로 들어올 수가 없다. 멈춰서 버린 공장 · 기업소의 임금 수입이 생계를 보장하지 못하기 때문이다. 또 여성의 사경제활동은 가족의 생계를 책임지는 수입원이기 때문이며, 공식경제에만 의존해서는 날로 확대되는 소득 격차를 따라잡을 수 없기 때문이다. 따라서 여성들의 정책호응도는 낮을 수밖에 없다. 이에 국가는 여성의 공식 경제 부문으로의 인입을 위해 대가를 지불하게 된다. 식량을 보장해 주거나 장사를 허락하는 등의 생계 보장책을 마련해 주는 것이다.

"청진 신암구역에서는 어랑천 발전소로 떠날 녀맹원 돌격대가 꾸려지지 않자 '장사 허락'의 혜택을 주기로 했다. 또 여성들이 대체로 가족들의 생계 부양을 하고 있는 점을 감안해, 돌격대에 나가 있는 동안 식량을 전면 보장해 주기로 했다."[30]

이렇게 되면 북한은 장사를 통제하면서 통제를 위해 장사를 다시 보장해 주는 모순된 정책집행 현상이 발생하게 된다. 모순된 정책집행의 원인은 정책과 현실과의 괴리이며, 정책과 현실의 간극 사이에 북한 여성이

29 좋은벗들, 『뉴스레터』 302호, 2009.10.27.
30 좋은벗들, 『뉴스레터』 287호, 2009.7.14.

있다. 북한 여성은 사경제활동을 통해 체험 체득한 시장 원리를 국가의 정책집행 경로에 침투시키고 있다. 국가와 시장, 공식 경제활동과 사경제활동의 이중적 궤도 위에 올라타 국가와 사회 관계에 파열음을 내는 새로운 경제 주체로 성장하고 있는 것이다. 일련의 흐름으로 볼 때 단기적으로 보면 당국의 장사 단속, 소토지 농사 단속, 각종 노력 동원 등 여성의 사경제활동은 위축될 수밖에 없다. 그러나 북한 여성이 국가의 인입 정책에 따라 무보수 사회노동에 동원되거나, 임시방편의 식량 보장 등을 믿고 사경제활동을 완전히 포기할 가능성은 낮다. 다시 말해 북한 당국의 적극적인 시장 규제 의지가 여성의 시장활동 축소로 이어지고 있으나, 이것은 가족 내 생계문제로 영향이 파급될 것이며, 부양 책임자로서의 여성은 시장활동을 지속하기 하기 위해 더욱 파행적 사경제활동을 강화하게 될 것이라는 점이다.

5. 맺음말

2009년 현재, 북한은 시장을 규제하고 통제를 강화함으로써 기존의 시장 질서를 조정하고 있다. 조정의 방향은 첫째, 불법적인 시장 거래를 단속하기 위해 시장활동의 주요 담당 계층인 여성의 연령대를 규제하여 시장 참가자를 통제하는 것이다. 규제 대상은 40세 미만으로, 40세 이상은 가족 부양 임무를 담당하면서 시장에서 활동할 수 있다. 둘째, 종합시장을 이원화된 체계로 운영하고 그 안에서의 불법적인 거래를 규제하고 있다. 이원화된 체계란 도시와 농촌의 소비품과 부식물을 연계하는 농민시장을 한 축으로 하며 다른 하나는 도시 내의 시장을 상설 점포로 발전시키는 방향이다.[31] 2007년 10월 지시문에서는 "아무리 발전된 사회주의

공업국가에서도 인민생활에 필요한 상품이나 농산물 등을 전부 국가가 생산 공급하기는 곤란하다. 발전된 공업국가일수록 농민시장을 '상점화'해야 한다"고 공표하고 있다. 이것은 북한의 시장이 '농민시장 → 장마당 → 종합시장 → 농민시장의 상점화'라는 4단계로 발전하고 있음을 반영한 것이라고 볼 수 있다. 현재 상점화의 방향은 기존의 국영상점 기능을 담당했던 수매상점을 활성화하는 것으로 구체화되고 있다.

지난 2009년 11월 30일 화폐개혁도 같은 맥락에서 이해할 수 있다. 2009년 11월 30일, 북한이 17년 만에 전격적인 화폐개혁을 단행했는데, 아직도 진행 중인 북한 화폐개혁의 구체적인 내용은 다음과 같다.

첫째, 구권과 신권의 '100 대 1' 교환이다. 일종의 리디노미네이션(redenomination)의 방식으로 공황기의 선진국과 개발도상국에서 하이퍼인플레이션기에 빈번히 단행되는 개혁 방식으로 한국에서도 1953년, 1962년 두 차례의 리디노미네이션이 있었다.

둘째, 저금소에 저축되어 있는 화폐의 '10 대 1' 교환이다. 기존 화폐를 퇴장시키기 위한 과격한 조치로서 금융기관을 통한 파생통화의 발행을 차단하는 조치라 할 수 있다. 그러나, 일반 자본주의 시장경제와 같은 금융기관에 의한 신용 창조가 나타나지 않는 북한에서의 이러한 조치는 정치경제적으로 복합한 정책 목표가 함축되어 있는 것이니 만큼 주목할 만한 부분이다.

셋째, 교환 시기는 화폐개혁 조치가 시행된 11월 30일부터 12월 6일까지 일주일, 교환 한도는 10만 원 선에서 가족당 5만 원 한도 추가, 교환 기간 중 세대당 선물 현금 500원과 1인당 백미 7kg 지급 등이다. 화폐개혁에 따른 민간경제의 극심한 위축, 유동성 부족을 해소하기 위한 보조적

31 시장 변화를 추론하기 위해 만난 북한 이탈주민은 북한 당국의 '상점화'를 중국식 백화점, 마트와 같은 것으로 설명했다.

조치로 일반적인 성격을 가지지만, 물가 안정을 위한 후속 조치 및 임금 조정 등을 통해 북한 경제가 어떠한 방향으로 통화개혁의 파장을 흡수할 것인지는 예측이 쉽지 않다.

화폐개혁의 내용으로만 볼 때, 이번 조치는 2003년 시장 합법화 이후 치솟는 물가, 국정가격과 시장가격의 극심한 차이에서 비롯되는 국가 재정수입의 악화, 공식 임금의 실질적 하락 현상에 대한 통제정책의 일환으로 보인다. 더불어 2007년 10월 이후 강화되기 시작한 시장 통제정책과도 맞닿아 있다. 북한은 이미 2007년 하반기 이후 대대적인 비사회주의 그루빠 검열을 통해 북한 주민의 생활 정형을 검토해 왔다. 수입 대 지출이 맞지 않으며, 중국으로의 도강 경험, 휴대폰의 소지 여부 등을 조사하여 북한 주민 속에 파급을 미치는 비사회주의적 행위들을 통제해 왔다. 마침내 비사회주의적 행위의 온상으로 '시장'을 주목하고, 시장에 대한 통제행위를 구체화한 것이 오늘날 '종합시장의 폐지, 농민시장으로의 회귀' 조치이다. 따라서 이번 화폐개혁 역시 시장 통제정책의 연장선 속에서 시장을 통해 성장한 자본가 세력, 일명 '돈주'들을 타깃으로 삼고 있음이 분명하다. 재일본 조총련 기관지 조선신보와 북한 중앙은행의 조성현 책임부원과의 인터뷰 내용을 보면 더욱 분명하다. 지난 시기에는 국가 능력이 부족해 시장 이용을 허용했다면, 향후 국가 공급 능력을 확대하여 시장에 의존해 온 주민들의 재화 공급을 국가가 책임지는 방향으로 나가겠다는 점이다.[32]

문제는 북한 여성이다. 2009년 현재 북한은 경제 건설과 사회노동에로 여성 인력을 활용하고 있기 때문에 사실상 여성은 가족 부양, 생계 보장, 경제 건설, 사회노동 등 노동행위의 강화로 나타나고 있다. 결코 포기할

32 『조선신보』, 2009년 12월 4일.

수 없는 사경제활동의 주체로서 북한 여성은 국가와 시장의 혼란스러운 틈새에서 국가의 통제와 탄압의 대상이 되고 있기도 하다. 그러나 북한 여성은 더 이상 전통적 취약구조에 머무는 부차적 노동 인력이 아님에도 불구하고, 비공식 사경제활동 영역을 주도하며 진두 지휘하는 '돈주'와 같은 자본 세력을 형성하고 있지도 않다. 다만 열려진 사경제활동 영역의 경제 주체로 새롭게 주목받고 있을 뿐이다. 이들은 시장통제 방침에 따라 국가와 갈등 상태에 놓이지만, 국가 통제정책에 반하는 반체제 세력으로 규합되지는 않는다. 따라서 향후 북한 여성은 국가와 시장의 양 궤도 사이에서 이리저리 내몰리며 가족 부양, 생계 보장, 경제 건설, 사회노동 등 노동행위의 강화로 이들의 삶은 고단할 것이며, 사경제활동의 편법적 지속을 통해 국가와 시장 사이에 균열을 촉진하는 사회적 역할을 할 것으로 보인다. 특히 북한 여성은 사경제활동을 통해 체험 체득한 시장 원리를 국가의 정책집행 경로에 침투시키는 역할을 수행하며 국가와 사회의 균열적 행위를 담당할 것으로 주목된다.

참고 문헌

권영경, 「남북한 여성노동시장의 비교 연구」, 『북한연구학회보』 제3권 제1호(1999).

김애실, 「북한의 경제체제와 여성노동」, 『경제교육연구』 제3호(1994).

류경원, 「장사군들 남조선 상품을 리용하여 적들에 대한 환상 류포」, 『임진강 2』(서울: 임진강출판사, 2008.3).

리창근, 『로동행정사업경험』(평양: 사회과학출판사, 1989).

_____, 『우리당에 의한 로동행정리론의 심화 발전』(평양: 사회과학출판사, 1992).

박영자, 「북한의 여성노동 정책(1953~1980년대): 노동계급화와 수평적 · 수직적 위계를 중심으로」, 『북한연구학회보』 제8권 제2호(2004).

박희진, 『북한과 중국: 개혁개방의 정치경제학』(서울: 선인. 2009).

사회과학출판사 편, 『사회주의경제건설이론』(서울: 태백. 1989).

조준모 · 조동훈 · 권태희 · 홍광표, 『공식부문과 비공식부문의 여성 인적자원 활용 국제비교』(서울: 한국직업능력개발원, 2008).

『조선신보』, 2009년 12월 4일.

좋은벗들, 『뉴스레터』 27호, 2006.11.8; 29호, 2006.11.16; 56호, 2007.3.16; 70호, 2007.5.10; 279호, 2009.5.19; 298호, 2009.9.28; 302호, 2009.10.27; 304호, 2009.11.10.

J. C. Breman, "Comparative Asian Studies Program 3," *The Informal Sector in Research: Theory and Practice*(Rotterdam: Erasmus University, 1980).

Eberstadt & Banister, *North Korea: Population Trends and Prospects*, Center for International Research U. S. Bureau of the Census Washington D. C.(1990).

제2부

교육 · 사회보장 · 가족 부문에서 제도 변화와 여성의 역할

4장 | 북한의 교육개혁과 여성 교육
-과학기술 교육에서 기회와 한계-

김석향(이화여대 북한학협동과정 교수)
박정란(시울대 통일평화연구소 신임연구원)

1. 머리말

개별 국가의 교육 개혁 과정은 정치 체제와 이념, 사회문화적 배경을 비롯해 경제 발전전략과도 밀접한 연관성을 지닌다. 남북한은 상호간에 전쟁을 경험했으며, 정전협정을 통해 상호 대치 상황에 있으면서 국가 발전전략에서도 정도와 내용의 차이는 있으나 '자주 국방' 실현을 목표로 한 '군사주의'가 도구화되었다. 이와 같은 현상은 경제 발전전략과 연계되어 교육 부문에까지 반영되어 나타났다. '군사주의'와 경제 발전전략, 교육정책과의 연계가 확대 강화된 것은 남북한 모두 특히 산업화 시기에서였다. 이후 남한은 민주화 시기를 지나오면서 그 연계 고리가 약화되었고 교육의 다원화 실현이 확산되어 갔다. 그러나 북한은 1990년대 중반 이후 김정일 시대가 시작되면서 이른바 '선군정치'가 표방되었고 '군사주의'는 경제와 교육을 비롯한 모든 분야에 국가 담론으로서 또한 제도적인 형태로 강화되어 갔다. 이러한 과정은 여성이 남성에 비해 교육이나 교육 이후의 노동에서 주변화되는 것을 가속화시켰다. 젠더(gender)[1]에 따라 교육 기회의 불평등이 야기되었으며, 교과 내용과 과정에 성별 분업이 구조화되었다. 이뿐 아니라 교육 이후의 노동구조 생성에서도 젠더에 따른 불평등이 확대되기도 한 것이다.

구체적으로 살펴보면, 남한의 경우 대표적인 예로 1970년대 산업화 시기 중공업 숙련 노동의 남성화 전략이 미친 영향을 들 수 있다. 자주 국방 실현을 목표로 전략산업인 중화학공업의 발전을 이루고자 했던 국가정책으로 인해 철강, 기계, 석유화학, 자동차, 조선 등의 중공업 제조 분야에서 숙련노동자를 필요로 했고, 숙련노동자를 충당하기 위해 관련 자격을 취득한 남성을 대체 복무로 활용했다. 이는 성별에 따라 직업훈련 직종이 분리되는 주요 단초로 작용했고, 교육훈련과 노동에서 여성의 주변화가 나타난 계기가 되기도 했다. 또한 군사문화가 반영된 교과 과정과 내용이 강화되면서 남성과 여성이 국가 수호를 위해 각기 '전면, 후면'에서 역할을 다해야 한다는 성역할 기대 및 분업이 고착화된 시기이기도 하다.

북한은 1960년대에 경제 · 군사 병진 노선을 경제 발전전략[2]으로 전면에 내세웠고, '국방에서의 자위'를 위한 중공업 우선 전략과 군사력 증강을 위한 재정 비율을 확대해 나갔다. 이와 같은 국가 발전전략은 교육정책에 반영되었는데, '전민 무장화'[3]를 위해 학교가 병영화되어 갔으며, 대

1 젠더는 사회적 · 심리학적으로 구성되는데, 남성되기, 여성되기와 관련 있는 정체성, 역할, 활동, 감정, 그리고 개개인으로서 우리가 학습한 뒤 내면화하거나 도전하는 정체성, 역할, 활동, 감정 등을 가리킨다. 줄리아 우드, 한희정 옮김, 『젠더에 갇힌 삶』(서울: 커뮤니케이션북스, 2006), 29쪽.

2 북한은 1962년 12월 당중앙위원회 제4기 제5차 전원회의에서 '4대 군사로선'을 택했고, 1960년대 중반부터는 공산권의 이념 분쟁과 중소 분쟁이 격화되는 상황에서 김일성은 국방에서의 자위를 제창하고 경제 발전을 지연시키더라도 군사력을 한층 강화해야 한다고 강조했다. 이것이 군사력 강화와 경제 건설의 병진정책 추진의 계기가 되었다. 경제 발전과 군사력 강화를 동시에 추구한다는 이 정책은 1966년 10월 당대표자회의에서 제기되었고, 당중앙위원회 전원회의를 통해 채택된 이래 지금까지 경제 운용의 기본 방침이 되고 있다. 이에 따라 1966년까지는 예산에서 군사

학 입학 기회에서도 제대군인에 대한 할당이 늘어나면서 남성에 비해 여성의 군 입대율이 적다는 특성상 대학 입학 기회에서 여성이 남성에 비해 취약한 구조에 놓이게 되었다. 대학 진학 후의 직업 배치에서도 성별에 따라 특정 부문에 배치되어 젠더에 따라 위계화된 직업구조가 양산되었다. 김정일 시대가 공식적으로 시작되는 계기였다고 할 수 있는 1998년 헌법 개정에서는 '국방위원회'의 권한을 격상하면서 군 중심의 국가 운영 체제가 명문화되었고, 이후 10년 만에 이루어진 2009년 헌법 개정[4]에서는 국방위원회와 국방위원장의 권한을 더욱 확고히 구축했다. 국방위원장과 국방위원회의 권한 구축과 함께 이와 같은 권력 체계를 뒷받침하기 위한 사상적 토대도 강화되었는데, '선군사상'을 '주체사상'과 더불어 국가 지도 이념으로 명시해 통치 이데올로기로 격상시켰다. 이와 더불어 '군인'을 주권자로 추가힘에 따라 '신군정치'를 천명하게 된 것이다.

이와같이 김정일 시대를 지나오면서 군 중심의 국가 지도 체계와 사상이 강화됨에 따라 향후에도 특별한 변화의 계기가 있지 않는 한 '군사주의'는 경제와 교육을 비롯한 국가정책 모든 분야를 규정짓게 될 것으로 보이며, 이로 인한 '젠더 불평등'은 확대 재생산될 가능성을 예측케 한다.

젠더 차별적 교육(gendered education) 문제는 북한에 국한된 것은 아니며, 전지구적으로 해결해야 할 과제이다. 여성이 정부 주요 요직에 대거

비가 차지하는 비중이 약 10% 정도에 불과했으나 1967~1971년 동안은 군사비가 30% 이상으로 대폭 증액되었다. 1900년대 후반에는 '선군정치'를 내세웠고, 2002년에는 선군 시대의 경제 건설 노선을 제기했다. 통일연구원, 『2009 북한개요』(서울: 통일연구원, 2009), 187쪽.

3 북한은 1963년부터 '전군 간부화, 전군 현대화, 전민 무장화, 전국 요새화'의 4대 군사노선을 전면에 내세웠다.

4 2009년 4월 9일 최고인민회의 제12기 제1차 회의를 통해 개정한 헌법에서는 국방위원장과 국방위원회의 지위와 권한에 대한 조문을 신설했으며, 1998년 헌법에서 폐지된 주석제와 중앙인민위원회의 권한 일부분이 각기 국방위원장과 국방위원회의 역할로 되살아남으로써 국방위원회가 북한 권력 체계에서 명실상부한 최고 국가기구로 격상되면서 국방위원회를 중심으로 한 국가영도 체계가 확립되었다.

참여하고 있으며 법률과 국가 정책상으로도 양성 평등을 실현하고 있는 스칸디나비아 국가들을 제외한 대부분의 정부에서 존재하는 문제이다. 물론 국가의 체제와 사회경제적 상황과 맞물려 형태와 정도의 차이가 나타난다.

남북한의 경우에는 분단이라는 상황이 미친 영향을 간과할 수 없다. 분단구조에서 필연적으로 야기된 것일 수도 있고, 분단이라는 구조가 정치·경제적으로 활용되어 젠더 차별적 교육이 발생했다고도 볼 수 있다. 물론 남북한 각기 분단의 세월 동안 형성된 정치 체제와 경제구조, 사회조직, 문화의 차이로 교육 개혁 과정에 차이가 있었으며, 이에 내재된 '젠더 불평등'도 남북한 각기의 형태와 정도의 차이를 보여 왔다.

이 장에서는 이와 같은 문제의식을 바탕으로 북한에서의 교육개혁 과정과 현 교육 상황에서 나타나는 여성 교육에 대해 '젠더 불평등'을 주요한 쟁점으로 다룰 것이며, 북한에서의 구조적 배경에 따라 나타나는 형태와 정도를 가늠해 보고자 한다. 이 장에서의 '젠더 불평등'은 일반적인 젠더 불평등 논의와 마찬가지로 주로 비슷한 상황에 처한 남성에 비해 혜택을 받지 못하고 있는 여성에 대한 논의에 초점을 둘 것이다. 그럼에도 결코 젠더 불평등은 여성에게만 국한된 것이 아니며, 남성에게도 불리하게 작용한다는 점을 간과하지는 않는다. 대표적인 것이 남북한 분단구조에서 생성된 남성의 국방 의무가 사회적 젠더 규율이자 제도적으로 고착화된 것이다. 이로 인해 남성에 대한 국가, 사회, 가정 내에서 '남자다움'에 대한 기대는 '특권'이 되기도 했으나 무거운 '짐'이 되어 온 것이다. 여기에서 젠더 불평등을 여성의 문제로 국한하고자 하는 것은 주어진 연구 범위에 따른 것이기도 하지만, 교육에서의 젠더 불평등 개념 가운데 주로 다루고자 하는 교육 기회와 '직업 열망(gendered career aspirations)'은 남성에 비해 여성의 제약이 크다는 문제의식에서도 기인한다.

젠더 차별적 교육문제는 남녀 간 교육 기회의 차이, 젠더에 따른 직업 열망뿐만 아니라 학교 내 생활과 교과목에서 나타난 불평등한 성역할 모델 및 학습, 젠더 편견적 여성의 재현(gendered-stereotyped representations of women), 남성적 교육 관행 등을 담고 있는 개념이다.[5] 이와 같은 개념들은 상호 연계되어 강화 내지 약화시킨다. 학교를 비롯한 사회조직에서 형성된 불평등한 성역할 모델, 편견적 여성의 재현 과정은 학생들에게 젠더에 따라 직업 열망을 한정시키게 되는 것이다.

이 장에서는 이와 같은 개념을 토대로 북한의 교육개혁 연구의 초점을 2000년대를 전후한 과학기술 교육 강화 시기에 맞추어, 이 시기에 강조된 '실력제일주의'의 표방과 인재 양성이 과연 여성의 교육 기회와 젠더에 따른 직업 열망, 성역할 분업구조에 어떠한 '기회'가 되었는지, 이와 더불어 여전히 존재하는 현실적 '한계'는 무엇인지 논의하고자 한다.

2. 교육개혁의 방향과 '젠더'

1) 고등교육 기회 제한을 통한 계급구조 혁신과 젠더 격차

북한은 계급정책을 통해 핵심계층에 대해서는 대학 입학이나 입당, 직

5 예를 들면 우리의 경우 유치원과 초등학교 교사의 경우 대부분 여성이지만, 중 · 고등학교와 대학교에 이르는 고등교육으로 갈수록 남성이 교육을 담당하고 있어 학생들은 학교생활 속에서 이미 젠더에 따라 위계화된 직업군에 대한 학습을 경험하게 되고, 이러한 경험은 젠더에 따라 제한적인 직업 열망으로 발현될 수 있다는 것이다. 또한, 학과목이나 전공에 따라서도 교사의 성별이 좌우되는 것도 학생들로 하여금 이미 학교에서부터 성역할에 대한 고정관념을 학습하게 하며 이러한 과정도 제한적인 직업 열망으로 연계될 수 있다는 점이다. 이와 같은 교육에서의 젠더 차별은 교육 현장을 넘어 노동구조에까지 연계되어 임금노동에서의 젠더 차이로 나타난다. 여성은 가사노동, 자녀 양육의 의무, 저임금노동, 여성의 감정적 배려와 돌봄이 가정을 넘어 직장과 사회에 요구되곤 한다. 주디스 로버, 최은정 · 임소희 · 임혜련 · 정광숙 옮김, 『젠더불평등: 페미니즘 이론과 정책』(서울: 일신사, 2005), 32-33쪽.

업 배치 등에서 혜택을 주는 반면 그 밖의 계층에 대해서는 기회에 제한을 두는 것을 비롯해 처벌하거나 감시해 왔다. 북한은 노동당 규약 전문과 헌법 제8조를 통해 계급적 성격을 명시하고 있다. 즉, '노동자, 농민, 근로 인테리와 모든 근로인민'을 주권자로 내세우면서 프롤레타리아 독재를 지향한다. 북한의 사회정책은 사회주의 사회 건설을 당면 목표로 삼고 프롤레타리아 독재와 계급투쟁을 통해 여타 계급이 생성되지 못하도록 하는 것이라 할 수 있다. 이와 더불어 김일성 유일 지배 체제 구축과 김정일로의 후계 구도를 확고히 하기 위한 사회통제 도구로 활용된 것이 계급구조 혁신과 계급투쟁이라 할 수 있다.

계급구조 혁신과 계급투쟁을 위해 우선적으로 시행된 것이 주민 성분 분류 작업이며, 이를 기초로 '성분'에 따라 혜택과 제한이라는 통제가 가해지게 된다. 주민 성분 분류 작업은 1958년 중앙당 집중지도사업으로 시작되어 1966년 4월~1967년 3월까지 주민재등록사업과 1967년 6월~1970년 9월까지 주민 성분 구분사업을 실시하면서 주민들을 핵심, 동요, 적대계층의 3계층 51개 부류로 분류 관리해 왔다. 그러나 1990년대 중반 이후 경제난으로 인해 주민 중 상당수가 불법 월경, 행방불명, 방랑, 도주 등 각종 범죄 전력을 갖게 되면서 이를 고려할 필요성이 생기게 됨에 따라 주민을 3계층 4개 부류(핵심, 기본, 복잡계층)로 재분류했다.[6]

'성분'에 따른 교육 기회의 제한은 특히 중학교 졸업 이후 대학 진학부터의 고등교육[7]에서 적용된다. 1956년 단행한 '입학규정 개혁'은 교육 기회의 제한을 통한 계급구조 혁신정책의 단초가 되었다. 즉, 고등인력의

6 핵심계층은 약 28%, 동요계층은 45%, 적대계층은 27% 정도를 차지한다. 핵심계층에는 혁명가, 혁명가 가족, 영예군인, 접견자, 영웅, 공로자, 제대군인 등이 포함되며, 복잡계층은 계급적 토대, 사회정치 생활 경위, 가정, 주위 환경으로부터 정치적으로 복잡한 문제가 있는 계층으로 지주, 부농, 예속 자본가, 친일파, 종파분자와 함께 입대 기피자, 정치범 교화 출소자, 월남자와 지주의 가족, 부농가족 등이 포함된다. 통일연구원, 『2009 북한개요』(서울: 통일연구원, 2009), 330-331쪽.

계급 구성 변화를 위한 것이었다. 이후 1980년대 초 대학 입학 예비시험이 도입되기 이전까지 대학 입학생 선발 시에 출신 성분을 중시하는 경향이 강화되어 갔다. 이후 1980년대 초 도입된 대입 예비시험에는 어느 계층이나 응시할 수 있게 됨에 따라 출신 성분이 좋지 않은 사람들의 진학 기회가 대폭 확대되었다. 그러나 출신 성분의 역할이 완전히 사라지지는 않았다. 대입 예비시험에서 일정 수준 이상 성적을 받은 학생은 대학별 '본고사'에 응시할 수는 있으나 대학 선택은 여전히 수험생 부모의 성분과 인맥에 크게 좌우되는 것으로 알려지고 있다. 특히, 김일성대학이나 김책공업대학과 같은 북한의 주요 대학에는 핵심, 기본계층이 아닌 경우 입학이 제한된다.[8]

이와같이 북한의 계급정책은 고등교육 기회에 영향을 미치면서 '성분'에 의한 교육 기회의 차이를 야기했다. 그뿐만 아니라 '성별'에 의한 교육 기회의 제한이 발생하게 되었는데, 특히 북한 사회정책의 목표이자 교육 목표의 하나인 '노동계급화'의 달성과 경제 발전전략의 하나인 경제 · 군사 병진 노선에 기인한 군사 중심의 국가 운영 체계에 기인한다고 볼 수 있다.

1956년 단행된 '입학규정 개혁'에서는 중등학교 졸업과 동시에 대학에 진학하는 학생들의 비율을 대폭 줄이고, 대신에 산업체나 농장 또는 군에 복무하는 자를 소속 당위원회의 추천을 받아 대학에 우선적으로 입학시키도록 했다.[9] 이와 관련하여 정확한 입학 자격 할당 비율을 파악할 수는 없으나 직장인 20%, '직통생' 10%, 제대군인 70%의 비율로 대학 입학

7 고등교육은 고등전문학교 2~3년, 단과대학 3~4년, 대학 4~6년과 그 후 박사원으로 2~3년 과정이 있다.

8 「안드레이란코프의 북한 이야기」, 『동아일보』, 2004년 12월 13일의 내용을 토대로 정리.

9 신효숙, 「북한 고등인력의 양성과 발전(1945~1960)」, 북한연구학회 편, 『북한의 교육과 과학기술』 (서울: 경인문화사, 2006), 126쪽.

자격 할당 비율이 정해진다는 견해가 우세한 편이다. 중학교를 졸업하면 북한 여성의 진로는 크게 취업, 진학, 군 입대의 세 가지 유형으로 나뉘게 되는데, 대학 진학이나 군 입대보다는 취업이 가장 많아 중학교 졸업 후 군 입대가 가장 일반화된 남성에 비해 제대군인할당제는 여성의 대학 진학에 제한을 가하게 되었다.

고등교육에 입학하는 학생들의 수준을 향상시키기 위해 1980년도 이후 제대군인이나 직장인의 비율을 줄이고 직통생의 비율을 높여 중학교 졸업 여학생의 입학이 늘어나기는 했으나[10] 북한이 2002년 9월 제출한 여성차별철폐협약 이행에 대한 최초 보고서에서 소학교, 중학교 및 대학의 여학생 비율을 각각 48.7%, 34.4%, 16.9%로 밝힌 바 있어[11] 고등교육에서 성별에 따른 기회의 차이가 2000년대에까지 지속되고 있는 것을 볼 수 있다.

취업 이후 '일하면서 공부하는 반공반독 형태'의 공장, 농장, 어장대학[12]

10 이는 상대적으로 중학교를 졸업하는 여학생들의 진학률을 높이는 제도적 장치였다고 할 수 있다. 물론 대학별로 남녀 입학생 비율이 정해져 있는 상태에서 직통생의 비율을 늘렸다고 해서 전적으로 여학생의 대학 입학이 수월해졌다고 단정지을 수는 없지만 간접적으로나마 여학생의 입학을 증가시키지 않았나 한다. 왜냐하면 북한에서의 사회 통념상 '남자는 군대를 갔다 와야 한다'는 사회적 통념이 더 크게 작용할 뿐만 아니라 군에 입대하면 당원이 될 가능성이 있기 때문에 아직까지 군 입대가 남성들의 정형화된 진로로 자리잡고 있다. 다른 한편 사회가 발달할수록 여성 교육에 대한 필요성은 증가하게 된다. 따라서 예전에 비해 여성 교육에 대한 열의도 증가했다고 볼 수 있다. 민무숙 · 안재희, 「북한의 여성교육에 관한 연구」, 한국여성개발원, 2001 연구보고서 220-2, 214, 183쪽.

11 이금순 외, 『북한인권백서』(서울: 통일연구원, 2009), 288쪽.

12 1985년 즈음에 '전 사회의 인테리화'를 목표로 내건 고등교육의 대중화를 도모하는 시기이다. 여기에서 나타나는 북한 교육의 특징은 일하면서 공부하는 체계를 강조한다는 점이다. 따라서 공장 · 농장 · 어장대학을 확대하고 통신 교육 체계의 확장과 방송대학을 도입하기에 이르렀다. 여성정책도 교육정책과 연계되어 나타나는데 북한 여성의 '인테리화'가 강조되었으며, '노동계급화'가 더불어 강조되면서 일하며 공부하는 체계를 확대해 나갔다. 사회교육의 접근 기회를 보면 공장대학 · 어장대학 · 농장대학 등과 같은 직업교육에서 교육 과정, 교육 시간, 교육 기간이 남성 직업 중심으로 편성되어 있을 뿐만 아니라 여성에게 큰 메리트로 작용될 만한 것이 극히 적다는 점에서 여성의 참여 수준이 매우 낮다. 민무숙 · 안재희, 「북한의 여성교육에 관한 연구」, 한국여성개발원, 2001 연구보고서 220-2, 16-17쪽.

등에 진학하는 것도 해당 대학의 남성 중심적 교과과정의 특성상 여성 진학률이 남성에 비해 적은 것으로 알려지고 있다. 또한, 여성은 취업 이후 일반대학에 진학하려 해도 결혼을 하게 될 경우 남성에 비해 직장을 그만두게 되는 경우가 많아 취업자 입학할당제를 통한 대학 입학의 기회도 상대적으로 제한될 수밖에 없는 상황이다.

1990년대 이래 나타난 북한 사회의 빈부 격차 확대는 젠더에 따른 교육 격차 외에도 여성들 간 교육 기회의 격차를 양산하고 있다. 1990년대 중반 이후 경제난이 심화되면서 한편에서는 이른바 '외화벌이'를 비롯한 무역, 장사 등으로 재력을 쌓은 신흥 부유층이 등장했다. 그에 반해 장사에 실패하거나 아니면 아예 시도하지 못해 빈곤층으로 전락하거나 고착화된 계층이 등장하면서 경제적 양극화가 심화되는 현상이 나타났다. 이로 인해 대학 진학에서 과거 중시되었던 정치적 '성분'보다 부모의 재력을 배경으로 한 '뇌물'이 더 주효하다는 분석도 등장하고 있다. 결국 물적 자본을 통한 주요 대학 입학까지도 가능해지면서 자본에 의한 권력 재편 조짐이 나타났다. 따라서 이제는 젠더 간 교육 격차뿐 아니라 여성 간에 나타나는 교육 기회의 격차에 대한 논의로의 확대도 요구되고 있다.

2) 국가계획경제 틀 안의 성별 분업 생성 교육 체계

북한의 교육 개혁 과정은 경제 발전 전략과 밀접한 연관성을 갖고 추진되어 왔다. 북한 경제는 중앙집권적 계획경제 원칙에 따라 운영되어 온 만큼 계획 수립을 비롯한 모든 경제적 의사결정과 이에 필요한 정보의 흐름이 중앙당국에 집중되었고, 하부조직은 중앙의 명령에 절대적으로 복종하도록 되어 있다.[13] 이러한 국가 계획경제하에서의 계획 수립과 집행에 대한 복종은 경제 부문에 그친 것이 아니라 교육정책을 비롯한 국가정책 분야에도 적용되어 왔다. 국가 계획경제에 필요한 인력 양성 계획은 교육정책에도 반영되었는데, 여기에 성별에 따라 특정 분야의 인력을 양성하고자 한 계획도 포함되어 있다. 특히 중학교 졸업 이후 대학 진학에서 성별에 따른 전공 분야의 밀집도에 차이가 큰 것으로 나타나고 있으며, 중학교와 대학교 졸업 이후 직업 배치 과정에서는 성별에 의한 분업이 이루어지게 되었다.

이에 대해 구체적으로 살펴보면 우선 경제 부문에서 북한의 여성정책은 남녀평등과 여성 해방을 표면에 내걸고 여성의 노동계급화를 목표로 설정해 추진되었다. 그러면서도 전후 복구작업과 농업집단화가 진척되는 사회주의 건설, 1957년부터 1960년까지의 인민 경제발전 5개년계획을 시작으로 한 경제 발전전략 추진 과정에서 절대적으로 부족한 노동력을 충당하기 위해 여성 노동력이 동원되었다고 할 수 있다. 이와 같은 여성 노동력의 동원은 당시 사회주의 국가를 표방한 구소련, 중국, 동유럽 등지에서 나타난 노동집약적 산업 추진 과정에서 노동력 부족 현상을 타개하기 위한 여성의 노동계급화와 유사하다. 생산 현장에 여성 노동력을 배치하는 것은 1960년 초반 84호 내각 결정에 의한 것으로 당시 16세~55세 여성은 국가계획위원회의 노동 수급계획에 따라 직장에 배치되었다. 이에 따라 여성 노동 인구가 급증하게 되는데, 여성 노동 인구 비중이 1956년 20%였던 것에서 1964년 38.5%, 1967년 48%, 1971년 53.7%[14]로 증가하게 되는 것이다. 이와 같은 직업 배치 과정에서 남녀평등 원칙이 적용됨에 따라 노동 현장에서 남자와 동일한 유해노동과 중노동에 동

13 북한 경제는 "중앙집권화된 경제이며 유일적인 지휘에 따라 움직이는 경제"이다. 따라서 북한은 계획 수립을 비롯한 모든 경제적 의사결정과 이에 필요한 정보의 흐름이 중앙당국에 집중되어 있으며, 하부조직은 중앙의 명령에 절대적으로 복종하도록 되어 있어 '중앙집권적 명령(지령) 경제체제'라고도 한다. 통일연구원, 『2009 북한개요』(서울: 통일연구원, 2009), 181-182쪽.

14 『통일경제』(2001. 7 · 8), 58-60쪽.

원되기도 했다. 여성 노동력이 증대되면서 노동력 활용을 극대화하기 위한 성별 분업이 확대 적용되었고, 이에 따라 성별 간 임금 격차도 발생하게 된다.

여성 노동력의 활용을 극대화하기 위해 경노동 부분의 남성을 힘든 중노동 부분으로 이동시키고, 여성은 상대적으로 비중과 임금이 낮은 직종에 배치한다는 지침은 직종 분리 현상을 심화시켰다. 따라서 청장년 남성은 탄광, 광산, 임업, 수산업 등에 재배치되고 보건, 상업, 보육, 교양, 교육, 체신, 문화 등에 여성이 편중되는 현상을 가져왔다. 특히 농업 분야의 여성 노동력 의존 경향은 매우 뚜렷하다.[15]

이후 북한 경제가 침체기에 들어서는 1980년대를 전후해서는 여성을 다시 집으로 돌려보내는 정책을 취하게 되면서 여성 노동력 비율이 이전 시기에 비해 줄어들게 되는데(1976년 48%, 1991년 49%, 1995년 48% 수준) 성별 분업 현상은 지속적으로 나타나고 있다. 1995년의 직업별 구성비를 살펴보면 여성은 농업 부문에 53%, 공업 부문에 44%, 상업유통에 73%, 편의봉사에 76%, 교육 56%, 보건 부문 65%이며, 전체 여성 기술자, 전문가 숫자는 북한 전체 인텔리 숫자의 40%로서 54만 명에 달한다.[16] 북한의 공식 발표에 따르면 2001년 보건, 아동, 보육, 상업 부문의 행정직 여성의 비율이 70%이며, 간호사의 100%, 교사의 86%가 여성이다. 또한 북한이 2007년 11월 제출한 '아동권협약' 이행보고서에 따르면 2007년 현재 교원의 57%가 여성이며, 유치원은 100%(전체 37,000명), 소학교는 86%(전체 123,000명), 중학교는 58%, 대학(college)은

15 민무숙 · 안재희, 「북한의 여성교육에 관한 연구」, 한국여성개발원, 2001 연구보고서 220-2, 183쪽.

16 신효숙, 「북한 교육과 여성」, 평화를만드는여성회, 움직이는 여성통일학교 〈2006, 남과 북의 만남을 준비하는 여성들〉 자료집(2006. 10. 17).

23%, 대학교(university)는 19%가 여성 교원으로 제시되고 있다.[17]

이와 같은 특정 부문의 여성 노동력 활용 극대화를 위한 정책은 교육 정책에도 반영되어 성별 교육 기회의 차이로 나타나게 된다. 특히, 대학 진학 시 성별에 따른 기회의 제한이 나타나게 되는데, 이는 특정 부문의 여성 노동력 활용을 위한 인력 양성 교육 체계에 기인한다. 여성은 주로 경공업, 상업 계열, 사범대에 집중시키고 권력 핵심층을 양성하는 데 일차적 목표를 둔 종합대학이나 중심대학, 특수대학에 진학할 기회를 제한하는 것은 결국 여성의 낮은 사회경제적 지위를 재생산하게 한다. 이러한 측면에서 학생의 성별로 인한 교육 기회 불평등은 기회 그 자체의 차단뿐만 아니라 여성을 특정 역할을 담당하도록 규정하는 효과까지 있어 남녀가 동일하게 대학을 졸업해도 그들이 사회에서 담당할 역할은 달라질 수밖에 없다.

국가 주도의 배치 과정에서 동일한 교육과정을 이수했다 하더라도 여성 능력에 대한 평가는 남성의 그것보다 저평가되어 고등중학교를 졸업한 경우에는 생산 현장의 단순 직종으로, 대학을 졸업했을 경우는 사범대와 의대를 제외하고는 전공과 직접적으로 관련되거나 주요 직책을 수행하는 직장에 배치될 가능성은 적다. 이렇게 배치된 직장 내에서도 여성과 남성의 역할은 다르게 규정되어 남성이 주요 역할을 하는 반면 여성은 직장과 가정을 병행하기 수월한 낮은 직급의 업무를 담당하는 경우가 많다.[18]

북한에서는 1990년대 초 경제난에 의해 국가가 계획경제에 따라 자금이나 물자를 기관, 기업소에 제공하기 어렵게 되면서 계획 체계에 수정이

17 이금순 외, 『북한인권백서』(서울: 통일연구원, 2009), 262-263쪽.

18 민무숙 · 안재희, 앞의 글, 16-17쪽.

가해지게 된다. 특히, 2002년 '7 · 1 경제관리 개선 조치'에 의해 계획 체계에 변화를 가져오게 된 것이다. 구체적으로 보면 전략적 · 국가적인 중요 계획은 국가계획위원회가 수립하고, 구체적인 세부계획은 해당 기관, 기업소, 지방행정 단위 등이 수립토록 변경했다. 그뿐만 아니라 공장 · 기업소에 대한 독립채산제 강화, 국가경제기관의 규제 완화 등의 조치를 통해 기관, 기업소의 자율성을 부여하여 세부계획의 신축적 운영도 허용하고 있다.[19] 이와 같은 계획경제의 수정에도 불구하고 아직까지 국가가 인력 수요를 계획하고 배치하는 이른바 '직업 배치'는 계속되고 있으며, 직업 배치 과정에서 '성별 분업'이 뚜렷하게 나타나는 상황이다. 직업 배치에서의 성별 분업은 대학교의 학과 진입에도 반영되어 특정 학과에 남학생과 여학생이 집중되는 현상이 지속되고 있다.

3. 과학기술 교육 중심의 '실력제일주의' 개혁: 배경과 내용

북한은 경제 개발 초기부터 과학기술 발전을 위해 과학기술 연구기관을 확충하고 과학기술 인력 양성에 힘을 기울여 왔다. 1998년 김정일 정권이 본격적으로 시작되면서부터는 특히 IT를 중심으로 한 과학기술 발전을 통해 '강성대국'으로 '단번 도약'하겠다는 의지를 천명하면서 과학기술 인재 양성을 중요한 정책 과제로 삼아오고 있다. 이 절에서는 북한의 1950년대부터 1990년대 초 · 중반까지의 과학기술 교육을 간략히 살펴보고, 김정일 시대에 IT를 중심으로 한 과학기술 발전전략과 교육 개혁

19 통일연구원, 『2009 북한개요』(서울: 통일연구원, 2009), 13쪽.

을 그 이전 시기와의 차이와 연속성을 중심으로 서술하고자 한다.

또한 이 교육 개혁 이후 과거에 비해 '성분'이나 '성별'이라는 제약을 '실력'으로 극복할 수 있는 기회가 주어졌다는 점에 주목하고자 한다. 즉, 제1중학교나 대학교 입학에서 무엇보다 '실력'을 중시하는 시도가 이루어졌고, '실력' 증진에 매진할 수 있도록 과학 영재들에 대해서는 군 입대가 면제되고 있다. 그렇다면 이러한 '실력제일주의' 표방은 여성에게 어떠한 기회로 작용할 수 있을 것인가. 여성이 '성별'을 넘어 '실력'으로 도전할 수 있는 개연성이 확대되었다는 추측이 가능하겠지만, 그럼에도 아직까지 여성으로서의 사회구조적 제약과 현실적 한계는 무엇인지 후술하기로 한다.

1) 과학기술 교육 중심의 개혁 배경과 과정

북한에서 과학기술 교육은 이미 1950년대 산업시설 재가동을 위한 기술자 확보 차원의 기술전문교육 강화에서 비롯된다. 특히 경제 성장 둔화세가 뚜렷해지는 1970년대 말부터 과학기술이 경제 개발의 최대 관건임을 강조하면서 제2차 7개년 계획(1978~84)의 기본 과제를 인민경제의 주체화, 현대화, 과학화로 설정했다. 아울러 1978년부터 '과학자돌격대'[20]를 조직해 과학자들이 생산 현장에 직접 나가 기술적 문제들을 해결해 주도록 독려했다.

20 북한 소설 『청춘송가』(1987)의 배경은 1980년대 이래로 북한이 강조하는 노동자와 과학자 그리고 지식인 삼자가 결합한 '기술혁신운동'이 배경으로 깔려 있다. 이 운동을 추진하기 위해 북한은 '2 · 17 과학자 · 기술자돌격대'와 '4 · 15 기술혁신돌격대' 등을 조직하여 연구자와 생산자 간의 직접적인 연계를 모색하고 있다. 북한에서는 그 밖에도 각종 기술혁신전람회, 기술혁신경험발표회, 전국과학기술축전 등의 일련의 행사를 개최하여 기술혁신운동을 가속화하고 있는데, 이 운동에는 여성 기사나 연구사들이 앞장서고 있다. 김귀옥 외, 『북한 여성들은 어떻게 살고 있을까』(서울: 당대, 2000), 185쪽.

1980년대에는 1978년부터 수행된 제2차 7개년 계획에서 '과학기술 발전'이 특히 강조되는 것과 연계되어 최신 과학기술 분야에 대한 연구사업을 강화했고, 정책 목표 달성을 위한 법 · 제도적 조치가 마련되었다. 1982년에 북한의 과학 연구의 중심기관인 과학원이 정무원의 행정부서로 승격되었다. 교육 부문에서는 특히 당시 선진 기술 도입을 위해 관련 전문가들의 해외 연수를 강화하게 된다. 나아가 1980년대 후반부터는 기계 및 전자, 화학공업 분야에서 북한의 과학기술을 선진국 수준으로 끌어올린다는 목표를 세우고 1988~94년에 두 차례에 걸쳐 '과학기술 발전 3개년계획'을 추진했다. 1991년 10월 김정일이 당시 전국과학자대회 참가자들에게 보낸 서한인 「과학기술 발전에서 새로운 전환을 일으키자」에 보면 2000년까지 '과학기술 발전 전망 목표'에는 인력 양성과 관련해 2000년까지 매년 국민소득의 5%를 과학기술 분야에 투자, 박사 · 준박사 등 200만 명의 기술자, 전문가 양성,[21] UNDP 등 유엔 산하 과학기술기구와의 교류 증대 등을 제시하고 있다.

그리고 김정일의 공식적인 권력 승계 완료 이후 '과학기술 중시' 정책

21 북한에서는 과학자들도 계급화 · 서열화되어 있다. 상호관계는 사회주의적이라기보다 유교적 색채를 오히려 더 띠고 있다. 직책은 원사, 후보원사, 연구사 등으로 구분된다. 원사 및 명예원사, 후보원사 등은 박사, 준박사 등의 학위와는 별개로 '명예 칭호'라고 부르는 것이지만 권한과 권위는 대단하다고 한다. 그리고 업적 기여도에 따라서 인민과학자, 공훈과학자 등의 명칭으로도 부른다.
연구사의 직급은 1급에서 5급까지 5개 등급으로 되어 있는데, 급수와는 별도로 시험조수와 분석공을 두고 있다. 중학교를 졸업한 뒤 바로 과학원에 들어오면 분석공이 된다. 시험조수는 전문학교 출신이 과학원에 들어와 처음 받게 되는 직급이다. 북한에서는 전문학교 졸업자 이상이면 인텔리로 여긴다. 4년제 대학 졸업자가 받는 첫 직급은 연구부조수(5급)이고, 연구부조수에서 일정 연한이 지난 후 시험에 합격해야 연구조수(4급), 3급 연구사, 2급 연구사, 1급 연구사 등의 순서로 승급된다. 2급 이상은 박사급인데 박사가 아닌 1, 2급 연구사들도 많다. 박사학위 받기가 그만큼 어렵기 때문이다. 박사학위는 우리와 같이 대학별로 주는 것이 아니라 국가에서 일괄적으로 수여한다. 대학교수(교원)들의 직급은 교수, 부교수 2등급으로 한정되어 있지만 특별한 실수가 없는 한 반영구적으로 부여받는 직책이어서 사실상 교수의 직급처럼 되어 있다. 교원의 직책은 총장(학장)–부총장(부학장)–학부장–강좌장–교원(교수, 부교수)–조교원(조교) 등으로 구성된다. 대학마다 연구소가 많은데 이런 연구소에는 교수 직급이나 직책과 별도로 연구사 제도가 별도로 존재한다(최현규, 「내가 접했던 북한의 과학과 과학자들」, 과학에세이, 『계간 과학사상』(2003 가을), 210–211쪽.

을 적극 추진하고 있다.[22] 1998년 신년사에서 과학기술에 대한 강조와 더불어 과학기술자에 대한 중요성이 이전에 비해 대폭 강화되었다. 김정일은 1999년 강성대국을 제창하면서 사상대국, 군사대국, 경제대국을 3대 기둥으로 제시하고, 과학기술이 "'강성대국 건설의 힘 있는 추진력'으로 '조국의 부흥 발전이 과학자, 기술자들의 손에 달려 있다'"[23]고 설명한 바 있다. 그러면서 1999년을 '과학의 해'로 지정하기도 했다.

2000년 7월 4일 노동당 중앙위원회 기관지인 『로동신문』과 노동당 중앙위원회 정치이론 잡지인 『근로자』는 「과학 중시사상을 틀어 쥐고 강성대국을 건설하자」라는 제목의 공동 논설을 발표하면서 북한은 강성대국 건설을 위해 과학기술 발전을 최대 과제로 선정한 바 있다. "우리는 사상도 견실하고 총대도 굳건하다"고 하여 사상, 군사 부문에 자신감을 갖고, "이제 우리가 과학기술을 비약적으로 발전시키면 우리나라는 강성대국의 높은 령마루에 올라서게 된다"고 하여 과학기술 발전을 당면 최대 과제로 인식하고 있음을 나타냈다.

북한의 노동당 기관지와 정치이론지가 공동 논설의 형태로 발표하는 글의 내용은 해당 시기 북한 당국이 가장 역점을 두고 강조하는 정책적 과제가 되어 왔다는 점에서 과학기술을 통한 '강성대국' 건설 의지는 북한의 주요 정책으로 자리매김할 것임을 예측케 한다. 북한 당국은 과학기술 개발이 '나라의 흥망성쇠를 좌우하는 중대사'라면서 2001년 4월 제16차 중앙과학기술축전을 개최하기도 했다. 또한 과학원과 국가과학기술위원회의 통합 및 국가과학원으로 승격했으며, 인민경제의 기술적 개건과 정보화, 연이은 '과학기술 발전 5개년계획', '2022년까지의 장기 과학

22 양문수, 『북한경제의 구조: 경제 개발과 침체의 메커니즘』(서울: 서울대학교출판부, 2001), 114쪽.
23 로동신문, 「올해도 강성대국 건설의 위대한 전환의 해로 빛내자」, 1999. 1. 1.

기술 발전계획' 등이 제시되었다.[24]

교육정책에서도 과학기술 교육이 강조되고 과학기술 영재를 양성하기 위한 수재교육이 강조되는 것이 2000년대의 북한 교육 개혁의 핵심이라 할 수 있다. 북한은 과학기술 중시를 강성대국 건설을 위한 3대 기둥의 하나로 제시하면서 과학기술 인재를 체계적으로 양성하는 것을 과학정책의 주요 추진 방향으로 제시한다. 특히 북한의 IT 산업 발전을 위해 젊은 세대 과학자, 기술자 양성을 강조한다. 북한은 우수한 인적 자원을 바탕으로 컴퓨터 산업에서 하드웨어 부문과 인프라 부족에도 불구하고 음성, 문자, 지문 등의 인식 기술을 비롯해 소프트웨어에서 빠른 속도로 발전하고 있다.[25]

이상과 같이 IT 산업을 중심으로 한 과학기술 발전을 국가 경제 발전의 주요 전략으로 천명하고 젊은 세대 과학자 양성을 중요한 과제로 삼으면서 여성을 대상으로 한 과학기술에 대한 인식 제고와 교양이 강화된 것으로 보인다. 북한의 대표적인 성인 여성 교양지인 『조선녀성』[26]의 1990년대와 2000년대 권호 제목을 비교해 보면, 1990년대에 비해 2000년대 들어 과학 관련 기사가 전면에 부각된 것을 알 수 있다. 특히, 2000년대 들어 발간된 『조선녀성』에는 과학자들의 활동 소개나 과학기술 관련 기사가 권호 제목으로 다수 등장하고 있다. 물론 1990년대에는 『조선녀성』이 격월간으로 발간되었고, 2000년 제6호까지 격월간으로 발간된 이후 2001년부터 1982년 6호 이전과 같이 월간으로 발간된 것을 감안하더라

24 이춘근, 「과학기술 체제 개혁」, 북한연구학회 편, 『북한의 교육과 과학기술』(서울: 경인문화사, 2006), 431-432쪽.

25 이종림, 「북한의 과학기술정책 및 IT산업 현황」, 정보통신산업진흥원, 3-8쪽의 내용을 토대로 정리

26 '조선민주녀성동맹'의 기관지로 1946년 9월 첫호가 발간된 이래 여성을 대상으로 한 사상 및 일반 생활의 교양서라 할 수 있다.

〈표 1〉 1990~2009년도 『조선녀성』 표지 제목에 등장한 과학기술

발행 연도 권호	제목	발행 연도 권호	제목
2009년 7호	886건의 연구론문(세계과학자일화)	2003년 5호	한 녀성과학자의 대답: 경공업과학분원 발효연구소 연구사 김명희동무에 대한 이야기
2009년 3호	과학기술이 고치 풍년을 안아왔다	2003년 1호	더 높이, 더 빨리: 김일성종합대학 생명과학부 연구사 황덕만동무에 대한 이야기
2008년 10호	세계과학자의 일화 – 발견의 비결	2002년 5호	나는 과학을 중시합니다
2007년 11호	실력으로 조국을 받드는 과학자부부 : 국가과학원 수학연구소 실장 원사	2002년 3호	장군님께 기쁨 드린 녀성과학자 : 함흥화학공업대학 고분자화학공학부 생물화학공학 강좌
2007년 6호	[세계 과학자의 일화] 유명한 학자의 실책	2002년 1호	주체과학의 화원에 피어난 한떨기 꽃: 김책공업종합대학 콤퓨터공학부 박사, 부교
2007년 5호	[세계 과학자의 일화] 수학선생님을 깜짝 놀라게 한 가우스	2000년 5호	과학에 의거하여 혁명하는 우리 당
2007년 4호	허리아픔의 경과와 환자의 역할 : 고려의학과학원 연구사 학사 심현동무	1999년 4호	과학자의 인격: 국가과학원 유색금속연구소 유색금속재료연구실 연구사 현영라동무
2007년 2호	현대과학기술 발전 추세의 특징	1999년 2호	사회주의의 우월성을 과학적으로 밝힌 위대한 정강
2006년 11호	정보과학기술기지 – 전자도서관	1995년 4호	조국과 지식: 국가과학원 수학연구소 공훈과학자 준박사 권병미동무
2006년 7호	과학기술강국의 래일을 앞당겨주시여	1995년 1호	두 제도에 비낀 녀성과학자의 모습
2006년 3호	새 세기 과학기술 발전의 특징	1993년 6호	녀성과학자의 신념
2004년 4호	경제과학전선에서 들고 나가야 할 구호: 올해 공동사설 구호 중에서	1991년 5호	과학 탐구의 넓은 길에 내세워주시여: 향도의 해발
2003년 8호	과학의 천재, 열정의 화신		

도 2000년대 들어 권호 제목에서 과학기술 관련 기사가 부각된 것은 수치상으로 단연 앞서고 있다. 즉, 1990년대에는 과학기술 관련 기사가 권호 제목으로 전면에 부각된 것이 5개에 머문 것에 비해, 2000년대에는 17개 권호에서 표지 제목으로 등장해 과학기술 정책 강화가 여성 교양에도 강화되었음을 간접적으로 시사한다.

1990년대부터 2009까지의 『조선녀성』 표지 제목 중 과학기술 관련 세목을 정리하면 〈표 1〉과 같다.

2) 중등 · 고등교육에서 과학기술 인재 양성 현황

(1) 중등교육에서 과학기술 인재 양성

과학기술 인력 양성을 위한 중등 영재교육은 1980년대 중반부터 시작되었다. 북한은 공산주의 사상에 따라 수재 양성에 대해 비판적이었으나 과학기술 인재 양성을 위해서는 과거의 인력 양성 체계를 벗어나 질적 변화를 꾀해야 한다는 문제의식에 직면하게 되었고, 이로 인해 영재교육기관인 '평양 제1고등중학교'가 1984년 설립되었다. 당시 '제1고등중학교(현재 제1중학교)' 선발에서는 출신 성분보다 '실력'이 우선되었다는 점에서 기존 선발 체계와 획기적인 차별화가 시도되었다. 김정일은 시 · 도별 예비시험을 거쳐 머리가 비상한 학생들만 뽑으라고 특별히 지시하기도 했다.

1980년대 중반에 이르러서는 각 도 소재지에 제1중학교가 설립되었고 1995년에는 각 도마다 1개씩 설립되었다. 1999년에는 시, 구역, 군 지역까지 확대 설립되었으며, 현재 전 지역으로 확산되어 그 수가 200여 개[27]에 이른다고 보고되기도 한다. 평양에는 구역 단위로 하나씩 있다는 것이 여타 지역과 구분된다. 선발 과정에서 '성분'보다 '실력'이 중시되었다는 것과 구역급 이상 졸업생에 대한 '군 면제' 특혜가 주어진다는 것도 새로운 변화라 할 수 있다.

제1중학교 설립의 전국 확산과 더불어 중등교육에서의 과학기술 인력 양성책은 특히 2000년대 들어 '수재반' 지정 운영으로 나타나고 있다. 평양에 위치한 금성제1, 제2 중학교 등 네 곳에 2001년 4월 컴퓨터 수재반을 설립하는가 하면, 일반 중학교에서도 '7 · 15소조'[28]라는 수재반을 운영하게 하고 있다. 김일성종합대학을 비롯한 주요 대학의 컴퓨터 관련 학과들은 대부분 금성제1중학교의 수재반 출신들로서 이들이 주요 대학의 수재반으로 진학하여 우수한 컴퓨터 전문인력으로 성장하는 과정을 밟는다.[29]

(2) 고등교육에서 과학기술 인재 양성

고등교육 부문에서는 대학 입시에서 대학교육 과정과 졸업에 이르기까지 '실력'을 갖춘 양질의 과학기술 인재를 조기에 양성하기 위한 체계 개편이 이루어졌다.[30] 이와 같은 고등교육에서 과학기술 인재 양성을 위한 개혁은 다음과 같이 정리될 수 있다.

첫째, 대학 입학 체계의 개혁이다. 대학 입학에 가장 큰 변화를 일으킨

27 최현규, 「내가 접했던 북한의 과학과 과학자들」, 과학에세이, 『계간 과학사상』(2003 가을), 216-217쪽.

28 연합뉴스, 2005년 10월 16일.

29 연합뉴스, 2001년 7월 27일의 내용을 토대로 정리.

30 현재 북한의 대학에서 이루어지는 정보기술 교육은 크게 두 가지 방향으로 진행된다. 하나는 주요 대학과 연구기관에서 수재교육을 통한 최고의 정보기술 전문가를 양성하는 것이고, 다른 하나는 컴퓨터 기술대학과 일반대학에서 컴퓨터 활용 능력을 갖춘 정보기술 실무자를 양성하는 것이다. 현재 김일성종합대학 컴퓨터과학대학, 김책공업종합대학 정보과학기술대학, 한덕수평양경공업대학, 평양 · 함흥 컴퓨터기술대학, 자동화대학 등이 주요 인력의 공급 창구로서 핵심적인 역할을 한다. IT 분야 인재 양성 산실은 정보과학기술대학이다. 김일성종합대학이 기초과학으로서 컴퓨터과학에 교육 중점을 둔다면 김책공대는 응용공학으로서 컴퓨터공학에 중점을 둔다. 김유향, 「북한의 정보와 교육」, 북한연구학회 편, 『북한의 교육과 과학기술』(서울: 경인문화사, 2006), 507쪽.

곳은 리과대학이다. 리과대학의 경우 '실력' 중심의 입학 기회를 우선시했으며, 제대군인이나 직장인 할당제 없이 이른바 '직통생'만으로 신입생 선발 대상을 한정했다.

리과대학은 기초과학 관련 기관들이 집중해 있는 평양시 은정구역에 자리잡고 있으며, 북한의 KAIST라 일컫는다.[31] 선발 과정은 대학 예비시험을 치러 각 군에서 적어도 10위 이내에 들어야 하고, 이어서 본고사에 해당하는 최종 시험을 본다. 매년 200명 정도의 수재들이 입학하게 되는데, 이러한 선발 과정 외에도 김일성종합대학에서 매년 치르는 과학경연대회에 우수 입상하면 그 혜택을 받아서 입학이 허가되기도 한다.

김일성종합대학에서 매년 치르는 과학경연대회에서는 수학, 과학, 영어 과목을 중심으로 1,000명 정도가 시험을 봐서 그 중 최우수 학생 세 명은 북한의 어느 대학이든 마음대로 선택할 수 있도록 하고 있다. 그 밖에도 성적 우수자 20~30명에게는 김일성종합대학(자연과학 부문), 리과대학, 김책공업종합대학 등에 응시 자격을 주는데 가산점까지 주기 때문에 입학이 한결 쉬워진다. 북한의 청년들은 대학을 선택할 때 간판 중심으로 가고자 할 경우에는 김일성종합대학으로 가고, 실력을 키우겠다고 하면 리과대학을 선택하는 경향이 있다고 한다.[32]

둘째, 정보통신을 중심으로 한 대학 교과과정 및 학과 설립 · 개편 · 확대가 이루어졌으며, 현대 산업 기술을 반영한 학과 통폐합이 이루어지고 있다는 것이다. 이와 관련하여 1999년에는 김일성종합대학의 컴퓨터학부가 자동화학부와 물리학부를 일부 개편하여 '컴퓨터과학대학'을, 2000년에는 평양 · 함흥전자계산기 단과대학이 평양 · 함흥컴퓨터기술대학으

31 이홍렬, *TTA Journal*, No. 122(March · April 2009), 87-88쪽.

32 최현규, 앞의 글, 216-217쪽.

로 확대 개편되었다. 또한 2001년에는 김책공업종합대학의 컴퓨터공학부가 전문 단과대학인 정보과학기술대학으로 개편되었다. 또한 지식정보화사회에 대응하기 위한 학부와 학과를 신설하고 있는데, '평양컴퓨터기술대학'과 '함흥컴퓨터기술대학'을 설립했으며, 2003년에는 대학에 23개, 전문학교에 6개의 정보공학과를 신설하는 등, 전국적으로 77개 대학에서 정보기술자를 양성하고 있다.[33] 리과대학에 컴퓨터 과학부가 신설되었으며, 과학원 직속으로 정보기술학교를 신설했다.[34] 2008년에는 종전에 80여 개 학과로 운영되던 김책공업종합대학의 학과를 30여 개로 통폐합했으며, 정보 · 나노공학 분야의 비중을 높였다.[35]

셋째, 대학교육 과정에 과학기술 관련 수재반을 양성하는 것이다. 중등교육에서도 수재반 양성이 이루어지고 있는 바 이의 연장선상에서 대학교육과정에서도 수재반이 운영되고 있다. 1995년 이후 수재교육에 본격 투자하면서 각 대학에 수재반을 설치했으며 2001년부터는 대부분의 수재반 학생들을 대학원에 진학시키고 있다. 재일본 조선인총연합회 기관지 『조선신보』 인터넷판은 평양 리과대학 특별반을 북한 수재교육의 거점이자 성공 사례로 꼽은 바 있다.[36]

넷째, 양질의 기술 인력을 배출하기 위한 교육 방법의 현대화가 도입되고 있다. 즉, 학점제와 선택 교과목제, 원격교육 시스템 도입 등이 이루어지고 있는 것이다. 원격교육 시스템 도입과 관련하여 김책공업종합대학과 김형직사범대학 등을 중심으로 이루어지고 있는 컴퓨터 활용 화상 강의, 원격교육 프로그램의 개발과 활용[37]이 대표적이다.

33 통일연구원, 『2009 북한개요』(서울: 통일연구원, 2009), 389, 386쪽.
34 연합뉴스, 2001년 7월 27일.
35 통일연구원, 앞의 책, 389, 386, 390쪽.
36 연합뉴스, 2005년 10월 16일.
37 통일연구원, 앞의 책, 390쪽.

〈표 2〉 고등교육에서 과학기술 인재 양성을 위한 주요 개혁

구분	개혁 내용
대학 입학	- 리과대학의 '실력' 중심 선발과 '직통생' 선발 - 과학경연대회 최우수 학생에 대한 주요 대학 입학 특전
대학 교과과정 및 교육 체계	- IT 관련 학과 개설 - 정보통신 관련 학부 및 대학의 확대 개편 - 교육 방법의 현대화(원격교육 시스템 도입) - 수업 연한 축소 - 학점제와 선택교과목제 - 우수 중점대학 육성 - 수재반 운영
대학교 졸업 이후 고등 교육 및 연구 체계	- 대학교육 이후의 박사원, 연구소 통합 운영 - 고등교육 수학 연한 축소

다섯째, 대학교육 이후의 박사원, 연구소 통합 운영 및 고등교육 수학 연한 축소가 이루어지고 있다는 것이다. 김일성종합대학 컴퓨디과학대학은 정보과학과, 지능정보처리학과, 컴퓨터조종학과의 3개 학과와 컴퓨터연구소, 박사원으로 구성되어 있으며, 리과대학의 경우 수재반인 특별반 소속 학생들은 대학 재학 기간에 우리의 석사 논문에 해당하는 학사 논문을 완성하고 이후 박사원(대학원)에 진학해 공부를 계속하거나 연구소에 배치되어 근무하는 3년 동안 박사학위 취득을 취득하는 것이다. 북한의 학제상 학생들이 남한보다 1년 빠른 만 17세에 대학에 입학하는 점을 감안하면 특별반 학생은 재학 기간 6년에 박사원 혹은 연구소 근무 기간 3년을 거쳐 만 26세에 박사 학위를 받는 셈이다.[38] 이상의 내용을 정리하면 〈표 2〉와 같다.

38 연합뉴스, 2005년 10월 16일.

4. 과학기술 교육에서 여성 교육 및 진로

1) 과학기술 분야 여성 교육 및 활동 현황

북한 여성의 과학기술 부문 고등교육 진학 및 졸업 후 활동 상황이 북한 방송을 비롯한 언론매체에 소개되면서 교육 개혁 이후 여성들의 도전을 엿볼 수 있다. 김책공대, 리과대학과 평양전자계산기 단과대학 등 과학기술 분야의 주요 대학을 졸업한 인재들은 주로 어느 곳으로 진출하고 있으며, 그곳에서 여성들은 어떤 활동을 하고 있을까.

과학기술 분야의 주요 대학을 졸업한 인재들은 주로 조선컴퓨터센터(KCC)와 평양정보센터에서 일하게 되는 것으로 알려지고 있다. 그 밖에도 '프로그람교육센터', 지방정보센터, 과학원 산하의 수학연구소, 컴퓨터연구소, 111호제작소, 인공위성정보연구소, 성 · 중앙기관 등에 진출하고 있다.

특히, 조선컴퓨터센터(KCC)는 IT 연구 분야 대표적 싱크탱크이다. 조선컴퓨터센터의 연구팀은 매우 세분화되어 있으며, 팀 리더의 연령대도 30대 중반부터 40대 초반까지의 젊은 인재들이며, 팀원도 20~30대로 알려지고 있다. 조선컴퓨터센터를 비롯해 평양정보센터에는 전체 연구원 900명 중 여성 연구원이 20% 정도 근무하며 주로 웹디자인이나 휴먼 인터페이스 프로그램 작성을 맡고 있다.

여타 연구기관 인력의 여성 분포는 정확히 파악할 수는 없으나 대표적 여성 인재들의 활동상은 여러 보도매체를 통해 알려지고 있다. '프로그람교육센터'의 림현희 연구사는 한국의 유명한 의학자인 장기려 박사의 외손녀로 알려져 있으며, 20대 중반의 IT 연구원인 림현희 씨의 경우도 가족 모두가 과학자이며 어머니 장성용 씨는 항암제를 연구[39]한 바 있다.

북한 평양방송 보도를 통해서도 몇몇 대표적 여성 과학자의 활동 개요를 파악할 수 있다. 2001년 7월 31일 '남녀평등권에 대한 법령' 공포(1946.7.30) 55돌을 계기로 과학기술 분야에서 '한쪽 수레바퀴'를 떠밀고 나가는 대표적인 여성 과학자들의 면면을 소개, 눈길을 끌었다. 평양방송은 이 날 현영라 유색금속연구소 연구사(박사), 최승복 과학원 애국복합미생물센터 실장, 이영수 과학원 세포 및 유전자공학분원 실장, 강숙기 비날론연구소 연구사(박사) 등을 '우리 시대의 여성 과학자'라고 소개했다.

현영라 박사는 북한 과학자들이 따라 배워야 할 '선구자'로 추앙받는 여성 과학자로서 전자공업의 수준을 한 단계 끌어올리는 데 필수품인 콤팩트디스크(CD)용 특수합금 재료를 개발한 공로를 높이 평가받고 있다. 특수합금 재료는 극소형 컴퓨터의 두뇌에 해당하는 '경자기 원판' 제조에 쓰인다. 김정일 노동당 총비서도 현 박사가 개발한 합금 재료를 본 후 "자체의 힘으로 이것을 만든 것은 대단한 혁명"이라고 높이 평가했다는 후문도 있다. 평양방송은 현 박사가 최근에는 지하철도 운영 설비에 적합한 유색금속 재료를 성공적으로 연구해 냄으로써 평양 시민들의 교통 편의를 도모하는 데도 크게 이바지했다고 보도했다.

최승복 실장은 농업과학자로 복합미생물 비료로 농사를 지을 수 있는 연구 성과를 거둔 공로로 '로력영웅' 칭호를 수여받은 여성 과학자이다. 최 실장은 현재 북한 자체의 기술과 원료로 복합미생물 비료를 생산해 낼 수 있는 연구과제를 수행 중이며, 이영수 실장은 북한의 세포공학과 유전자공학 분야를 세계적 수준으로 끌어 올리겠다는 야심찬 목표를 세우고

39 박찬모, 「북한의 과학기술과 여성: 정보기술(IT)을 중심으로」, 이화여대 한국여성연구원 주최 '북한 사회와 북한 여성 이해를 위한 워크숍: 북한의 과학기술과 여성,' 2005년 3월 31일. 내용을 토대로 정리.

연구사업을 진행하고 있다.

강숙기 박사는 섬유공업 발전에 일생을 바친 과학자로 북한에서 '주체섬유'로 불리는 비날론의 질적 특성과 염색성을 개선하고 탄성 회복률을 높이기 위한 연구사업에서 성과를 거둔 과학자이다. 평양방송은 이들 외에도 평양의학대학의 김영진 박사를 비롯해 장영란 무기건재연구소 연구사, 박연숙 건축공학연구소 연구사 등을 지목하며 "강성대국을 일떠세우기 위한 탐구의 길에서 높은 성공의 탑을 쌓은 여성 과학자들이다"[40]라고 소개했다.

북한 조선중앙방송은 '국제부녀절(세계여성의 날)'을 맞아 2005년 3월 8일 현재까지 과학기술 분야에서 120여 명의 여성 교수와 박사를 배출했다고 보도한 바 있다. 특히 교수는 총 30여 명으로 김책공업종합대학 차숙림 교원과 고려의학과학원 실장인 김수경 박사 등 30여 명의 여성 과학자와 교육자들이 교수 학직을 받았다고 전한 바 있다. 김책공업종합대학 기계과학기술대학 강좌장인 최순복 박사와 정보과학기술대학 최순영 연구사는 이 날 중앙방송에 출연, "지금 우리 대학 안에만 117명에 달하는 여성 과학자들이 교수로, 박사로, 부교수로 자라나 대학의 영예를 떨쳐가고 있다"고 밝혔다.[41]

중앙방송은 이 날 구체적인 시기를 밝히지 않은 채 김책공업종합대학 차숙림 교원과 고려의학과학원 실장인 김수경 박사 등 30여 명의 여성 과학자와 교육자들이 교수 학직을 받았다고 전했다. 특히 1995년부터 3년 동안 금속재료 연구사업에서 업적을 나타낸 과학원 유색금속연구소 현영라 연구사를 비롯, 여성 14명이 박사 학위를 받았다. 또한 2001년 이후에

40 연합뉴스, 2001년 7월 31일.
41 연합뉴스, 2001년 7월 31일.

는 농작물 육종과 증식 분야 발전에 공헌한 농업생물학연구소 김선영 연구사와 인민대학습당 김경숙 강좌장 등 50여 명의 여성 박사가 배출됐다고 방송은 밝혔다.[42]

우리 민족끼리라는 북한 웹사이트에는 2005년 5월 14일 김일성종합대학에 5명의 여성 교수에 대한 소개가 있었다. 최영화, 주현희, 최향화, 현영춘, 김경희 박사를 소개한 바 있는데, 특히 최영화 박사는 여성 수학박사 1호로 컴퓨터 그래픽을 효과적으로 수행할 수 있는 이론적 기초와 응용기술을 제시해 40대에 박사가 되었다고 소개했다.

2005년 3월에는 북한 과학원에 계영순 박사가 세계여성과학자상을 수상하기도 해 주목받은 바 있다. 1998년 제정된 '로레알 · 유네스코 세계여성과학자상'은 세계 최대 화장품그룹인 프랑스의 로레알과 유네스코가 공동 주관하는 여성 과학계의 노벨상이라 할 수 있다. 매년 생명과학과 재료공학 분야에서 대륙별로 5명의 수상자를 선정한다. 또 35세 미만의 젊은 여성 과학자 15명을 선정해 1인당 2만 달러(약 2,200만 원)씩 연구비를 지원하는데, 계 박사가 이 젊은 과학자 부문에 선정됐다. 북한의 여성 과학자가 선정되기는 이번이 처음이다. 뛰어난 연구 업적을 낸 세계 여성 과학자들한테 주는 '로레알 · 유네스코 세계여성과학자상'의 젊은 과학자상 부문(15명)에 당시 33세였던 과학원 실험생물연구소의 계영순 박사가 수상한 것이다. 계 박사는 김일성대학에서 생화학과 물리학을 두루 공부하고 22세이던 1994년에 생물학 박사 학위를 받았다.[43]

이상과 같이 북한 과학기술 분야의 수재교육을 받은 여성들의 규모나 졸업 후 진출한 연구소에서의 활동도 정확히 파악되지 않고 있다. 그럼에도 그간 소수의 연구자료와 보도 내용을 토대로 여성 과학자들의 면면을

42 연합뉴스, 2001년 7월 31일.
43 연합뉴스, 2001년 7월 31일.

조금이나마 엿볼 수 있었다(〈표 3〉 참조). 이를 정리해 보면, 아직까지 과학기술 분야에서의 활동은 남성의 숫자가 지배적인 것을 유추해 볼 수 있다. 그 가운데서 여성의 활동이 북한의 『조선녀성』을 비롯한 기관지나 평양방송, 『로동신문』 등 보도 매체를 통해 확대되고 있는 것은 과학기술 분야에 대한 우수한 인재 양성을 위해 여성 자신은 물론 여성을 통한 도전이 이루어지길 독려하는 것이란 해석이 가능하다. 또한, 소수이지만 여성 과학자의 활동이 괄목할 만한 성장세를 보인다는 점도 고무적이다. 이러한 새로운 도전의 기회 앞에 아직까지 북한 여성이 고군분투하는 현실

〈표 3〉 보도 매체에 등장한 북한 여성 과학자

성명	소속	직책, 학력, 주요 업적	보도 출처
현영라	유색금속연구소 연구사	연구사, 박사	북한 평양방송, 2001년 7월 31일 「우리 시대의 여성 과학자」
최승복	과학원 애국복합미생물센터	실장	
이영수	과학원 세포 및 유전자공학분원	실장	
강숙기	비날론연구소	연구사, 박사	
김영진	평양의학대학	박사	
장영란	무기건재연구소	연구사	
차숙림	김책공업종합대학	교원	북한 조선중앙방송, 2005년 3월 8일
김수경	고려의학과학원	실장, 박사	
계영순	과학원	박사, 세계여성과학자상 수상	연합뉴스, 2005년 3월
최영화	김일성종합대학	교수, 박사 (컴퓨터 그래픽 이론과 응용기술로 여성 수학박사 1호)	북한 '우리 민족끼리' 웹사이트, 2005년 5월 14일
주현희	김일성종합대학	교수, 박사	
최향화	김일성종합대학	교수, 박사	
현영춘	김일성종합대학	교수, 박사	
김경희	김일성종합대학	교수, 박사	

에서 제약은 무엇인지 맺음말에서 논의하기로 한다.

2) 북한 이탈주민이 체감한 과학기술 교육에서 여성 교육 및 진로

이상에서 살펴본 바와 같이 2000년대 들어 과거에 비해 '실력'에 의한 교육 기회의 확대가 이루어지고 있으며, 이러한 정책이 여러 가지 제약에도 불구하고 여성의 교육 기회 확대로 이어지길 기대하게 된다. 그렇다면 남한에 입국한 북한 이탈주민들은 북한의 이 같은 변화를 얼마나 체감했을까. 북한 이탈주민을 대상으로 한 설문조사를 통해 그들이 북한에서 경험한 과학기술 교육 중심의 교육 개혁과 이러한 개혁이 북한 여성의 교육 기회와 활동의 폭에 어떠한 영향을 미쳤는지를 살펴보고자 했다. 주요 설문 내용은 교육 개혁으로 인한 여학생의 영재교육 진학 비율, 교육 개혁 이후 과학 분야 영재 등용에서 남녀 비율 변화, 남녀의 과학기술 부문 직접 배치에서의 변화, 교육 부문의 개혁이 여성의 지위에 미친 영향 등이며, 그 결과는 다음과 같았다.

우선, 교육 개혁으로 인한 여학생의 영재교육 진학 비율에 대해서는 과거에 비해 증가했다는 응답이 44.4%로 나타나 가장 많은 응답률을 보였으며, 이전과 변함 없다는 응답이 37%, 오히려 감소했다는 응답은

〈표 4〉 교육 개혁으로 인한 여학생의 영재교육 진학 비율

	빈도(명)	비율(%)
크게 증가	9	8.3
약간 증가	39	36.1
이전과 변화 없음	40	37.0
약간 감소	15	13.9
매우 감소	5	4.6
계	108	100.0

28.5%였다.

교육 개혁 이후 과학 분야의 영재 교육에서 여학생과 남학생의 진학 비율에 어떠한 변화가 있었는가에 대해서는 이전과 비교할 때 차이가 없다는 응답이 56.1%로 과반수 이상을 차지했다. 여학생 비율이 증가했다는 응답이 26.2%로 남학생 비율이 증가했다는 응답 17.7%를 앞서고 있었다.

〈표 5〉 교육 개혁 이후 과학 분야 영재 등용에서 남녀 비율 변화

	빈도(명)	비율(%)
남학생 비율 크게 증가	7	6.5
남학생 비율 약간 증가	12	11.2
이전과 차이 없음	60	56.1
여학생 비율 약간 증가	25	23.4
여학생 비율 크게 증가	3	2.8
계	107	100.0

교육 개혁이 여성의 지위에 미친 영향에 대해서는 이전과 변화를 느끼지 못한다는 응답이 과반수에 가까운 47.2%를 차지했다. 다음으로 부정적이라는 응답이 19.6%, 긍정적인 영향을 미쳤다는 응답이 23.2%로 오히려 부정적이라는 응답이 많았다.

남녀의 과학기술 부문 직업 배치에서 어떠한 변화가 나타났는가에 대해서는 과학기술 분야에서도 여전히 남성 중심의 직업 배치가 이루어지고 있다는 응답이 39.3%로 가장 많았다. 그럼에도 불구하고 능력 중심의 직업 배치가 이루어진다는 응답도 22.4%로 잘 모른다는 응답(26.2%) 다음으로 가장 많은 응답률을 나타냈다.

결과적으로 북한의 최근 교육 개혁이 '실력' 중심의 진학과 직업 배치에 긍정적인 영향을 미치면서 여성의 과학기술 수재 교육에의 진학 기회

〈표 6〉 교육 부문의 개혁이 여성의 지위에 미친 영향

	빈도(명)	비율(%)
매우 긍정적 영향	6	5.6
약간 긍정적 영향	19	17.6
이전과 변화 없음	51	47.2
약간 부정적 영향	19	17.6
매우 부정적 영향	13	12.0
계	108	100.0

〈표 7〉 남녀의 과학기술 부문의 직접 배치 변화

	빈도(명)	비율(%)
능력 중심의 직업 배치	24	22.4
남성 중심의 직업 배치	42	39.3
여성 중심의 직업 배치	6	5.6
기타	7	6.5
잘 모름	28	26.2
계	107	100.0

와 직업활동의 폭을 넓혀 가고 있는 것으로 보이나 아직까지 여성의 지위 향상이 현실적으로 체감되기에는 한계를 보이고 있다고 할 수 있다.

5. 맺음말: '실력제일주의' 과학기술 교육이 주는 새로운 기회와 한계

과학기술 교육을 중심으로 한 교육 개혁 과정에서 부분적이지만 중등교육과 고등교육 입학 과정에서 무엇보다 '실력'이 당락을 좌우하게 되었다는 점은 분명 '성분'과 '성별'의 제약을 넘어서는 계기가 되었다는

점에서 의의를 지닌다. 그렇다면 여성은 과연 과학자로서의 포부를 얼마나 키워나갈 수 있을까? 한 개인의 포부 수준(level of aspiration)을 결정짓는 것은 여타 사람의 성공과 실패를 지켜보면서 그 요인으로 작용하는 사회구조적 환경을 자신에게 대입하는 반복 과정을 통해 포부 수준을 조정해 나가게 된다. 따라서 북한 여성이 과학기술 교육에 대한 중등·고등교육으로의 진입과 졸업 이후 과학자로서 꿈을 이루어 나가기에 여전히 존재하는 북한 사회의 구조적 제약 여건은 무엇이며, '과학자'라는 직업이 북한 사회에서 얼마나 매력적인 직업인가를 중심으로 논의해 볼 수 있다.

첫째, 우선 가정과 학교, 노동 현장 내에서부터 형성된 전통적 성역할 의식과 위계, 성별 분업 등에 의한 제약과 여성의 진로 포부 형성과의 관계를 고려해 볼 수 있다.

북한은 남한에 비해 남녀평등을 실현하기 위한 법제도적 기반 구축이 먼저 이루어졌다. 이미 정권 창립 이전부터 '남녀평등권에 대한 법령' 제정이 이루어졌고, 이후에는 전통적 가족제도의 물적·법제도적 토대가 되었던 상속세와 호적제를 폐지했다. 이와 더불어 가사노동의 사회화와 자녀 양육의 국가 보장을 위한 조치 등이 이루어졌으며, 여성의 '노동계급화'가 추진되어 여성 노동력이 급증했다.

그럼에도 불구하고 1970년대 이래 김일성 유일 지배 체제 구축과 후계 체제 구축이 진행되면서 수령을 중심으로 한 국가 가부장제가 강화되었으며, 이는 사적 영역에까지 투영되어 가정 내에서 남성을 중심으로 한 권위주의가 재생산되어 오고 있다. 가부장적 권력은 가부장제 사회와 남성의 이해가 대변되는 정치권력화된 구조를 뜻한다.[44] 이후 북한 경제가 침체와 하강기로 접어드는 1980년대에는 여성 노동력 수요가 줄어들게 되면서 다시 여성을 가정으로 돌려보내는 정책을 취하게 된다. 과거 국가가 보장했던 가사노동과 자녀 양육에 대한 법제도적 구속력도 1998년 헌법 개정에서 약화되는 것을 볼 수 있다.[45]

또한 이미 앞서 살펴보았듯이 여성 노동력이 증가되면서 북한에서도 자본주의에서 나타나는 성별 분업이 확대되었다. 여성은 '헐한 일, 값싼 임금'을 받는 '여성 고유의 일'에 국한된 성별 분업이 존재해 오고 있는 것이다. 특히, 이 연구와 관련한 여성 과학기술 교육 및 활동은 남성에 비해 현저히 제한된 숫자에 머물고 있어 여성이 과학기술자로서 포부를 확대해 나가기에는 전통적 성역할에 의한 여성으로서의 진로 포부 제한, 가사노동과 자녀 양육 부담의 증대, 성별 분업 예측 등으로 인한 제약이 나타나게 된다.

이와 더불어 북한 여성은 노동자로서 역할뿐 아니라 노동자의 어머니로서 역할을 감당해야 하며, 여성과 남성의 전통적 성역할 위계와 역할 구분으로 가정 내에서 가사노동을 모두 겸해야 하는 이중 삼중의 역할고를 겪게 된다. 더욱이 경제 위기가 가중되는 1990년대 중반 이후에는 가족경제를 책임지는 주체로서 여성의 역할이 중요해지면서 여성은 비공식적 영역에서 경제활동 부담이 더욱 커져갔던 것으로 알려지고 있다.

이와 같은 어머니 세대에 대한 자녀 세대의 역할 인식은 '여아'의 사회화 과정에서 제한된 기대(expectation of situational constraints) 수준으로 자리잡을 수 있어, 진로 포부 수준이 제약될 수 있다. 현실적으로도 아동, 청소년기의 '딸'이 '아들'에 비해 경제활동을 하는 '어머니'를 대신해 가사노동에 치우칠 가능성도 있어 학업에 매진하기에 실질적으로 여의치 않은 상황도 고려해 볼 수 있다.

44 이재경 외, 『여성학』(서울: 미래 M&B, 2007), 280쪽.

45 1972년 헌법에 명시한 "녀성들을 가정일의 무거운 부담에서 해방하며"라는 문구를 1998년 개정 헌법에서 삭제하게 된다.

둘째, 이와 더불어 북한에서도 최근 형성되고 있는 '교육 자본'의 격차에서 오는 여성 교육 기회의 배제와 여성 간의 격차 발생도 생각해야 한다. 2000년대 들어 비공식 부문에서 주민들의 경제활동이 확대되면서 경제적 부를 획득한 자와 그렇지 못한 자 간의 간극이 심화되었다. 부모 세대의 경제적 격차는 자녀 세대까지 전이되어 교육 기회의 격차로 나타나기도 했다. 부모 세대가 획득한 부는 대학 진학에서 이른바 '뽄트(TO)'를 얻기 위한 뇌물이 될 뿐만 아니라, 실력 향상이 필요한 교과목에 대한 '과외비'로 지출되면서 자녀 세대의 교육 기회가 부모 세대의 재력으로 가름되는 현상이 북한에도 등장하게 된 것이다. 여기서 생각해 봐야 할 것은 한정된 자본에서 '아들'과 '딸' 중 누구에게 투자할 것인가이다. 최근 들어 비공식 부문에서 여성의 경제활동이 늘어나면서 오히려 남성보다 가정 경제를 책임져 나가게 되고 여성의 역할 변화와 더불어 지위 상승도 기대된다. 그러나 공식적 영역에서 남성의 가족 '대표주자'로서의 역할 기대는 여전하다. 따라서 한정된 자본이 '딸'보다는 '아들'에 집중되는 현상이 나타나고, 이로 인한 교육 기회에서도 젠더 불평등이 구조화되어 가고 있다.

셋째, 식량난으로 인한 영양실조의 확산은 일시적인 건강 악화의 초래뿐 아니라 영유아기 영양 부족으로 인한 지적 능력과 신체 발달 저하와 같은 만성적인 건강 장애를 유발하고 있다. 이와 같은 문제는 북한 내에서도 취약 계층에 머물고 있는 주민과 여성, 아동들에게서 더욱 우려된다. 따라서 과거 정치적 '성분'에서 '실력' 중심으로 고등교육 입학 허가가 확대된다 해도 정신·육체적 건강이라는 인적 자원의 경쟁력이 취약한 이들에게 얼마나 평등한 교육 기회로 작용할 수 있겠는가라는 질문을 던질 수 있다. 이는 남성과 여성 모두에게 해당되는 문제이다. 더구나 여성은 임신과 출산[46]이라는 과정에서 영양실조를 겪게 될 경우 남성에 비해 건강을 해칠 우려가 더욱 치명적이며 만성적 건강 악화로 이어질 수 있다는 점을 우려하지 않을 수 없다. 임산부의 건강은 태아는 물론 모성 건강을 해치게 되어 출산 과정이나 출산 이후 남성에 비해 경제활동을 할 수 있는 인적 자원을 상실하게 될 수 있다는 점이다.

넷째, 과학기술자 내지 전문가가 과연 얼마나 의미 있는 직업으로 다가올 수 있을 것인가이다. 앞서 서술했듯이 『조선녀성』을 통해 2000년대 들어 과학기술에 대한 소개와 대표적 인물들에 대한 소개가 이전 시기에 비해 늘어나고 있는 것을 비롯해 국가정책에서 과학기술 인재 양성의 중요성을 공표하고 있다. 또한 과거에 비해[47] 2000년대에 들어서면서 과학기술 인재에 대한 보수나 사회적 인식도 제고되고 있는 것으로 알려지고 있다.

46 제3, 4기 통합보고서에 따르면 2006년 현재 6.3%가 미숙아, 19.5%가 저체중, 34.0%가 만성영양장애, 6.1%가 급성영양장애인 것으로 나타나고 있다. Committee on the rights of the child consideration of reports submitted by states parties under article 44 of the convention, DEMOCRATIC PEOPLE'S REPUBLIC OF KOREA, The combined third and fourth periodic reports of States parties due in 2007 10 December 2007 CRC/C/PRK/4 15 (January 2008), p. 44.

지수(Indicator)	2000년	2004년	2006년
미숙아(low birth weight) (%)	6.4	6.4	6.3
저체중 (%)	27.9	23.4	19.5
만성영양장애 (%)	45.2	37.0	34.0
급성영양장애 (%)	10.4	7.0	6.1

47 1990년대 후반에 탈북한 북한 과학기술 분야 출신자들에 대한 인터뷰 기사를 읽어보면 당시까지도 과학자들에 대한 대우에 대해서는 회의적인 반응을 보인 바 있다. 1999년 탈북한 김호일(가명)은 북한에서 고등전문학교 교사 생활과 14년간 사료 연구를 했는데, 당시 일반 사무직 노동자와 비교했을 때 과학자들의 대우가 특별하지 않았다고 한다. 권오국 · 김호일, 「돈만 있으면 박사까지 다 할 수 있다」, 『통일한국』, 2007년 7월호(통권 제283호), 88-91쪽; 평성과학원 기계제작연구소 실험공이었던 1997년 탈북한 박호삼에 의하면 대학생들만 과학자들의 실력을 인정하고 존경할 뿐이지 일반 주민들은 '높게 보지 않는다.' 북한에서 과학자는 지식은 많고 선량하지만 경제력이나 권력이나 발언권이 없기 때문에 일반 주민들도 우습게 본다는 것이다. 「북한 과학자들의 생활: '과학자에 대한 사회적 존경도 낮다'」(탈북인사 대담 28, 『통일한국』, 1998.9).

그러나 '실력'으로 선발된 이들이 과학기술 분야의 정치 엘리트로까지 성장할 수 있느냐에 대해서는 아직까지 '정치'적 한계가 큰 상황이다. 북한은 내각의 경제 부문 상(相)에 공학 계열 전공자가 상당수 분포되어 있으나 '정치'적 고려로 인해 잦은 교체가 이루어지고 있으며, 선군정치를 표방한 북한 체제의 특성상 과학기술 엘리트들이 핵심 고위층으로 성장세를 유지하기에 한계가 있다. 더군다나 여성의 경우 남성에 비해 고위직 진출이 제한적인 상황이다. 2008년 2월 발표된 북한인권특별보고관 문타본의 보고서[48]에서도 북한 여성의 핵심 고위직 진출의 제한이 지적된 바 있다.

2009년도 헌법 개정에서는 선군정치가 사상으로써, 정치 체계에서 명실상부하게 천명됨으로써 군 중심의 정치사회적 통치가 강화될 것이 예고된 바 있다. 이와 같은 군부 중심의 정치 체계와 사회구조 속에서 여성이 과학기술 인재가 되기 위해 앞에서 언급한 여러 가지 한계를 극복해 나가려는 포부 수준을 얼마나 확대해 나갈 수 있을지 생각해 볼 필요가 있다.

북한은 경제난으로 인해 하드 시스템이 부족한 상황에서 과학기술 인력을 통해 소프트웨어 개발을 비롯한 과학기술 발전을 도모하고 있다. 그러나 지금까지 살펴본 여러 가지 현실적 제약 구조는 북한 주민, 특히 여성이 부딪치는 '한계'인지도 모른다. 그것은 개인적인 차원에서의 문제일 뿐만 아니라 북한 당국이 과학기술 인재 양성을 통해 '강성대국'으로 '단번 도약'하겠다는 전략 달성을 위해 극복해야 할 과제임을 동시에 의미한다.

48 Report of Mr. Vitit Muntarbhorn, Special Rapporteur on the situation of human rights in the Democratic People's Republic of Korea, "Human Rights Situation that Require the Council's Attention." United Nations General Assembly, A/HRC/7/20, 15(February 2008).

참고 문헌

김귀옥 외, 『북한 여성들은 어떻게 살고 있을까』(서울: 당대, 2000).

김유향, 「북한의 정보와 교육」, 북한연구학회 편, 『북한의 교육과 과학기술』(서울: 경인문화사, 2006).

민무숙 · 안재희, 『북한의 여성교육에 관한 연구』, 한국여성개발원, 2001 연구보고서 220-2.

박찬모, 「북한의 과학기술과 여성: 정보기술(IT)을 중심으로」, 이화여대 한국여성연구원 주최 '북한 사회와 북한 여성 이해를 위한 워크숍: 북한의 과학기술과 여성,' 2005년 3월 31일.

신효숙, 「북한 고등인력의 양성과 발전(1945-1960)」, 북한연구학회 편, 『북한의 교육과 과학기술』(서울: 경인문화사, 2006).

_____, 「북한교육과 여성」, 평화를만드는여성회, 움직이는 여성통일학교 '2006, 남과 북의 만남을 준비하는 여성들' 자료집.

양문수, 『북한경제의 구조: 경제개발과 침체의 메커니즘』(서울: 서울대학교출판부, 2001).

이금순 외, 『2009북한인권백서』(서울: 통일연구원, 2009).

이재경 외, 『여성학』(서울: 미래 M&B, 2007).

이종림, 「북한의 과학기술정책 및 IT산업 현황」, 정보통신산업진흥원.

이춘근, 「과학기술 체제 개혁」, 북한연구학회 편, 『북한의 교육과 과학기술』(서울: 경인문화사, 2006).

이홍렬, 『*TTA Journal*』, No. 122(March · April 2009).

주디스 로버, 최은정 · 임소희 · 임혜련 · 정광숙 옮김, 『젠더 불평등: 페미니즘 이론과 정책』(서울: 일신사, 2005).

줄리아 우드, 한희정 옮김, 『젠더에 갇힌 삶』(서울: 커뮤터케이션북스,

2006).

최현규, 「내가 접했던 북한의 과학과 과학자들」, 과학에세이, 계간 『과학사상』(2003 가을).

탈북인사 대담, 「북한 과학자들의 생활 과학자에 대한 사회적 존경도 낮다」, 『통일한국』, 1998.9.

통일연구원, 『2009 북한개요』 (서울: 통일연구원, 2009).

현대경제연구원, 『통일경제』 2001. 7 · 8.

『근로자』

『로동신문』, 「올해도 강성대국 건설의 위대한 전환의 해로 빛내자」, 1999. 1. 1.

『동아일보』, 2004년 12월 13일.

『연합뉴스』, 2001년 7월 27일; 2001월 7월 31일; 2005년 10월 16일.

『조선녀성』

Committe on the rights of the child DEMOCRATIC PEOPLE' S REPUBLIC OF KOREA, The combined third and fourth periodic reports of States parties due in 2007 10 December 2007 CRC/C/PRK/4 15(January 2008).

Report of Mr. Vitit Munatarbhorn, Special Rapproteur on the situation of human rights in the Democratic People' s Republic of Korea, "Human Rights Situation that Require the Council' s Attention." United Nations General Assembly, A/HRC/7/20, 15(February 2008).

5장 | 북한 사회보장제의 축소와 가족경제

-북한 여성의 생활과 의식 변화-

양옥경(이화여대 사회복지전문대학원 교수)
이미경(통일부 통일교육원 교수)

1. 머리말

사회주의 체제의 특징 가운데 하나는 국가가 모든 주민에게 먹고 입고 쓰고 살 수 있는 온갖 조건을 마련해 준다는 원칙 아래 의식주를 포함한 주요 생필품을 무료 혹은 무료에 가까운 가격에 배급해 주는 복지 체계를 운영하고 있다는 점이다. 북한의 사회보장제도는 국가사회보험과 국가사회보장에 의한 교육, 의료, 연금 등을 포함하고 있어 흔히 자본주의 사회에서 운용되고 있는 사회보험, 공적 부조, 사회복지 서비스를 포함한 광의의 사회복지 체계라 할 수 있다.[1] 북한은 이런 국가사회보장제도를

1 북한에는 자본주의 국가에서 실행되는 사회보험과 그 형식면에서 거의 유사한 사회보험과 함께 국가사회보장이 존재한다. 사회보험의 경우 재원은 노동자, 사무원(피보험자) 및 고용주(국가, 사회단체, 소비조합, 기업소, 사무소 및 개인)에 의해 조달되며, 국가사회보장의 경우에는 국가에 의해 재원이 조달된다. 국가사회보장은 내용면에서 남한의 공적 부조 및 사회복지 서비스에 유사하나 국가가 대상 개인의 생활을 완전 보장하는 것을 목적으로 한다는 데 차이가 있다.

북한 체제의 우월성을 나타내는 근거로 주장하고 있다.

> "국가 사회제도는 우리 인민의 행복의 요람이며 인민을 위해 복무하는 참다운 제도이며 인민대중의 통일 단결의 기치이다 ……국가는 또한 전체 인민들에게 먹고, 입고, 쓰고 살 수 있는 온갖 물질적 조건을 책임지고 보장하여 준다 ……그리고 근로자들이 창조한 모든 물질적 및 정신적 부를 전적으로 그들의 물질, 문화생활을 높이는 데 돌리고 있으며 무상치료제와 무상교육제를 통하여 누구나 돈 한푼 들이지 않고 병을 치료받으며 마음껏 공부할 수 있도록 배려하여 준다."[2]

북한의 사회복지 이념은 소위 "평등한 권리와 공정한 분배"를 주장한 마르크스의 견해에 기초하고 있으나 실제 북한 사회에 적용하는 과정에서 주체사상의 영향을 받고 있다.[3] 북한의 사회복지 이념은 본래 사회주의 체제의 이념인 평등한 권리와 공정한 분배를 지향하면서도 다른 한편으로 통치 이념인 지도자에 의한 주민복지의 확보, 즉 지도자의 은혜와 영도를 강조하고 이를 정당화하는 통치이론의 원리—사회정치적 생명체론—를 가지고 있다. 이것은 북한 사회 복지 이념이 마르크스의 사회복지 이념을 추구하고 있지만 지도자에 의한 책임과 시혜의 성격이 내재되어 있다는 것을 의미한다.[4] 이런 점에서 북한의 사회보장제도의 운영은 지도

2 과학백과사전출판사, 『조선민주주의인민공화국 국가사회제도』(평양:과학백과사전출판사, 1984), 4-8쪽.

3 이철수, 『북한사회복지』(서울: 청목, 2003), 63-66쪽.

4 북한은 복지 관련 용어의 개념에 대해 한결같이 김일성 · 김정일의 은혜 혹은 영도와 북한 사회주의 체제의 우월성을 표현하는 것으로 강조하고 있다. "사회보장제도는 경애하는 수령 김일성 동지의 인민들에 대한 어버이 사랑과 지극한 배려의 표현이며 우리나라 사회주의제도의 우월성의 표현이다……사회보험의 실시는 인민들의 물질문화적 복리를 증진시킨 데 대한 당과 정부의 커다란 배려……"(『정치사전』, 532-33쪽), "우리나라의 사회보장제에는 위대한 수령 김일성 동지와 친애하는 김정일 동지의 인민에 대한 뜨거운 사랑과 배려가 깃들어 있으며 우리나라 사회주의제도의

자에 대한 무조건적인 충성을 유인하는 요소로서 북한 체제 유지의 주요 기능을 담당한다.

그러나 이 같은 복지 체계는 1990년대 '고난의 행군'을 거치면서 상당 부분 붕괴, 작동되지 않아 북한의 주민복지—배급제, 임금, 교육, 의료, 연금—는 유명무실한 제도로 퇴색되었고, 2002년 7 · 1 경제 조치와 함께 일부 축소 · 폐지된 것으로 평가된다. 따라서 경제난 이후 북한 사회보장제도의 구체적인 파행 정도와 이것이 가족경제에 미치고 있는 영향은 매우 심각할 것으로 파악된다. 특히 가정 내 생계유지를 담당하는 여성의 생활과 의식에도 영향을 미쳤을 것으로 평가됨에 따라 여성의 의식 변화와 가족경제 변화에 미친 사회보장제도의 축소에 대한 분석은 매우 중요하다. 특히 북한의 사회보장제도가 비교적 정상적으로 가동되던 경제난 이전 시기까지 북한의 사회보장제도가 해 오던 기능과 비교하여 경제난 이후 파행을 거듭하던 시기의 북한 여성의 삶과 의식이 어떻게 변화했는지를 고찰하는 것은 매우 중요한 의의를 갖는다.

북한의 경제난은 계획경제의 붕괴와 국가배급제의 마비 등을 초래해 장마당을 비롯한 비공식 경제 부문의 성장을 가져왔다. 이런 상황에서 북한 여성은 생계전선에 내몰려 사실상 가장의 역할을 하면서 남편에게 무조건 순종해야 한다거나 가사와 육아가 전적으로 자신들의 책임이라는 인식을 재고하게 되었고, 남편도 장기간 집을 비운 아내를 대신해 가사와 양육 등에 참여하는 모습을 보이고 있다.[5] 이 같은 변화는 북한 당

우월성이 뚜렷이 표현되어 있다(『경제사전』, 678쪽). 사회과학출판사, 『정치사전』(평양: 사회과학출판사 경제연구소, 1973), 532-33쪽, 사회과학출판사 경제연구소, 『경제사전』(평양: 사회과학출판사 경제연구소, 1985), 678쪽.

5 이에 관한 자세한 논의는 다음의 문헌을 참조. 이미경, 「경제난 이후 북한 여성의 삶과 의식 변화: 탈북 여성들과 심층면접을 중심으로」, 고려대 아세아문제연구소, 『아세아연구』 제47권 2호(2004년 통권 116호).

국이 사경제의 운용을 공식 허용한 경제관리 개선 조치 이후 더욱 가속화되고 있다.

북한 당국은 2002년 경제난 이후 진행 중에 있는 분권화 · 시장화를 공인하여 임금 및 물가 현실화, 화폐 통용 범위의 확대, 기업경영 자율성 및 책임 강화, 독립 채산제 및 성과급 강화 등을 주요 내용으로 하는 '7 · 1 경제관리 개선 조치'를 발표했다. 당초 이 조치는 사경제의 통제로 중앙통제 체제를 회복하기 위한 것이었으나 부분적으로 시장경제적인 요소들의 도입을 의미하는 다양한 조치가 행해졌다. 2003년 3월부터는 평양시를 비롯한 북한 전역의 주요 도시에 대규모 종합시장을 개설하고, 주민에게 규격화된 점포와 매대를 분양하며, 개인 서비스업 및 중개업을 조직화하는 등 상업유통 부문의 활동이 활발해졌다.[6] 특히 경제난 이후 파행적으로 운영되던 국가보장의 사회복지제도는 7 · 1 조치 이후 점차 국가에서 개인, 가족의 책임으로 운영의 주체가 변화되는 양상을 보인다.

이와 같은 일련의 상황 속에 북한 여성은 생계전선에 내몰려 그들의 생활과 의식에 변화를 경험하게 된다. 경제난 이전 북한 여성은 양성 평등의 원칙 아래 사회경제 활동에 참여하면서도 남성에 비해 열등한 사회적 지위 속에 사회경제 활동과 가사와 양육 전담자로서 역할을 동시에 수행해야 하는 이중 부담을 안고 있었다. 이런 북한 여성의 현실이 경제난 이후 실질적인 가장의 역할 수행에 따라 어떻게 변화되고 있으며, 경제 개혁 조치 이후에는 또 어떻게 달라지는지를 살펴보고자 한다. 이를 위해 북한의 공식 문헌과 탈북자와의 설문 및 심층면접 결과를 교차 · 분석하여 경제난 이후 사회보장제 축소라는 북한 사회의 변화가 가족경제 운영의 핵심 주체인 여성에게 어떤 영향을 주었는지 사회보장을 가족 내에서

6 김영윤 · 최수영, 「북한의 경제개혁 동향」, 통일연구원, 『통일정세분석』, 2005-02.

해결해야 하는 그들의 삶과 의식 변화를 중심으로 고찰할 것이다.[7] 이에 대한 고찰은 북한 체제 이행(transition)과 관련하여 사회보장제도의 붕괴가 갖는 함의를 찾을 수 있을 것이다. 경제난 이후 공식적인 공급 체계가 마비되면서 자연발생적으로 형성된 시장경제를 북한 당국이 부분적으로 허용하면서 북한 사회주의 체제 내 일련의 변화가 가해지고 있다. 특히 북한 체제 유지의 주요 수단으로 기능해 온 사회보장제도의 파행과 붕괴에 따른 변화는 향후 북한 체제의 변화 여부와 그 수준을 가늠할 수 있는 하나의 척도가 될 수 있을 것이다.

2. 북한 사회복지 체제의 특징

사회복지는 모든 국민이 최적의 생활을 유지할 수 있도록 국가가 보장해 주는 제도적 장치로, 특히 인간이 위험에 처할 경우 국가가 기본생활보장과 사회보장, 교육 등을 보장해 주는 것이다.[8] 이에 따라 사회복지제도는 인간의 최소한의 욕구를 만족시키기 위한 구체적인 실천 활동과 행동방침을 말하며, 인간의 삶의 질을 체계적으로 파악할 수 있는 제1차 사회안전망(social safety net)이다. 인간 사회의 보편적 현상으로서 사회복지는 자본주의 사회에서나 사회주의 사회에서 그 동기를 상호 부조, 정치적 배려, 경제적 이익, 이데올로기 명분 등에 두고 있으며, 특히 사회주의

7 이 연구에서 탈북 여성들과 면접 사례는 이전의 연구(2002~2005년)에서 사용된 데이터를 활용하고 설문조사는 2009년 10월 이화여대 통일학연구원에서 북한 이탈주민 110명을 대상으로 행한 설문자료를 사용할 것이다.

8 사회복지는 정책적 프로그램과 서비스를 기준으로 다음과 같이 4~5개 부문으로 나눌 수 있다. 소득보장(income security or income maintenance), 의료보장(medical security or health care security), 주거보장(housing security), 사회서비스보장(social service security), 교육보장(education security) 등이다. 김상균 외, 『사회복지개론』(서울: 나남, 2002), 139-140쪽.

사회에서 사회복지는 정치적 배려, 경제적 이익, 인간중심주의 이데올로기적 명분을 지니고 있다.[9] 또한 사회주의 체제에서 사회복지는 사회주의 사회의 형성을 위한 좀 더 광범위한 계획의 일부로 정치적 기준과 정치적 공적(desert)에 연결되어 사회적 · 정치적 통제의 직접적인 수단이 되고 있다.[10] 따라서 사회주의 사회에서 복지는 노동 대중을 기존의 정치사회적 질서에 통합시켜 사회복지제도의 운영을 통해 국가는 정당성 확보와 노동력의 유인 그리고 대중으로부터의 지지를 확보하고 있다. 특히 지도자의 권위가 사회 전체에 일원적으로 편제되어 있는 북한 정치 체제의 특성에서 이 같은 사회복지의 기능은 더욱 두드러진다.

북한의 사회복지 체제는 크게 국가가 전적으로 책임지는 사회부조의 기능을 하는 의 · 식 · 주 배급제(rationing system), 무상교육, 무상치료, 사회보험, 사회보훈과 국가 소유 국영기업이 책임지는 고용, 임금, 장려금 등의 노동(기회)으로 인한 물질적 소득이 있다. 그러나 북한의 정치 체제에서 국가 책임 영역과 기업 책임 영역은 실제 통합된 형태로 존재하고 있어 북한의 사회복지 체제는 국가가 주도적으로 사회복지를 추진하는 이른바 '국가 사회복지 체제(national social welfare system)'이다. 국가 사회복지 체제는 전적으로 국가 책임하에 복지정책을 시행, 다양한 복지제도를 운영하게 되면서 사회적 · 물질적 누락 계층의 발생을 억제하는 장점이 있지만 국가의 복지 공급 능력이 장기간 저하되거나 상실될 경우 국가 책임 영역이 연쇄적으로 붕괴된다는 결함을 지닌다.[11] 이 같은 특

9 David Macarov, *Social Welfare: Structure and Practice*(Thousand Oaks, CA: Sage, 1995), pp.87–93.

10 핑커에 따르면 정치적 공적이 복지 혜택에서 갖는 상대적 중요성은 사회에 따라 차이가 많지만, 그것이 모든 사회에서 복지를 분배하는 기준의 하나로 되어 있는 것은 분명한 사실이라는 것이다. Robert Pinker, *The Idea of Welfare*(London: Heinemann, 1979), p.224.

11 이철수, 「북한 사회복지: 체제 · 제도 · 동향」, 북한연구학회 편, 『북한의 사회』(서울: 경인문화사, 2006), 211–13쪽.

성은 경제난 이후 북한의 사회복지제도의 운영이 파행을 겪으면서 국가보장의 영역이 축소·폐지되는 과정에서 잘 드러난다. 북한 사회복지 체제의 특성을 좀 더 구체적으로 살펴보면 다음과 같다.

북한 사회복지 체제를 제도별로 간단히 분석하면, 먼저 북한 주민의 제1차 사회안전망 역할을 하는 공적 부조가 있는데, 여기에 해당되는 제도가 의·식·주 배급제이다. 특히 의·식·주 배급제의 경우 공급 대상마다 각기 다른 지급 기준이 적용된다.[12] 한편 특정 대상별로 지급되는 사회복지 서비스의 경우는 아동복지 서비스인 탁아사업과 여성복지 서비스인 산전산후휴가제가 있다. 북한의 복지 체제에는 선천적 장애인에 대한 재활이나 특수교육을 위한 제도적 장치가 특별히 마련되어 있지 않지만 2003년 6월 18일 최고인민회의 상임위원회 정령 제3835호로 '장애자보호법'을 공포하여 장애인 존중과 권익 보장을 규정하고 있다.[13]

다음으로 제2차 사회안전망 역할을 하는 사회보험이 있는데, 노동자가 질병이나 산업재해 등으로 노동 능력을 상실했거나, 노동 기간을 완수한 가운데 현금과 현물을 동시에 받는 제도이다. 사회보험은 "국가가……노동재해, 질병, 부상 등으로 '일시적'으로 노동 능력을 잃은 근로자들의 생활을 물질적으로 보장해 주는 제도……자기 소득의 1%를 국가에 납부했을 때에만 적용된다."[14] 사회보험의 적용 대상이 현직 노동자이고, 급여 지급 기간은 6개월 미만인데 반해 6개월 이상의 치료가 필요한 수급자에게 지급되는 장기급여(long-term-benefit)에 해당되는 사회보장도 있다. 사회보장은 "노동 능력을 완전히 또는 '오랫동안'(6개월 이상) 잃은 근로자와 혁명과업을 수행하던 도중 사망한 근로자의 유가족에게 돌려지

12 이에 관한 자세한 내용은 다음 절에서 다룰 것이다.

13 통일연구원, 『2009 북한개요』(통일연구원, 2009), 356-57쪽.

14 사회과학출판사 경제연구소, 『경제사전』(평양: 사회과학출판사 경제연구소, 1985), 205-6쪽.

는 국가적 혜택…… 적용 대상은 항일 혁명투사들과 군인, 경비대, 사회안전원, 노동자, 사무원, 협동농장원들과 그들의 부양 가족, 기타 무의무탁한 사람들이다……자금 원천은 국가 예산자금이다."[15]

마지막으로 국가공로자에 대한 국가 차원의 보상인 사회보훈이 있다. 북한 당국은 국가적 공훈을 강조하여 복지 급여 산식을 적용할 때 노동기간과 함께 노동 기간 동안의 공훈 수준을 고려하고 있어 사회보훈은 높은 급여를 보장한다. 이로 인해 북한의 사회보장제도는 공훈을 위한 노동유인책으로 작용한다. 또한 국가사회보험에 의한 연로보장의 경우 노동기간(남자 20년, 여자 15년)을 완수하지 못한 가입자들은 일체의 현금급여가 없고 현물급여만 있으며, 산업재해보상의 경우 1~2년 이상의 노동기간을 완수한 노동자에게만 지급되므로 북한의 복지 행위는 다분히 노동자 통제의 성격을 가지고 있다.[16]

이런 점에서 볼 때 주민의 기본생활 보장을 위해 실시되고 있다는 북한의 사회보장제도는 실제 일종의 사회주의적 경제관리 측면에서 운용되고 있어 주민의 생활을 통제하는 수단으로서 국가의 시혜 혹은 사회주의 혜택으로 간주된다. 그러나 경제가 어려워지면서 국가 분배 시스템이 붕괴되고 가족이 경제적 생존을 위해 식량과 재화를 마련하는 가족 단위의 생존전략이 나타나고 있다. 이런 상황의 변화는 국가가 담당해야 할 사회복지의 책임이 가족에게 전가되고 있는 동시에 북한 주민의 생활을 통제하는 수단으로서 사회보장제도의 작동에 변화가 초래되고 있음을 의미한다. 이런 일련의 상황이 북한의 가족경제와 주민의 생활에 어떤 변화를 초래하고 있는지를 살펴보기 위해 경제난 이후 북한 사회보장제도의 구체적인 운영 실태를 고찰하고자 한다.

15 이철수, 앞의 글, 205쪽.
16 위의 글, 205쪽.

3. 1990년대 주민생활보장제도의 운영 실태

1990년대 북한의 경제난은 가장 기초적인 주민생활보장 수단인 배급제를 비롯한 연로보장, 생활비(임금), 무상교육, 무상치료 등 제1차 사회안전망의 붕괴를 초래했다. 북한의 식량배급제는 1946년 '임시인민위원회'의 결정으로 노동자, 사무원, 학생 등 한성된 계층을 대상으로 도입한 이래 국가 양곡 공급망을 정비해 나가면서 배급 대상을 점차 확대했다. 이 제도가 본격적으로 정착된 것은 1957년 11월 '식량 판매를 국가적 유일 체계로 할 데 관하여'(내각 결정 제96호, 제102호)를 통해 자유 판매제를 폐지하고 협동농장원을 제외한 일반 주민에게 전면적인 국가배급제를 실시하게 되면서부터이다. 이에 따라 일반 주민의 식량 소비는 배급에 의존했고 협동농장원들의 식량 소비는 연말 결산 분배에 전적으로 의존했다. 1957년 11월 내각 결정 제96호와 102호에 의해 농민들의 분배분을 제외한 전량의 양곡은 모두 국가 수매 대상으로 하고 있는데, 일반 주민은 동 법률에 의해 식료품 상점망(도시지역) 및 협동소비조합 상점망(농촌지역)을 통해 국가가 수매한 양곡을 할당량만큼만 구매할 수 있게 되었다.[17]

북한의 식량배급제는 계층, 직업에 따라 차등 공급되었지만 1980년대 중반까지는 주민들의 최저 생계를 보장하는 데 중요한 수단이 되었다. 그러나 1990년대 식량 공급의 부족이 심화되면서 배급제의 운영이 원활하지 못했고, 특히 1990년대 중반 고난의 행군이 시작되면서 배급제는 중단된다. 대량 아사자, 탈북자들이 발생하는 가운데 북한 주민은 점차 가계의 생계유지를 위해 농민시장과 같은 사경제활동을 통해 자구적인 생

17 홍순호 · 박준영 · 함인희, 『북한 인식과 한반도』(서울: 살림, 1999), 257-260쪽.

존 수단을 모색하기 시작했다.

또한 1990년대 북한의 경제난으로 공장 가동률이 평균 20% 대 수준으로 하락하여 국가계획 체계의 운영이 마비되면서 국가 배급의 중단에 따른 국정가격의 무용화와 시장가격의 폭등에 따른 인플레이션으로 인해 노동자들의 임금은 거의 무의미하게 된다. 북한 이탈주민들의 증언에 의하면 고난의 행군이 시작된 1990년대 중반부터 노동자들의 공식 임금이 실질 생계비에서 차지하는 비중이 적어 임금은 생활비라는 기능을 상실했다고 한다.[18] 이와같이 식량 및 생필품 국가 배급 체계의 붕괴 이후 장마당[19]의 활성화와 함께 시장 인플레이션에 따른 국가 임금의 가치 상실은 북한 주민으로 하여금 개별 가계소득, 주로 장사와 같은 방식으로 생계를 유지하게 했다. 장사가 북한 주민의 주요 생계 방식으로 자리잡게 되면서 직장에의 출근 의무가 좀 더 자유로운 가정 내 여성이 주로 장사를 담당하여 결국 가계 생계의 주 책임자로서 역할을 하게 되었다.

한편 북한의 경제난은 주민생활보장제도 가운데 하나인 각종 연금도 퇴색시켰다. 연로연금, 유가족연금, 국가공로자연금, 영예군인연금 등 북한의 연금 가운데 비교적 탈북자들이 직·간접적으로 수급을 가장 많이 경험한 연금 가운데 하나인 연로연금의 실태를 보면 경제난 이전 연로급여는 충분한 정도는 아니지만 받았었고 경제난 이후에도 한동안 간헐적으로 지급받았었다고 한다. 연로연금은 60세 이상의 남자 20년, 55세 이상의 여자 15년 이상 근무한 직장인을 대상으로 식량 배급이 중단되기 전까지 대체로 월 15~30원과 300그램의 식량을 주었고 배급이 끊긴 이

18 정우곤·이주철, 「북한 주민생활보장제도의 도시계층구조 재편」, 최완규 엮음, 『북한 도시위기와 변화』(서울: 한울아카데미, 2006), 161~63쪽.

19 장마당 혹은 농민시장은 국가계획 부문에 대해 부차적인 지위를 갖는 '합법적인' 비계획 부문으로서 농민들이 개인의 부업지에서 경작된 농산물을 판매하고 그 밖의 생필품 등이 거래되는 시장으로 북한 주민의 일상적 생계유지 활동의 중요한 장으로서 기능한다.

후에도 부정기적이지만 소량을 주었다고 한다. 한편 국가적 공훈을 강조하여 연금 급여 수준 산출 시 노동 기간과 함께 노동 기간 동안의 공훈 수준을 고려하고 있는 북한 체제의 특성에서 영예군인 및 공로훈장을 수상한 사람들은 매월 60원과 600그램의 식량을 지급받았었다고 한다.[20] 이들은 경제난 이후 배급이 끊긴 상태에서도 간헐적으로 소량을 지급받거나 혹은 통장에 기재하는 방식으로 명목상 지급받았으나 다른 연금 수급은 형식상 존재하는 것으로 간주되고 있었다.[21]

또한 경제난으로 북한 체제의 우월성을 드러내는 가장 대표적인 사회보장제도 가운데 하나인 무상치료제가 유명무실하게 되었다. 무상치료제와 의사담당구역제로 대표되는 북한 의료보장제도는 주민의 기본적인 생활을 보장하고 최적의 생활을 유지할 수 있게 하는 대표적인 사회보장제도로 간주되어 왔다. 국가 책임 원리 아래 북한의 의료보장제도는 무상치료제, 의사담당구역제, 주체적인 의학기술의 발전정책, 예방의학 중시 등을 기본 정책으로 형성, 운영되어 왔다. 무상치료제의 원칙은 최초 사회보험법에 의한 무상치료제, 전반적인 무상치료제, 완전하고 전반적인 무상치료제의 세 단계를 거쳐 발전되어 왔다. 그러나 경제난으로 의약품 공급과 의료시설의 투자 설비가 감소, 멈추게 됨에 따라 차등적인 의료 혜택이 주어지는 한편 필요한 의약품을 암시장 및 장마당을 통해 구입하거나 혹은 약초로 대체하게 되었다.[22] 이런 현상은 1990년대 이후 더욱 심화되어 모든 주민에게 무상치료제를 실시한다는 북한의 의료보장제도의 실행은 유명무실하게 된다.

20 정우곤 · 이주철, 앞의 글, 164–66쪽.

21 이철수, 『북한사회복지』(서울: 청목, 2003), 191–93쪽.

22 이에 관한 자세한 논의는 다음의 논문을 참조. 이미경 · 정우곤, 「북한 사회보장제도의 실증적 연구: 의료보장제도의 운영 실태를 중심으로」, 『북한연구학회보』 제7권 1호(2003. 10).

이같이 북한의 사회보장제도가 연쇄적으로 붕괴된 현상은 국가의 복지 공급 능력이 장기간 저하되거나 상실할 경우 국가 책임하에 운영 중인 각종 사회복지 영역이 연쇄적으로 붕괴된다는 '국가 사회복지 체제(national social welfare system)'의 결함에 따른 것이다. 앞서 언급한 바와 같이 경제난 이후 임금, 연로보장, 식량 배급, 의료보장 등 북한의 사회보장제도는 북한의 식량난이 극에 달해 공식 공급이 중단된 시점인 1995년부터 이미 마비되기 시작하다가 1997년에는 거의 붕괴된 것으로 보인다. 특히 제1차 사회안전망의 역할을 수행한 식량배급제의 붕괴와 임금 중단은 장마당의 물가 폭등으로 이어져 북한 주민의 가계생활을 더욱 어렵게 했을 뿐 아니라 국가 공급의 각종 사회보장 조치들을 개별 가정에서 해결하게 되면서 주민의 생계 부담은 더욱 가중되었다.

4. 경제관리 개선 조치 이후 북한 사회보장제도의 변화

경제난 이후 국가로부터 보장받았던 각종 사회보장 조치들을 개별 가정 내에서 해결할 수밖에 없는 상황에서 북한의 사회보장제도의 책임 주체는 점차 국가에서 가정, 개인으로 전환되고, 이런 일련의 상황은 2002년 7 · 1 조치를 계기로 더욱 공고화되는 방향으로 나아갔다고 할 수 있다. 7 · 1 조치는 경제난 이후 진행되고 있는 북한 사회의 변화를 부분적으로 공인하여 임금 및 물가 현실화, 화폐 통용 범위의 확대, 기업 경영의 자율성 및 책임 강화, 독립채산제 및 성과급 강화 등 자본주의적인 경제 요소의 일부 허용을 통해 중앙통제 체제를 회복하기 위한 것이었다. 즉 7 · 1 조치는 이미 시장 확대라는 변화가 진행된 현실을 일부 수용하는 조치임과 동시에, 변화를 관리하고 안정을 도모하기 위한 것이었다. 북한의 사회복지제도와 관련해 이 조치는 경제난 이후 국가보장 사회복지제도의 와해로 인해 야기된 일련의 상황 등이 배급제의 단계적 축소·폐지와 사회보장의 축소 등으로 공식화되는 것을 의미한다. 좀 더 구체적으로 경제관리 개선 조치 이후 북한 사회보장제도의 변화를 살펴보면 다음과 같다.

북한의 7·1 조치는 경제 관리개선 조치의 일환으로 추진되었으나 사회복지 체제의 변화를 배태하고 있었다. 7·1 조치가 표방하고 있는 임금 인상, 식량 및 생필품 인상, 의·식·주 공급제의 사실상 포기, 차등임금 지급, 환율의 현실화, 공장·기업소의 책임경영 강화, 사업장의 실적제 도입 등의 내용들은 이를 적용·추진해 나가는 과정에서 북한의 사회복지 이념의 변화와 함께 복지 분배 그리고 그에 대한 북한 주민의 생활과 의식의 변화를 가져오게 했다.

7·1 조치 이전의 경우, 북한 노동사의 임금은 소위 표준 임금제를 적용하여 직업별 차등 분배를 추구했지만, 조치 이후 임금에 대한 분배는 각 직업별로 차등 인상함으로써 과거 분배 평균주의의 원칙에 따른 모순을 제거하고자 했다.[23] 7·1 조치의 임금 인상에 대해 북한은 "이번 생활비의 인상은 직종과 경제 부문에 따라 차별적으로 진행되었다는 것이 특징이다. 직접적 생산에 종사하는 노동자와 과학자, 기술자, 교육자들의 생활비는 19배로 높아진 반면, 비생산 부문 종사자인 사무원이나 지도관리일군(관리자급)들의 생활비 인상폭도 7배 정도로 정해졌다. 또한 탄부들과 같은 사노동에 종사하는 노동자들의 경우에는 20~30배로 인상했다. 농민들의 보수도 한 달 환산으로 평균 2,300원 정도가 되게 수매가격 수준과 각종 지표를 정했다고 한다. 이것을 우리나라에서는 생산자 우대원칙에서 차이를 두도록 했다"고 설명하고 있다.[24] 이 같은 조치는 임금과

23 남성욱, 『7·1 경제관리 개선 조치의 평가와 향후 전망』(서울: 고려대 북한학연구소, 2003), 제4회 국제학술세미나 발표집, 31쪽.

관련해 노동의 양과 질이 높은 사람은 정치 · 경제적으로 그에 상응한 평가를 받게 하여 기존의 분배 평균주의를 배제하고자 한 것으로 7 · 1 조치 이후 각 공장 · 기업소의 실적 평가는 '벌어들인 수입'을 기준으로 실시되어 수익성이 양호한 공장 · 기업소들은 상대적으로 더 많은 수익을 분배, 노동자에게도 추가 임금(상여금)을 지급하도록 함으로써 사업장별 · 노동자별 임금의 능력급을 강화했다.[25] 이것은 차등 임금 인상과 더불어 추진한 평균주의 분배의 포기와 노동 기술과 능력, 성과에 따른 분배로 인해 임금의 격차가 나타나는 것을 의미한다.

한편 7 · 1 조치와 관련 북한의 가격제정국[26] 관계자는 "자기가 받은 노임으로 살림살이의 모든 문제를 풀지 않으면 안 되게 되니 누구나 '실리'라는 문제를 자기 생활과 결부하여 생각하게 되었다"라고 했다.[27] 이는 노동자 각 개인이 자신들의 생계유지에 대한 책임을 부담해야 된다는 것으로서 국가에서 개인 및 가족으로 주민복지에 대한 책임 주체가 변화되는 것을 의미한다. 이 같은 북한 사회복지 체제의 변화는 이미 7 · 1 조치에 앞서 2001년 10월 3일 김정일의 지시 사항에 드러나 있다.

> "사회적으로 공짜가 너무 많다. 국가 예산에서 비생산적인 지출이 생산적 지출보다 더 많았다. 그 가운데서도 공짜로 나가는 몫이 무려 74%나 되었다 ……결국 지난 시기 사회주의 분배 원칙이 바로 실시되지 못하고

24 『조선신보』, 2003.1.29.

25 남성욱, 앞의 글.

26 북한의 가격 제정은 기관 · 기업소가 자의적으로 값을 올리거나 내리지 못하도록 엄격히 통제하기 위해 내각 국가계획위원회 산하 가격제정국이 담당해 왔다. 통상 북한에서 가격의 제정은 공장 · 기업소가 제출한 가격 제정 신청서를 해당 가격제정기관이 심의해 비준함으로써 이루어진다. 대개 중앙공업기업소에서 생산되는 중요한 제품의 가격은 중앙가격제정기관이 단독으로 정하고, 지방공업기업소와 중앙공업기업소의 생활필수품 직장(생산 단위)에서 생산되는 공업제품은 지방가격제정기관이 제정한다.

27 『조선신보』, 2002.7.26.

사회적으로 공짜와 평균주의가 지나치게 많다 보니 그것이 사람들 속에 건달풍을 조장시키고 근로자들의 노력적 열성을 떨어뜨리게 했으며, 나아가서 국가 예산에서 적자가 계속 생겨 나라의 경제가 활성화되지 못하고 사회주의제도의 우월성을 보여 주는 사회적 시책들도 바로 실시할 수 없게 되었다……지난 시기 노동자, 사무원들의 실질 생계비에서 식량값이 차지하는 몫은 불과 3.5%밖에 되지 않았다. 하루만 일하면 수달 식량을 사 먹을 수 있기 때문에 구태여 애써 일하지 않고서도 살아가게 되어 있었다. 일할 수 있는 가정부인들이 사회에 진출하지 않고 일부 근로자들이 생산활동에서 열성을 내지 않는 이유가 바로 여기에 있었다. 특히, 최근 몇 년간에 국가가 식량을 제대로 공급하지 못하게 되자 많은 사람이 이미 가지고 있던 직업마저도 버리고 장사나 하면서 자기 개인의 잇속을 채우는 데로 나갔다."[28]

이 문건은 국가 의존도의 축소를 암시하는 것으로서 기존 북한 사회복지 체제의 변화를 예고한다. 실제 7 · 1 조치로 인해 임금 상승과 가격 현실화, 의 · 식 · 주 공급제의 점진적인 폐지와 함께 국가사회보험과 국가사회보장의 축소 현상이 나타나 경제난 이후부터 각자 개인적인 수입만으로 생계를 유지하고 있던 북한 주민의 생활고는 더욱 악화되었다.

우선 7 · 1 조치 전후를 중심으로 북한 주민의 제1차 사회안전망 역할을 담당했던 의 · 식 · 주 배급제와 관련하여, 구체적인 급여 종류와 수준을 간략히 살펴보면 다음과 같다. 식량의 경우 7 · 1 조치 이전의 주식은 쌀 1kg당 52전, 잡곡 30전을 보조했다. 또한 1,000~1,200세대마다 배치된 배급소에서 15일 단위로 식량을 월 2회 배급하는 반면 부식은 수시로

28 신지호, 「7 · 1 경제관리 개선 조치의 평가와 전망」(서울: 북한연구학회 학술대회발표집, 2002), 69-70쪽.

구입할 수 있었다. 그러나 1970년대 초 식량 부족이 시작되면서부터 북한 당국은 전쟁 비축미라는 명목으로 기준 배급량에서 12%를 공제해 오다가, 1987년부터는 애국미라는 명분에 따라 추가로 10%를 더 공제하여 배급했다고 한다. 1990년대 중반부터는 지속된 자연재해 등으로 식량 부족이 심화되면서 이런 감량 배급조차 시행할 수 없어 지역별, 기관 · 기업소별로 식량을 자력으로 조달한 적도 있다.[29]

7 · 1 조치 이후 북한 당국은 물가 조정 및 임금 상승 등을 통해 저가의 공급정책을 포기, 실질적인 폐지를 추진하고 있으나 주민의 기본 생활을 보장하기 위한 배급제에는 변함이 없다고 언급한다. 식량문제에 대해 북한은 공식적으로 "쌀 가격의 실세에로의 접근은 수매가격과 판매가격의 두 측면에서 중요한 의미를 가진다. 우선 수매가격을 실세에 접근시킨 것은 단적으로 말해 농민들이 쌀을 '농민시장'에 내놓지 않고 국가에 판매해도 '손실'을 입지 않도록 했다는 것이다. 다시 말해, 농민들에게 쌀을 국가에 판매해야 할 행정적 의무와 함께 실효성 있는 물질적 동기를 부가한 것이다. 이것은 쌀을 비롯한 주요 알곡과 기초식품에 대한 '배급 체계'를 유지하기 위한 조치임이 명백하다. 즉 가장 기본적인 식생활에 대해서는 국가가 계속 장악하고 책임진다는 의도를 엿볼 수 있다"[30]고 언급한다.

그러나 북한의 의도와 달리 식량문제는 7 · 1 조치의 시장가격화로 인해 주민 가계에 적지 않은 부담으로 작용하게 되었다. 7 · 1 조치에는 임금 상승도 있었지만, 쌀 1kg에 43원으로 약 538배 인상되는 등 식량과 각종 생필품 등 전체 품목의 가격이 평균 25배 정도 인상되었다.[31] 7 · 1 조치로 인한 식량과 생필품가격 등 소비품과 공공요금의 인상 등 국정가

29 이철수(2006), 앞의 책, 238쪽.

30 『조선신보』, 2003.1.22.

격의 상승은 임금 인상의 기능을 상쇄하여 북한의 식량 배급은 과거와 달리 공적 부조의 기능을 상실했다. 의복의 경우 7 · 1 조치 이전에는 대상에 따라 지급 기준을 달리하여 무료 혹은 염가로 제공됐지만 7 · 1 조치 직후에는 의류뿐만 아니라 소비재 가격이 대폭 인상되어 속옷과 생활용품의 경우 각각 100배와 20~14배로 인상되었다.[32] 이것은 본래 북한의 무상 공급과 저가 공급정책과는 거리가 있는 것이다. 주택의 경우도 아파트와 2~3세대용 연립주택 형태로 거주자의 사회적 신분이나 계층에 따라 각각 달리하고[33] 있으나 주택 임대료의 경우 7 · 1 조치 이전에는 월 생활비의 0.3%를 부담했고, 협동농장원의 경우 무상으로 임대료를 보조해 주었으나 7 · 1 조치 직후에는 평양지역을 기준으로 1㎡당 월 2원의 임대료를 지불하고, 특히 겨울의 난방비를 계산해 볼 때, 통상 월 20원을 부담해야 했다.[34] 이와같이 큰 폭으로 상향 조정된 식량가격과 소비재 · 공급물품의 현실화 등 7 · 1 조치 이후의 배급제는 분배 평균주의가 아닌 개인의 능력에 따른 구입으로서 과거의 공적 부조의 기능과는 큰 차이를 지닌다.

31 이에 관한 세부 내용은 다음의 자료를 참조. 북한 내부자료, 「노동자 생활비 표준표」, 2002년 10월 북한현지조사, 남성욱, 앞의 글, 25-26쪽.

32 예컨대 노동자는 1년에 1~2벌 작업복을 무상으로 지급받고, 학생은 1년에 2벌 염가로 지급되는 반면 기사와 교원은 3~4년에 한 번 양복 1벌이 염가 지급되고, 시 · 군지역의 당 비서, 시 · 군 인민위원회 부위원장, 2급 이상의 기업소 당부비서 · 지배인 · 기사장급은 2년에 1회, 양복 1벌이 반액 공급된다. 이철수(2003), 앞의 책, 138-9쪽.

33 구체적으로 열거하면 특호 주택의 경우 단독 고급주택으로 당 · 정 부부장급 이상 고급간부와 군 장성이 거주. 4호 주택의 경우 신형 고급 아파트로 중앙당 과장, 정무원 국장, 공훈 예술인, 대학교수, 기업소 책임자들이 거주. 3호 주택의 경우 중류 단독주택 및 신형 아파트로 중앙기관의 지도원이나 도급기관의 부부장 이상 또는 기업소 부장 및 학교 교장 등이 거주. 2호 주택의 경우 일반 아파트로서 도급기관의 지도원과 시 · 군의 과장급 및 기업소의 과장급, 그리고 학교 교원과 천리마작업반 반장 등이 거주. 1호 주택의 경우 집단공영주택과 농촌문화주택 및 구옥 등이 해당되며 일반 노동자와 사무원, 협동농장원, 농촌지역 주민 등이 거주한다. 이철수(2003), 앞의 책, 139쪽.

34 『연합뉴스』, 2002.7.22.

한편 7 · 1 조치에 앞서 국가사회보험과 국가사회보장에서의 변화와 관련하여 북한은 2001년 12월 "현실적 조건에 맞게 사회보험제와 사회보장제, 정 · 휴양제, 영예군인 우대제 등 사회적 시책들을 바로 실시해야 한다"고 언급했다.[35] 이는 당초 "모든 부문, 모든 단위에서 국가사회보험제와 사회보장제를 정확히 실시하여 노동 능력을 잃은 사람과 돌볼 사람이 없는 늙은이, 어린이들에게 근심 걱정 없이 생활할 수 있는 조건을 책임적으로 보장해 주어야 합니다"[36]라는 주장과는 큰 차이를 보인다.

정률급여 원칙으로 지급되는 국가사회보험의 경우 7 · 1 조치에 따라 현금급여의 인상과 가입자의 보험료를 증가시키게 되었다. 즉 7 · 1 조치에 의해 임금에 따른 1% 재정 부담과 임금에 따른 정률급여 원칙은 수급자에게 과거에 비해 높은 재정 부담과 복지급여를 자연히 지급받게 하는 것이다. 또한 국가사회보험에 의한 현금 급여는 임금 인상만큼 상승하지만 차등 지급되는 각 노동자의 임금에 따라 향후 복지급여도 차등적으로 지급되는 형식이 되고 현물급여는 수급자에게 높은 부담을 주는 한편 노동자 개인의 수입에 따라 분배물이 결정된다. 이것은 결국 노동자 개인의 능력에 따라 복지 혜택을 받는 체제로 재편되는 것을 의미하는 것으로서 국가 책임의 북한 사회복지 체제에 변화가 가해진 것이라 할 수 있다. 이런 현상은 국가사회보장제의 경우에도 마찬가지이다. 국가사회보험과 달리 현물급여만 지급되는 국가사회보장의 경우 7 · 1 조치로 인해 6개월 이상의 장기적인 노동 능력 상실자와 노령연금의 가입 기간을 완수하지 못한 일부 노동자에게는 현물급여인 식량 공급에 문제가 발생하게 된다. 현물급여에 해당되는 식량은 전적으로 국가 책임이지만, 국가는 단지 공

35 『민주조선』, 2001.12.4.

36 경남대학교 극동문제연구소, 『김정일저작선』(서울: 경남대학교 극동문제연구소, 1991), 521쪽.

급만 책임질 뿐 공급품에 대한 구매는 가족과 개인의 책임으로 전가되어 결국 그들의 물질적 수입에 의존하게 된다.[37]

이런 점에서 북한의 사회복지 체제는 현물가격의 인상과 무상 현물급여의 후퇴와 포기 등의 7 · 1 조치로 인해 점차 '탈사회주의화'하는 경향을 띠고 있다. 7 · 1 조치로 인한 임금 인상과 식량 및 저가의 국가보조 정책 후퇴, 각종 생활용품의 가격 상승은 생계유지를 위한 일체의 비용을 전적으로 각 개별 가정 내지 개인의 능력으로 감당하게 되면서 주민복지는 국가에서 가족 · 개인의 책임으로 전환되고 있음을 의미한다. 실제 북한의 사회복지 체제에서 탈사회주의화의 경향에 대한 징후들은 2003년 9월 18일 최고인민회의 상임위원회 결정 2호로 채택된 '개성공업지구 노동규정'에 잘 드러나 있다.[38] 물론 이 같은 변화는 북한 지역 내 제한적인 개혁 개방이 이루어지고 있는 경제특구에서의 개혁 조치들로 북한 사회 전체의 의미 있는 변화로 볼 수는 없지만 적어도 경제난 이후 국가 책임의 사회보장제도의 운영 변화를 평가하자면 공식화 내지 부분적 제도화가 이루어지고 있는 것이라 할 수 있다.

이와같이 경제 개선을 목적으로 추진한 7 · 1 조치는 사회복지 체제의 변화 특히 전반적인 주민복지의 축소를 가져와 북한 주민의 가계 부담을 명백히 가중시키고 있다고 할 수 있다. 7 · 1 조치로 인한 임금 인상과 그

37 이철수(2006), 앞의 책, 242-45쪽.

38 전 7장 49조로 이루어진 개성공업지구 노동규정에 의하면, 사회보험료로 월 임금의 15%를 공단 노동자가 부담하도록 규정한 한편 무료교육, 무상치료, 사회보험, 사회보장 등 인민의 공공복리에 소요되는 별도의 사회문화시책금에 소요되는 재정도 부담하게 되어 있다. 또한 개성공단의 경우 퇴직보조금, 생활보조금, 최저임금 등 북한에 존재하지 않는 복지급여와 제도를 명문화하고 있다. (퇴직보조금의 경우 제19조 "기업의 사정으로 1년 이상 일한 종업원을 내보내는 경우에는 보조금을 준다. 보조금의 계산은 3개월 평균 월로임에 일한 해수를 적용하여 한다." 생활보조금의 경우 제29조 "기업은 자기의 책임으로 또는 양성 기간에 일하지 못한 데 대하여 종업원에게 일당 또는 시간당 로임의 60% 이상에 해당한 생활보조금을 주어야 한다.) 이 같은 제도의 도입은 북한이 사회보장의 책임을 남한 기업과 노동자 개인에게로 전가시킨 것으로서 기존 국가보장의 사회복지 제도의 변화를 공식화 내지 제도화한 것이다.

에 따른 노동자별 물질적 수입의 차이, 각종 소비품의 시장 가격화와 물가 상승, 의 · 식 · 주 공급제와 공공요금 등은 노동자뿐만 아니라 노동을 하지 않는 비노동 계층과 은퇴한 노약자나 산재 근로자의 생활보장을 더욱 더 어렵게 한다. 북한은 공식적으로는 사회복지제도를 유지하고 있으나 7 · 1 조치로 의 · 식 · 주 공급제와 국가사회보험과 국가사회보장에서 명시한 각종 복지급여는 가입자의 노동 수입에 의존할 수밖에 없게 됨에 따라 북한의 국가사회복지제도가 지향하는 사회적 안전망의 기능과 역할은 크게 축소되었다. 이 같은 결과는 북한의 사회보장제도의 운영이 더 이상 지도자의 시혜 차원이 아닌 것을 의미하므로 지도자 은혜 혹은 배려에 대한 보답 차원에서 지도자에 대한 충성, 지도력에 대한 정당성의 약화가 초래될 가능성을 배제할 수 없다.

다음으로는 7 · 1 조치 이후 북한 주민의 구체적인 생활상의 변화, 특히 이전 국가가 보장해 주던 각종 사회보장 조치들을 개별 가족 차원에서 해결하면서 이를 전담하는 북한 여성의 삶과 의식은 어떤 변화를 경험하고 있는지를 살펴보고자 한다. 이에 대한 고찰은 경제난 이후 가속화하고 있는 북한의 변화가 향후 북한 체제 이행과 관련하여 어떤 함의를 지니고 있는지를 가늠할 수 있는 중요 잣대가 될 것이다.

5. 사회보장제의 축소와 가족 경제의 변화: 북한 여성의 생활과 의식 변화

북한 주민생활과 관련하여 7 · 1 조치에서 주목되는 부분은 국정가격의 대폭 상승, 의 · 식 · 주 배급의 점진적인 폐지, 전 노동 인구에 대한 임금 인상, 각 노동자의 기술 수준에 따른 차등 임금, 각 기업소의 노동자에 대한 실적제 도입, 각종 소비품의 시장가격화 등으로 인한 사회복지의 대폭적인 축소이다. 즉 7 · 1 경제 조치로 임금은 인상되었으나 물가 인상을 따라가지 못했고 고정된 임금도 없는 상태에서 과중한 공공세금이 부과되었으며, 이전 국가보장의 의료 · 교육 등 사회보장 서비스가 각 개별 가족 차원에서 해결되면서 가족 경제 운영의 변화를 초래했다.

경제난에 이어 경제관리 개선 조치 이후 가족경제의 변화라 함은 무엇보다 가중된 생계비에 따른 생활의 어려움과 가족 경제 운영의 실질적 책임자로서 여성의 역할 부담에 따른 여성의 생활과 의식의 변화이다. 우선 생계비의 가중은 생계유지를 위한 일체의 비용을 가족경제가 담당하면서 나타나게 되었으며, 특히 이전 국가보장의 의료와 교육 등 각종 사회보장 조치들이 가족의 부담으로 전가되어 이들 비용이 가정 지출 내역 가운데 큰 비중을 차지하면서 더욱 심화되고 있는 실정이다. 국가 책임의 사회보장제도의 축소는 가족 경제 운영에서 비용 부담의 가중만이 아닌 생계 지출 내역의 변화도 초래했다. 이전에는 북한 가정의 주요 지출 내역에서 비중이 적었던 주거비와 의료와 교육비 등이 경제 개혁 조치 이후에는 식비와 의복비에 이어 의료비와 교육비가 가정 지출 내역의 주요 비중을 차지한다. 북한 이탈주민을 대상으로 경제 개혁 조치 이후 가정의 주요 지출 내역을 설문조사한 결과 식량/부식비 등 식비가 가장 큰 비중을 차지하고, 두 번째 높은 비중은 의복비이고, 다음으로 의료비와 교육비이며, 다음이 주거비(임대료/전기료)였다.[39]

이 같은 변화와 함께 경제난과 경제관리 개선 조치 이후 북한 가족경제

39 2009년 10월 이화여대 통일학연구원 특성화과제 연구 수행을 위한 탈북자 면접조사 결과에 의하면, 북한 이탈 주민 110명을 대상으로 가정의 지출 내역을 조사한 결과 식량/부식비 등 식비는 가정의 수요 지출 내역 가운데 48.6%, 의복비는 26.4%, 의료비 12%, 교육비 5.6%, 주거비 5%, 교통비 2%, 기타 3%였다.

의 또 다른 변화는 가족경제의 운영 주체가 남편에서 아내(여성)로 전환된 것이다. 경제난 이전 공장과 기업소가 비교적 정상적으로 가동된 시기에는 남편의 수입이 가족 생계유지의 주요 수단이 되었고, 여성의 수입은 전업이든 부업이든 간에 보조적인 것이었다. 그러나 공식 공급 체계가 마비되고 이런 상황에서도 작업장에 출근해야 하는 남편에 비해 비교적 이동이 자유로운 여성이 생계유지 전선에 나서면서 가족경제 운영의 주체가 되었다. 이것은 경제난 이후 장사가 북한 주민의 주요 생계유지 수단이 된 상황에서 북한 이탈주민을 대상으로 경제관리 개선 조치 이후 가족 내 시장활동의 담당자를 설문조사한 결과 가정주부가 80.4%이고 세대주(남편)가 12.5%였다는 데서 입증된다.[40]

경제난 이후 실질 가계 생계 책임자로서 역할을 하고 있는 북한 여성의 부담은 국가 책임의 보장 조치들이 가족경제의 부담으로 전가되면서 더욱 가중되었다. 실질적인 생계 부양자로서 여성은 각종 장사, 소토지 농사,[41] 산나물 채집 등과 같은 생계유지를 위한 노동뿐 아니라 경제난 이전과 다름없이 생활총화[42]와 사회 동원 등이 계속되었고, 특히 공장과 기업소가 비정상적으로 작동되면서 비교적 조직 동원이 원활한 인민반[43]과 여맹[44]의 활동을 강화시켜 여성을 도로 공사, 청소, 건설 현장 지원 등에

40 2009년 10월 이화여대 통일학연구원 특성화과제 연구 수행을 위한 탈북자 면접조사 결과.

41 소토지 농사 혹은 텃밭, 뙈기밭 농사는 협동농장이나 국영농장 이외에 집 주변의 밭이나 개인이 일군 땅에서 짓는 농사로 세대당 16~30평 기준으로 옥수수, 감자, 마늘, 고추, 시금치, 배추, 무 등을 경작하는 데 통상 소토지 농사의 생산성은 협동농장보다 높다고 한다.

42 북한 주민의 조직생활 가운데 하나로 자신의 생활을 반성하면서 결점과 과오를 스스로 비판하고 다른 사람의 잘못을 비판한 뒤 개선점을 찾는 모임으로서 조직별로 개최된다. 생활총화에는 '당의 유일사상 체계 확립 10대 원칙'을 비롯해 김일성·김정일 부자의 '교시' 및 '말씀'을 근거로 자아 비판과 상호 비판을 한다.

43 인민반은 노인이나 전업주부 등 직장이 없는 주민들이 가입하는 조직으로서 대체로 20~40세대로 구성되는데, 도시에서는 아파트 동별로 인민반을 구성하여 세대가 더 많아질 수도 있다. 인민반에서는 인민반장의 지도하에 학습회나 강연회를 조직하고 각 인민반별로 배정된 과업을 수행한다.

동원하는 한편 고아, 영예군인, 인민군대 후방사업 지원 등의 책무까지 부가시켜 이전보다 더욱 과중한 노동에 시달려야 했다.[45] "날이면 날마다 새로운 과제가 떨어지고, 종류도 많아지니 차라리 죽으라고 하는 게 낫겠다……", "어랑천 건설, 백두산 건설, 희천발전소 건설 한다고 장갑 내라지, 인민군대에 고기 지원 하라지, 충성자금 바치라지, 거기에다 이러저러한 수집사업들이 어찌나 많은지 하룻밤 자고 일어나기가 무서울 지경이다"는 하소연에서 북한 여성의 과중한 노동 부담과 그에 따른 생활고가 잘 드러난다.[46]

이같이 경제난 이후 시작된 자력 구제 방식의 생계유지를 위한 여성의 노동 부담은 각종 사회보장 서비스의 축소, 중단 등을 수반하고 있는 경제관리 개선 조치 이후 가중되면서 여성의 생활은 더욱 어려워졌다. 특히 북한 여성은 생계노동에 더해 각종 사회 노력 동원 속에 봉사, 희생 등을 특징으로 하는 전통적인 성역할을 강요받음으로써 건강이 악화된다 해도 치료조차 받기 어려운 처지로 내몰리는 실정이다.

> "내 이러다 죽는 건 어쩔 수 없다 해도, 내가 죽으면 우리 자식들은 누가 거둔단 말인가. 그것만 생각하면 자다가도 벌떡벌떡 일어난다. 빚이라

44 북한 여성의 대중조직인 '조선민주녀성동맹'('여맹')은 여성의 노동력 동원을 위한 의식화와 조직화 등 국가와 당 정책 수행을 위한 사회단체로서 1945년 11월 18일 북조선 민주주의여성동맹으로 창립된 이후 1951년 1월 남조선민주녀맹과 통합되어 조선민주녀성동맹으로 개편되었다.

45 "사회 동원은 여맹과 인민반이 맡아서 한다……. 경제난이 있으면서 집에 있는 사람들이 많고 하니까 인민반의 사업이 직장보다 크게 되었다. 이전에도 인민반 사업이 있어 파지 수매하시오, 파철 수매하시오 했지만 이제는 돈 얼마 내라, 꽃제비를 어떻게 해라, 장사를 해서 이윤이 남는 사람은 도와 주라는 것이 많다. 또한 도로 닦기, 마을 정리 등 사회 동원이 많아졌으나 돈 있는 사람은 인민반장에게 돈을 주고 동원에서 빠져 이전보다 인민반장이 어느 직장 지배인보다도 권한이 높아져 예전에는 인민반장을 하지 않으려 했지만 요즘에는 서로 하려고 한다"(혜산 출신 40대 대졸 여성).

46 「여성의 과중한 노동」, 『오늘의 북한』 300호; 「인민반장 득세에 "강성대국 문은 가두 녀성들이 여는가?"」, 『오늘의 북한』 299호.

도 내서 병원에 가 빨리 털고 일어나고 싶지만, 당장 한 끼가 아쉬운 마당 이라 가슴만 때리고 있다."[47]

물론 위와 같은 상황은 비단 여성만이 아닌 의료보장제도의 붕괴로 인해 수술비 이외에 수술에 필요한 기본 의약품은 물론 수술 후 의사와 간호원에게 인사 차원의 접대 등 엄청난 비용 부담으로 치료가 제대로 이루어지지 않는 북한 의료 현실에서 북한 주민 모두에게 해당된다. 그러나 특히 북한 여성은 생계를 책임지고 있는 상황에서 더군다나 희생을 당연시하는 전통적인 성역할로 인해 자신의 건강을 위한 지출은 엄두도 못내 이전보다 더욱 열악한 환경에 처해 있다.

경제개혁 조치 이후 북한 여성의 경제활동은 확대, 강화됐으나 사회보장제도의 축소, 폐지에 따라 이전보다 가중된 생계비와 노동 부담 속에 생계유지를 위한 장사 등과 같은 단순직이었다. 여성의 경제활동은 장사가 가장 흔한 경우이고, 그 다음이 이 · 미용, 옷 수선 등 편의봉사 부문으로, 대체로 가계 생계를 위한 것이다. 이것은 경제관리 개선 조치가 실시된 이후의 북한 사회를 이탈한 여성을 대상으로 그 시기 여성의 경제활동을 취업 사유(생계유지, 생계 보조, 사회활동의 여부)와 고용 분포(전문직, 공무원 관리자, 하위직, 단순노동직) 등의 지표를 사용하여 측정한 결과 확인된다.[48] 이에 따라 북한 여성의 경제활동 증가는 여성의 사회경제적 지위 향상과는 거리가 있으나 일정 부분 여성들의 의식 변화를 가져

47 『오늘의 북한』 298호.

48 탈북 여성들의 재북 시 직업을 편의상 전문직, 관리직, 사무직, 단순직 등으로 분류한 결과 대부분 단순직이 생계유지 활동에 종사했다(28명에서 23명). 여기서 전문직이라 함은 의사, 교사, 교수 등이고, 관리직은 정부기관은 물론이고 공장과 기업소의 간부급이고, 경리 · 부기원 등은 사무직 그리고 운전수와 접대원 등은 하위직으로 일용노동과 가내수공업, 장사 등은 단순직으로 분류했다. 이에 관한 상세한 내역은 다음의 논문, 이미경 「탈북 여성과의 심층면접을 통해서 본 경제난 이후 북한 여성의 지위 변화 전망」, 한국가족학회, 『가족과 문화』 제18집 1호(2006), 43쪽 〈표 1〉 참조.

오고 있다. 북한 여성은 경제난 이후 사실상의 가장의 역할을 수행하면서부터 가부장제 질서에 무조건 복종하는 것에 대해 의문시하는 등 의식 변화가 나타나고 있었다.

탈북 여성들의 증언에 의하면, 북한 주민은 경제난 이후부터 줄곧 장사 등과 같은 방식으로 자력 구제의 생계활동을 하면서 의식이 많이 깨었다고 한다. 이전까지는 주어진 상황을 무조건 수용하고 그 상황이 비록 부당하다고 생각되어도 당연히 따라야 하는 것으로 받아들였으나 점차 처한 상황에 대해 문제시하는 한편 이를 극복하려는 의지가 생겨나게 됐다고 한다. 이 같은 의식의 변화는 장사를 통해 특히 중국과의 무역 증대 이후 남한과 중국 등 외부세계에 대한 정보를 접하면서 촉진된 것이다. "이전에는 순응하고 살았지 극복하려는 것이 없었다. 사회적으로 풍이 그랬다. 1990년대부터 북한이 깨기 시작했다…… 중국 쪽으로 물품들이 많이 나오고 중국 쪽으로 넘나드는 사람이 많아지면서 중국에 대해 아는 사람이 많아졌다. 그러면서 자본주의 물이 들어오는 것이다."[49] 이같이 외부세계에 대한 정보 유입은 기존의 삶의 방식과 태도에 대한 회의와 비판을 야기하는 한편 이를 벗어나려는 의지까지 수반하여 탈북 시도로 이어진다고 한다.

경제관리 개선 조치 이후 북한 여성이 경험하고 있는 삶과 의식의 변화는 계층에 따라 정도의 차이는 있으나 이전 국가가 생계를 보장해 주던 시기보다 자유를 누릴 수 있고 경제적으로 발전된 상태로 보인다. 탈북 여성은 국가의 보장이 없는 상태에서 가계 생계 책임자로서 생활이 힘들었지만 동시에 경제난 이전에 비해 국가가 해 주는 것이 없기 때문에 통제로부터 어느 정도 벗어날 수 있는 자유가 있어 좋다고 생각하고 있었

49 청진 출신 대졸 40대 여성.

다. 탈북 여성들은 형식상 조직생활이 여전하고 그로부터 동원과 통제가 있긴 했지만 실제 돈만 있으면 어느 정도 피해 갈 수 있어 살기가 편해진 점도 있다고 생각하고 있었다.[50] "지금은 자유가 있고 조직생활을 한다고 하지만 그렇게 조이질 못한다. 돈만 있으면 편하게 살 수 있어 지금이 살기는 오히려 편하다."[51] 더구나 "7 · 1 개혁 조치는 우선 개인들이 자기 소유도 가지게 되고 장사도 해먹고 조금이나마 경제적인 자유도 얻었다."[52]

그러나 이와 상반되게 경제 개혁 조치는 물가 상승을 가져와 생활을 더 어렵게 만들었다고 평가하는 탈북자들도 있다. 주로 소규모 자본으로 장사를 하는 중하층 계층에게 가격 체계의 현실화, 차등 임금, 실적제 도입과 사회보장제도의 축소와 같은 조치는 생계비에 대한 부담을 가중시켜 사회적으로 빈부 격차를 심화시키는 결과를 야기했다는 것이다. "돈 있는 사람들은 더 좋게 되었고 돈 없는 사람은 남의 집 머슴으로밖에 들어가는 길이 없었다. 밑천을 작게 장사하던 것이 갑자기 대수를 올려놓으니까 그 돈을 가지고 장사를 못하게 되었다. 그럼 굶어 죽기보단 남의 집에 들어가 삯일하여 목숨은 유지한다."[53] 더구나 최근 북한 당국의 사경제활동 통제 강화 조치—40대 미만 여성의 장사 금지, 장사 물품 · 수량 제한 등과 같은 시장 통제 조치와 소토지 농사 단속 등—는 하층 여성의 생계 부양을 더욱 어렵게 하여 매춘 · 마약 등 불법적인 일로 유입되는 여성이 증가되기도 한다.[54]

50 혜산 출신 외화벌이 여성.

51 회령 출신 편의봉사직 여성.

52 함북도 출신 고등중졸 여성.

53 함흥 출신 40대 후반 여성.

54 북한은 2005년부터 시장 통제를 지속적으로 추진하여 2005년 식량배급제 실시 발표, 2006년 만 17세 이상 성인 남녀 장사 금지, 개인 고용 금지, 2007년 중국으로부터 곡물 밀수 및 협동농장 곡물 유출 엄격 단속, 비공식 무역회사 정리 방침. 장사 허용 여성 연령 40세 이상으로 제한, 시

이 같은 엇갈린 증언 속에 탈북 여성들은 경제관리 개선 조치로 생계유지에 필요한 각종 사회적 서비스를 각 가정의 능력으로 해결해야 하는 상황에서 가족경제 운영의 주 책임자로서 여성의 부담은 증대됐으나 점차 그들이 처한 상황에 대한 자각과 같은 의식 변화가 생겨났다고 주장한다. 북한 여성은 돈을 벌면서 노력과 능력 발휘를 통해 좀 더 편리한 생활이 주어질 수 있다는 것을 경험하면서 경제활동의 동기가 생계유지에서 이윤 추구와 생활의 향상을 위한 것으로 옮겨가고 있었다. 탈북 여성들은 "돈을 많이 벌고 보니까 모든 것이 잘 풀린다. 그러다 보니 돈에 욕심이 생겨……먹고 살 만해도 계속 일을 하겠다……" 등과 같이 생계문제가 해결된다 해도 생활 수준의 향상을 위해 계속 경제활동을 하겠다는 주장을 한다.[55]

또한 경제난 이후 가계 생계를 담당하면서부터 북한 여성은 점차 자의식이 생겨나 엄격한 성별 분업구조 속에 남편의 권위에 무조건 복종하는 기존의 가부장제적 질서에 대한 반감을 보이는 한편 자기 신상에 관한 것은 물론이고 가정 내 주요 사안에 대한 결정권을 행사하고자 했다.[56] "결혼을 무조건 해야 한다고 생각했는데 이제 혼자 사는 여자들이 많아지고 혼자 살아야겠다는 말도 많이 하고 혼자 사는 것이 낫다는 소리를 많이 한다"[57]라는 탈북 여성의 주장에서처럼 북한 여성은 사회보장이 제대로

장 판매 품목 및 판매가격 통제(공산품은 국영상점에서만 판매), 시장지역 외 장사 금지 및 직장 복귀 조치, 비배관리(6개월 농사: 농장의 저질 경작지를 기관/기업소에 임시 분여하는 방식, 2004년 도입) 중지. 사적 경작 엄격 단속(뙈기밭에 고율의 세금 부과), 2008년 "시장은 비사회주의의 서식장"으로 간주 2008년 신년 공동 사설에서 종합시장 폐지 예고, 신의주를 비롯한 국경지역 및 군부대 무역회사 집중 검열 이동시 1인당 식량 보유량을 10kg 이하로 단속, 2009년부터 상설시장을 폐쇄하고 10일장으로 회귀하는 지시 하달(주민 및 하층간부 반발로 6개월 보류) 등의 조치로 체제 단속을 강화하고 있다.

55 혜산 출신 대졸 여성.

56 "그 전에는 부양받아 살아 남편에게 복종하고 살았는데, 지금은 깨가지고 자기 생각으로 많이 산다"(혜산 출신 30대 후반 여성).

시행되지 않은 상태에서 양육에 대한 부담으로 아이를 하나 낳거나 아예 낳지 않으려고 하여 매년 북한 내 유치원과 소학교 학생 수와 학급 수가 줄어들고 있다고 한다.[58] 이런 현상은 경제적인 부담에서 비롯됐으나 점차 전통적인 성역할에 대한 여성의 인식 변화와도 무관하지 않다. 경제난 이전에는 결혼 · 출산 · 양육 등의 역할을 여성 본연의 임무로 받아들였으나 경제난 이후부터 각종 사회보장제도의 축소, 폐지에 따른 생계비의 부담 증대와 함께 경제활동을 통한 삶의 수준 변화를 경험하면서 전통적인 성역할을 의무가 아닌 선택 사안으로 수용하게 됐다고 한다.

결혼과 출산, 양육 등에 대한 결정이 여성 주도 아래 이루어지는 현상은 북한 여성이 자신의 생존권 문제와 직결된 것이기도 하지만, 실질적인 가장의 역할을 하면서 가정 내 주요 사안에 대한 결정 과정에 참여, 결정권을 행사하는 등 발언권이 커지고 있다는 증거이다. 이 같은 여성의 위상 변화는 여성의 의식 변화에 의한 것으로 여성은 국가와 남편 등 형식상의 가부장의 권위에 대한 무조건적 복종을 거부하는 등 기존의 윤리와 질서에 대한 저항의식을 드러냈다. "내가 힘겹게 벌어 먹이고 있으니 내가 다 챙기고 내가 마음대로 쓰겠다"는 여성이 늘어나면서 이전처럼 가부장의 권한을 행사하려는 남편과 갈등이 많아져 이혼에 이르는 경우도 많아졌다.[59] 물론 생계를 책임지지 않은 층에서도 남편이 가정의 주요 사안에 대한 결정을 일방적으로 하고 여성도 남편이 가사와 양육을 도와 주는 정도에 만족하며 생활하는 사례도 있지만 "북한이 모계사회로 돌아온 것 같다"고 할 정도로 여성들이 집안의 대소사에 관한 결정권을 행사하고 있다고 한다.[60]

57 청진 출신 외화벌이 여성.
58 함북도 출신 고등중졸 여성.
59 새별군 출신 40대 초반의 여성.

이 같은 현상은 일체의 생계 책임이 국가에서 가정, 개인으로 전환되는 상황에서 북한 여성이 가족경제권 내에서 사실상의 가장 역할을 수행하면서 남편과 국가 등 형식상 가부장의 권위에 무조건 복종을 거부하는 등의 의식 변화가 야기된 데 따른 것이다. 탈북 여성들은 장사로 인해 생활형편이 나아지고 가족경제에서 주권을 차지하게 되면서 국가로부터의 단속과 규제를 참을 수 없게 되고 "내가 왜 이렇게 살아야 하는가? 내가 내 힘으로 사는데 왜 이런 통제를 받아야 하는가"라는 저항과 비판의식이 생겨났다고 한다.[61]

6. 맺음말

북한 여성은 여타의 사회주의 체제의 여성처럼 사회노동과 가사노동의 이중 역할을 수행하면서도 양성 평등의 지위를 구축하지는 못했다. 가부장제적인 사회주의 체제 속의 북한 여성은 사회로부터 강요된 혁명적인 노동자·어머니 역할 수행에 따른 이중 노동을 당연한 임무로 받아들이고 있었기 때문이다. 이런 북한 여성의 삶과 의식에 변화를 보이기 시작한 것은 경제난 이후 여성이 실질적인 가장의 역할을 하면서이다. 앞서

60 이 같은 변화는 탈북자들과의 면접을 통해 생계를 누가 책임지고 있는가? (본인, 남편, 공동), 가사와 육아의 주된 담당자는 누구였는가? (본인, 남편, 공동), 집안의 주요 사안의 결정이 어떻게 이루어지고 있는가? (남편이 전적으로 결정한다, 여성이 결정한다, 남편과 아내가 의논을 거쳐 결정한다)-의 질문을 통해 측정한 결과에서 확인할 수 있었다. 생계 책임은 공동(23명 가운데 11명) 내지 여성 단독(23명 가운데 12명)인 경우가 대부분이었고, 육아와 가사 분담도 절반 이상의 수(23명 가운데 14명)였고 의사결정권도 남편 단독으로 하는 경우는 극소수(23명 가운데 2명)였으며, 대체로 의논하거나 여성 단독으로 하는 경우로 나타났다. 이에 관한 자세한 내용은 다음의 논문을 참조. 이미경 「탈북여성과의 심층면접을 통해서 본 경제난 이후 북한 여성의 지위 변화 전망」, 한국가족학회, 『가족과 문화』 제18집 1호(2006), 52쪽 〈표 4〉 참조.

61 혜산 출신 고등중졸 여성.

언급한 바와 같이 북한 여성은 가계 생계를 책임지면서 남편에게 무조건 순종해야 한다거나 가사와 육아가 전적으로 자신들의 책임이라는 인식을 재고하게 되었고, 이에 남편들도 가사와 양육에 참여하는 등 엄격한 성별 분업구조 속에 유지되던 기존의 가부장제 질서에 변화가 가해지기 시작했다.

북한 여성은 국가와 남편으로부터 실질적인 생계 지원을 받지 못한 상태에서 이전과 동일하게 사회노동과 전통적인 성역할 병행을 요구하는 기존의 체제 운영 원리에 점차 반감과 문제의식을 드러내 이혼과 이탈이라는 극단적인 선택을 하기도 한다. 이 같은 북한 여성의 의식 변화는 생계활동을 통한 외부 정보의 접촉과 경제행위 주체로서 자의식의 성장으로 촉진되었고, 이런 경향은 경제 개혁 조치 이후 사경제활동의 확대와 일체의 국가보장의 주민생활보장제도가 각 개별 가족의 책임으로 고착되면서 더욱 가속화되고 있다. 이 같은 북한 여성의 의식 변화는 향후 북한 여성의 지위 변화에 영향을 끼칠 수 있는 것인지 혹은 경제난에 이어 경제개혁 조치 이후 진행되고 있는 북한 사회 변화와는 어떤 관련성이 있는 것인지 경제난 이후 북한 여성이 보이는 의식 변화의 함의를 살펴보고자 한다.

이미 앞서 언급한 바와 같이 경제난 이후 북한 여성은 경제활동에 적극 참여하고 있지만 주로 생계유지 내지 보조를 위한 것이고 장사와 같은 단순노동이 주종을 이루고 있는 점에서 북한 여성의 사회경제적 지위는 이전보다 더욱 낮아졌다는 것을 알 수 있다. 이런 현상은 생계 부담을 더욱 확대시킨 경제관리 개선 조치 이후에도 크게 다르지 않았다. 그러나 가정에서 북한 여성의 위상은 가정 내 성별 분업구조가 와해되는 한편 주요 의사결정권이 남편 주도에서 아내와 의논을 하는 것으로 옮겨가는 현상이 나타나면서 이전보다 고양되고 있다. 즉 북한의 가정생활은 생계유지의 전담자로서 여성의 발언권이 점차 커지고 남편과 가사와 육아 등을 분담하는 등 가부장의 권위가 약화되는 모습을 보이고 있다. 또한 북한 여성은 실제 가장의 역할을 하면서 자의식이 생겨나 국가와 남편 등으로부터 받아 온 각종 통제와 억압에 대한 저항과 비판의식이 싹트는 한편 자신과 가족의 주요 문제에 대한 결정권을 행사하고자 하는 등의 의식 변화를 보여 준다.

특히 북한 여성의 이런 자의식의 성장은 국가 책임의 사회보장 축소와 폐지로 인해 생활보장이 지도자의 시혜가 아닌 각 개별 가정의 책임이 주로 여성의 부담으로 되면서 지도자에 대한 충성과 지도력에 대한 정당성의 약화로 이어지고 있다.[62] 이 같은 여성의 의식 변화는 탈북자들을 대상으로 경제난 이후 북한 주민의 의식 변화를 통해 북한 정치 체제의 내구력을 평가하고 있는 연구에서 행한 설문조사 결과에서도 입증된다.[63]

경제난 이후 북한의 통치 이념—주체사상—에 대한 신뢰 정도를 측정

62 경제난 이후 사회보장제도가 마비되고 있는 상황에서 북한 주민의 지도자에 대한 정당성과 충성도의 약화 현상은 탈북자들을 대상으로 한 설문조사 결과에서 잘 드러난다. 2009년 10월 이화여대 통일학연구원 특성화과제 연구 수행을 위한 탈북자 면접조사 결과에 의하면 경제난 이후 생활고에 대한 책임은 누구에게 있는가라는 질문에 대다수가 북한 당국의 선전(자연재해와 미국을 비롯한 국제사회의 제재 때문)과 달리 북한 지도자 때문이라는 의견을 표출했고(110명 가운데 93명) 사회보장 조치가 행해지지 않는 상황에서 지도자에게 충성을 해야 하는가의 질문에 다수가 충성을 할 필요가 없다고 의견을 표명했다(110명 가운데 전혀 아님이 62명, 별로 아님이 25명).

63 이 같은 결과는 통일학연구원에서 행한 연구보고서 '북한 체제 내구력 평가'에서 참조한 것임. '북한 체제 내구력 평가' 보고서는 북한 사회주의 체제의 위기 수준과 내구력을 하나원에서 교육받고 있는 북한 이탈주민 314명을 대상으로 2006년 8월 1일 및 3일에 실시한 설문조사 방법(이와 함께 2006.10.9~16까지 12명에 거쳐 심층면접 조사 병행)에 의해 평가한 것을 기초로 작성된 것으로 정권 위기 수준을 평가하는 데 5개 분야(이념, 엘리트, 경제, 통제, 대외 관계)의 15개 지표(공식 이념의 기능, 미래에 대한 비전, 엘리트 사기, 엘리트 갈등, 사적 경제 영역, 생활 수준, 사회통제. 외부 정부 유입……)를 선정하고, 36개(일상생활에서 구속력. 집단주의 명제, 미래에 대한 희망, 집단적 갈등 유무, 사적 경제 영역의 비중, 불만 표출, 남한 변화의 인지도, 곡물생산량과 외부 유입량 등등) 측정 항목으로 세분화하여 지난 10년 동안(1996~2005) 정권의 위기지수의 변화 추이 분석(각 문항에 대한 응답의 네 가지 척도, 1은 체제에 전혀 위해하지 않고 매우 안정적임, 2는 체제에 위해하지 않고 대체로 안정적임, 3은 체제에 위해하지만 정도가 낮음, 4는 체제에 대한 위해 정도가 매우 높음)하고 이를 바탕으로 향후 북한 정권의 내구력을 전망하고 있다. 이에 관한 자세한 내용은 통일연구원, 『북한 체제내구력 평가』, 연구총서 06-06) 참조.

한 결과 남성보다 여성이 김일성주의에 맞게 일상생활을 영위하지 않았다는 의견을 피력하고 있으며(여성 3.11; 남자 2.97), 국가와 정부보다는 나와 가족을 더 우선시하는 등 충성도와 집단주의 정신 실천 등이 약화되는 현상을 보인다.[64] 이 같은 현상은 여성이 남성보다 의식주를 비롯한 가족경제를 직접 책임져야 하는 상황에서 국가나 정부, 지도자가 도움이 되지 않는다는 점을 가장 절감하고 있어(여성 3.82; 남성 3.62) 국가, 지도자에 대한 불만이 높은 반면 상대적으로 가족에 대한 애정은 더 깊게 나타났다고 할 수 있다. 이런 점에서 여성은 지도자에 대한 자질 평가에서도 남성에 비해 낮게 평가(여성 3.6; 남성 3.19)했고, 현 북한 체제에 대한 신뢰도 즉 '우리식 사회주의'에 대한 믿음도 여성이 남성에 비해 약한 것으로 나타났다.

위의 설문 결과는 북한의 공식 이념인 주체사상이 내면화되지 않고 있다는 것과 북한 체제 유지의 핵심 중 하나인 지도자에 대한 정당성과 집단주의 정신이 약화된 한편 북한식 사회주의 체제에 대한 우월감도 없는 등 북한 체제 유지의 중심 가치 체계가 약화되고 있음을 입증한다. 그러나 흥미있는 결과는 기존의 북한식 사회주의 체제를 유지하고 있는 기본 이념과 사회 질서 윤리에 대해 부정적인 사고를 지닌 여성이 정치적인 반대 즉 불만을 표출하는 정도는 남성에 비해 낮게 나타났다는 점이다(남성 2.74; 여성 2.44). 이는 경제난 이후 북한 여성의 생활과 의식 변화가 가부장제적 질서에 변화를 가하는 것이긴 하나 여전히 남성 중심의 가부장적인 문화가 유지되고 있는 상황에서 북한 여성의 의식 변화의 한계를 드

64 이런 현상은 다음 탈북 여성의 주장에서 입증된다. "식량난을 겪으면서부터 모두가 사회주의라는 것이 필요없고 오직 우리 가족을 위해 먹고 살기 위해서는 우리 힘껏 해야 되겠다는 개인주의로 되었다. 국가 일은 다 제쳐놓고 직장에서 암만 나와라 외쳐도 우리가 먹고 힘이 나야 사회주의도 지키지. 당증을 빵하고 바꿔 먹고 이런 정도다"(혜산 출신의 30대 초반의 사무원 여성).

러낸 것이다.

이 같은 북한 여성의 의식 변화의 한계는 경제난 이후 북한 여성에게 나타나는 의식 변화가 이전까지 유지되어 온 가부장제에 변화를 가하는 것이었다 해도 가부장적인 요소를 완전히 탈피하지는 못하고 있다는 것을 의미한다. 여성은 가족경제를 책임지는 생계 책임자가 되면서 이전의 엄격한 성별 분업에 대한 의식은 깨어졌지만 가사와 육아를 비롯한 가정의 화목에 여성의 역할이 중요하다는 인식을 가지고 있었고, 이전처럼 남편을 섬김의 대상으로까지 인식하지는 않지만 가부장으로서 남편의 권위를 근본적으로 부정하지 않고 있었다. 심지어 일부 탈북 여성들은 이전보다 가족경제의 주체로서 역할을 하면서도 여전히 남편의 사회적 지위에 의존하려는 성향을 보이고 있었다.[65] 물론 남편의 지위와 상관없이 여자이 능력으로 경제난 이전보다 훨씬 풍족한 삶을 영위하는 여성이 생겨나기도 했다.

그러나 자력 구제 방식의 생활고에 지친 대부분의 북한 여성은 경제난 이전과 이후 모두 자기 능력껏 원하는 삶을 영위하기보다 풍족한 삶이 보장되는 남성에게 시집가서 편안히 사는 것을 꿈으로 가지고 있었다. 경제난 이전과 이후에 차이가 있다면 북한 여성이 선망하는 남편이 경제난 이전에는 간부급의 남편이었으나 경제난 이후에는 외화벌이꾼과 같이 돈을 많은 버는 남자로 바뀌었을 뿐이다.[66] 이와 같은 여성의 의식 변화의 한계

65 경제난 이후 장사와 같은 여성의 사경제활동도 남편의 사회적 지위가 이용되었다고 한다. 예컨대 보위부에 근무하는 남편을 둔 여성은 본래 부양(전업주부)이었으나 1990년대 들어서면서 남편의 권유로 사진 찍는 기술을 익혀 사진사가 되었다가 식량 공급이 끊긴 1995년부터는 외화벌이로 전업을 하게 도와 주어 생계의 어려움을 덜었다고 한다. 경제난 이후 사진사와 외화벌이는 다른 직종에 비해 수익성이 높은 것이었다고 한다(청진 거주 50대 초반 여성).

66 다음의 탈북자의 증언은 이런 상황을 입증한다. "돈 많이 버는 남자한테 시집가서 편안히 있는게 꿈이다." "장마당에 들어앉기보다는 집에서 바느질하는 것이 조금 고상하지 않나"(혜산 출신 30대 초반의 노동자 여성).

는 사회생활에서도 그대로 드러났다. 북한 여성은 생계활동 때문에 여맹과 인민반 등 조직생활에 참여하기가 힘들어졌고 또한 이전처럼 국가로부터 받는 것도 없는 상태에서 조직생활에 대한 결속감과 귀속감이 희박해졌지만 그 자체를 부정하기보다 비판받지 않을 정도로 최소한으로 그리고 생계유지 활동에 지장을 주지 않는 한도 내에서 참여했다고 한다.[67]

이와같이 경제난 이후 북한 여성의 의식 변화의 한계는 경제난 이전과 다름없이 여성의 사회 경제활동이 자의적인 선택에 의한 자아실현과는 거리가 먼 생계유지를 위한 불가피한 상황에서 행해진 것이다. 더구나 전통적인 성역할을 강요하는 사회적인 분위기 속에서 생계유지만을 위한 경제활동은 북한 여성에게 버거운 현실일 따름이었다. 여기에 여성의 능력 발휘로 고위직에 올라 성공한 삶을 영유하는 실례보다 고위직의 남편을 둔 여성이 안락하게 살아가는 사례가 더 흔한 북한의 상황에서 여성에게 생계유지라는 버거운 현실로부터의 탈피는 능력 있는 남편 잘 만나 편안한 삶이 보장되는 것이었다.

또한 경제난 이후 북한 여성의 의식 변화의 한계는 북한 체제의 특성에서 연유된 것이다. 북한은 유일 지배 체제를 구축, 유지하기 위해 가부장제적인 유교 전통의 유산을 재강화하고 이를 합리화 · 제도화하는 차원에서 교양과 학습 체계를 확립하여 북한 주민의 생활과 의식을 통제했다. 북한 당국은 가부장제적 질서에 순응하는 여성의 의식을 재생산하는 정치문화와 이데올로기 등의 정책을 운영하기 위해 가부장 여성의 사회활동을 지원하는 공식적인 법적 평등, 직장 여성에게 직업과 모성의 결합을 허용하는 사회적인 조치들과 동시에 사회활동과 전통적인 성역할의 병행

67 "인민반에서 제기되는 파지 수매, 고철 · 유리 수매, 마당 청소, 인민반회의 등에 나갈 시간이 없어 인민반장이 대신해 주었다" 등의 탈북 여성의 증언처럼 북한 여성은 사회 동원을 나가지 못할 때 돈으로 대신하는 경우가 많았다고 한다(청진 출신 30대 후반의 접대지도원 여성).

을 합리화하는 모성 이데올로기와 함께 북한 체제가 원하는 다양한 역할 부담을 성공적으로 수행하는 이상적인 여성상의 강요는 북한 여성에게 현실에 대한 비판적 의식화를 사전에 봉쇄하는 것이었다. 이에 따라 북한 여성은 사회활동에도 엄격한 성별 분업구조 속에 전통적인 성역할 수행을 당연한 것으로 간주하도록 의식화되어 경제난 이후 변화된 삶 속에서 북한과 국가 등의 가부장 지배 체제를 전면 부정하지 않는 경향을 보인 것이다.

이런 점에서 경제난과 경제관리 개선 조치 이후 사회보장제의 축소와 가족경제 변화가 초래된 상황 속의 북한 여성의 생활과 의식 변화는 향후 북한 여성의 지위 변화로 이어진다거나 혹은 기존 북한 체제의 운영 원리에 대한 전면적 비판과 이를 타개하려는 일련의 시도로 연결되는 데는 한계를 지닌다고 할 수 있다.

참고 문헌

과학백과사전출판사, 『조선민주주의인민공화국 국가사회제도』(평양: 과학백과사전출판사, 1984).

사회과학출판사, 『정치사전』(평양: 사회과학출판사 경제연구소, 1973).

사회과학출판사 경제연구소, 『경제사전』(평양: 사회과학출판사 경제연구소, 1985).

『민주조선』, 2001.12.4.

『조선신보』, 2003.1.29; 2002.7.26; 2003.1.22.

경남대학교 극동문제연구소, 『김정일저작선』(서울: 경남대학교 극동문제연구소, 1991).

김상균 외, 『사회복지개론』(서울: 나남, 2002).

김영윤 · 최수영, 「북한의 경제개혁 동향」, 통일연구원, 『통일정세분석』 2005-02.

남성욱, 『7 · 1 경제관리 개선 조치의 평가와 향후 전망』(서울: 고려대 북한학연구소, 제4회 국제학술세미나 발표집, 2003).

신지호, 「7 · 1 경제관리 개선 조치의 평가와 전망」(서울: 북한연구학회 학술대회발표집, 2002).

이미경, 「경제난 이후 북한 여성의 삶과 의식 변화: 탈북 여성들과 심층면접을 중심으로」, 고려대 아세아문제연구소, 『아세아연구』 제47권 2호(2004년 통권 116호).

_____, 「탈북 여성과의 심층면접을 통해서 본 경제난 이후 북한 여성의 지위 변화 전망」, 한국가족학회, 『가족과 문화』 제18집 1호(2006).

이미경 · 정우곤, 「북한 사회보장제도의 실증적 연구: 의료보장제도의 운영 실태를 중심으로」, 『북한연구학회보』 제7권 1호(2003. 10).

이철수, 『북한사회복지』(서울: 청목, 2003).

_____, 「북한사회복지: 체제 · 제도 · 동향」, 북한연구학회 편, 『북한의 사회』(서울: 경인문화사, 2006).

정우곤 · 이주철, 「북한 주민생활보장제도의 도시계층구조 재편」, 최완규 엮음, 『북한 도시위기와 변화』(서울: 한울아카데미, 2006).

좋은벗들, 『오늘의 북한 』 298호; 299호; 300호.

통일연구원, 『2009 북한개요』(통일연구원, 2009).

_____, 『북한 체제내구력 평가』, 연구총서 06-06.

홍순호 · 박준영 · 함인희, 『북한 인식과 한반도』(서울: 살림, 1999).

『연합뉴스』, 2002.7.22.

David Macarov, *Social Welfare: Structure and Practice*(Thousand Oaks, CA: Sage, 1995).

Robert Pinker, *The Idea of Welfare*(London: Heinemann, 1979).

6장 | 선군 시대 실현과 선군가족

최은봉(이화여대 정치외교학과 교수)
박현선(고려대 북한학과 겸임교수)

1. 머리말

1990년대까지 북한은 사회의 세포인 가정혁명화를 강조했고, 사회주의 대가정론을 내세워 사회주의 혁명을 이루고자 했다. 가정혁명화는 사회 세포인 가정을 혁명화해야 전체 사회를 혁명화할 수 있다는 논리에서 비롯된다. 가정혁명화는 가족의 정치사회화 기능을 강조한 것으로 부부혁명화와 자녀혁명화를 주요 내용으로 한다. 이때 가정혁명화의 주체는 여성이다. 여성이 먼저 혁명화한 모범을 보여야 다른 가족구성원을 혁명화할 수 있다는 것이다. 1990년대 중반부터 시작된 북한의 심각한 경제위기는 국가가 보장해 왔던 가족생활보장 시스템을 붕괴시켰고, 그 결과 가족 생계의 책임은 고스란히 가족에게 돌아갔다. 가정혁명화를 통해 단련되고 준비된 여성이 이러한 경제난 속에서도 가족의 생계를 책임지는 주체로 나섬으로써 가족의 위기를 극복하는 원동력이 되었다.

김정일 정권이 출범하면서 국가 위기 극복을 위해 선군정치를 내세웠고 그에 따라 가족의 역할에도 변화가 생긴다. 선군시대 가족은 가족 자체보다 군대와 국가를 위해 기능할 것이 요구된다. 7 · 1 조치로 가족의 생계를 가족 스스로 해결해야 할 부담이 더욱 커졌을 뿐만 아니라, 가족은 이제 군대를 원호하고 자신의 자녀를 군인으로 키우는 역할까지 짊어지게 되었다. 선군가정은 군대 원조가 우선 과제이고 다음이 자녀를 군인으로 양성하는 것이 되면서 가족의 사회적 역할이 전 시대에 비해 더욱 중요해졌다. 이러한 가족의 생계유지와 군대 원호, 자녀 양육의 책임은 고스란히 여성에게 지워지면서 여성은 이중 부담에 시달린다.

가정혁명화와 선군가정은 사회 전체 목표에 복무한다는 점에서 공통점을 가진다. 그리고 가정혁명화와 선군가정의 실현 주체는 여성이며, 가족 내에서의 성별 분업구조를 유지하고 국가 차원으로 확대하는 가부장적 특성이 나타난다는 점에서 연속성을 보인다. 또한 북한은 가정혁명화와 선군가정을 통해 가족주의를 강화하여 위기 극복과 체제 유지를 도모하고 있다.

그러나 가정혁명화와 선군가정은 세 가지 점에서 차이를 보인다.

첫째, 가정혁명화가 가족의 정치사회화 기능에 초점을 맞춘 반면, 선군가정은 가족의 사회적 역할을 강조한다. 가정혁명화가 가족구성원을 대상으로 하는 것이라면, 선군가정은 군대를 원호하는 것을 주요 목표로 함으로써 그 대상이 달라졌다.

둘째, 가정혁명화가 가족구성원의 혁명화를 통해 사회혁명화를 이룬다는 점에서 국가와 사회에 간접적인 영향을 주는 것에 비해, 선군가정은 군대 원호처럼 국가에 직접적으로 복무할 것을 요구한다. 그에 따라 여성의 위상도 달라지는데, 가정혁명화는 여성이 주체가 되어 가족구성원을 혁명화하나, 선군가정은 여성이 군대를 원호하는 보조적인 역할에 머문다.

셋째, 사회주의 대가정론과 선군가정론에서 나타나는 주요 차이점은 '군인'의 등장이다. 수령 · 당 · 인민의 삼위일체를 강조했던 사회주의 대가정론과 달리 선군가정론은 군민 일치를 강조한다. 군인의 위상과 역할이 중요해진 것이다.

이처럼 가정혁명화와 선군가정은 지속성을 띠면서 동시에 차이점을 보이고 있다. 그렇지만 가정혁명화와 선군가정에서 중요한 것은 여성의 의무와 부담이다. 가족의 생계와 선군의 의무에 대한 부담은 여전히 가족과 그 가족을 책임진 여성의 몫이다.

2. 북한 가족의 위상

1) 북한 가족의 의미와 역할

북한에서 '가정'은 "육친적으로 가장 가까운 가족들이 모여서 살림을 하는 사회의 세포"이며 "서로 돕고 이끌며 화목하게 사는 사회집단을 비겨 이르는 뜻"[1]이다. '가족'은 "주로 가정을 기준으로 부부와 부모, 아들딸들로 이루어지는 식구"[2]이자 "결혼과 가장 가까운 혈연적 관계에 기초하여 일정한 사회적 관계를 맺고 있는 사람들의 집단"[3]으로 정의된다. 이러한 가정과 가족에 대한 사전적 정의 외에 사회주의 국가로서 북한 사회에 통용되는 가족과 가정에 대한 사회적 의미가 존재한다. 사회주의 사회의 가족은 혁명의 최소 단위이자 사회적 생존의 기초 단위로 작용하며,

1 『현대조선말사전 (상)』(평양: 과학 · 백과사전출판사, 1981).
2 위의 책.
3 『철학사전』(평양: 사회과학출판사, 1985).

사회 세포로서 가족이 건강하고 제 기능을 다해야 전체 사회도 건강할 수 있다고 인식된다. 북한은 이러한 가족에 대한 인식을 공유하며 가족을 사회의 세포이자 혁명의 최소 단위로 규정하고 있다.

사회의 세포이자 혁명의 최소 단위로서 북한의 가족은 사회의 혁명을 위해 복무해야 할 의무를 부여받는다. 이는 북한이 사회 세포로서 가족의 조정적 기능을 강조하는 것으로 가족의 정치사회화 기능을 적극 수용하는 것을 의미한다. 구체적으로 북한은 가족에게 가정혁명화라는 과업을 부여하는데 이는 가족의 사회화 기능, 정치사회화 기능을 통해 사회의 혁명에 기여할 것을 요구하는 것이다. 일반적으로 현실사회주의 국가들은 사회주의 건설이 어느 정도 진행된 후에 가족 내 사회화를 강조하여 부모-자녀 관계를 강조했다. 북한도 1960년대부터 가족의 사회화 기능을 강화하기 시작했다. 가족에서의 사회화는 가족혁명화를 그 골자로 한다. 그것은 혁명화된 여성이 남편과 자녀에게 긍정적 모범을 보여 혁명적 사상으로 교육시킨다는 것이다. 이때 여성의 모범이란 '혁명적 현모양처'로서 남편에 대한 혁명적 내조를 하면서 자신도 사회주의 건설자로 사회에 기여할 뿐 아니라 공산주의 어머니, 후대들에 대한 훌륭한 교양자의 역할을 수행한다는 것을 의미한다.[4] 북한은 여성을 중심으로 한 사회화의 기능을 가족의 중요한 역할로 설정하고 있다.

1990년대에 경제 위기를 겪으면서 북한 가족에서 경제적 기능이 중요해졌다. 북한의 경제 위기는 식량을 비롯한 가족의 생활 유지를 위해 필요한 모든 물품을 가족 스스로가 해결해야 하는 상황을 발생시켰다. 그로 인해 북한 여성은 비공식적 경제활동, 즉 사경제활동에 종사하면서 가족의 생계를 책임지기 시작했다. 북한은 국가가 책임질 수 없는 부분에 대

4 박현선, 「성별 사회화 및 재사회화」, 한국여성연구원 엮음, 『통일과 여성』(이화여자대학교출판부, 2001).

해서는 가족, 특히 여성이 책임지는 것을 긍정적으로 평가하기 시작했는데 이는 당국이 '종합시장'에 개인 판매대를 허용함으로써 그동안 기관이 운영했던 유통시장에 개인 진출을 가능하게 한 데에서도 확인할 수 있다.[5] 북한은 여성이 주체가 되어 가족의 생계를 책임지는 경제활동을 수행하여 가족 단위의 생계가 유지됨으로써 경제 위기를 극복하고자 했다. 가족의 경제적 역할에 대한 강조는 경제회복기에 들어서도 여성의 가족 부양 책임을 강화하고 확대하는 방향으로 진행되고 있다.[6]

이러한 가족의 경제적 기능은 가족구성원의 생존을 위해 강조될 뿐만 아니라 선군정치를 실현시키는 과정에서 더욱 강화된다. 북한은 군대를 먹여 살려야 하는 경제적 역할을 가족에 부여하면서 '후방'으로서의 역할과 의무를 다할 것을 요구한다.

이처럼 북한에서 가족은 사회주의 혁명의 기본 수단이자 정치사회화의 장이고 위기 극복의 주체이다. 북한 가족은 혁명의 후비대를 재생산 및 사회화해야 하고, 주민들의 생존을 위한 경제적 역할을 담당해야 할 뿐만 아니라 군대를 먹여 살려야 하는 역할을 부여받고 있다. 그러한 역할을 수행하는 중심에는 여성이 있다.

2) 북한의 가족정책과 가족법

북한의 가족정책은 사회의 가장 기초 세포인 가족을 실현·보호·강화해야 할 '국가의 의무'와 사회주의 건설과 사회 재생산을 담당해야 할 '가족의 의무'를 전제하고 있다. 국가는 가족을 보호하고 가족은 사회에

5 박현선, 「북한 경제개혁 이후 가족과 여성생활의 변화」, 이화여자대학교 한국여성연구원, 『여성학논집』 제22집 1호(2005), 107쪽.

6 위의 논문, 81쪽.

복무하는 관계로 규정된다. 이에 따라 북한은 국가 주도의 가족정책을 추진하고 있다. 북한의 가족정책은 직접적 가족정책과 간접적 가족정책으로 구분할 수 있다. 전자는 가족의 사회적 역할을 유인·독려하는 정책으로, 가족의 이데올로기적 기능과 경제적 기능을 강화하는 내용을 포함한다. 후자는 국가의 가족 보호 의무를 실현하는 정책으로 가족생활보장정책으로 광의의 사회복지정책을 의미한다. 직접적 가족정책이 가족의 재생산 기능을 강화하는 정책이라면, 간접적 가족정책은 가족의 재생산 '조건'을 보장함으로써 가족의 재생산 '기능'을 돕는 정책이라 할 수 있다.[7]

북한의 직접적 가족정책 중 가족 이데올로기적 기능의 강화는 가정혁명화정책을 의미한다. 북한은 1961년 11월 6일 '전국어머니대회'에서 '가정혁명화'를 공식화하고 1971년 10월 조선민주여성농맹 제4차 대회에서 체계화함으로써 가족의 이데올로기적 기능을 강화했다. 사회 전체의 혁명화·노동계급화를 위해 가족을 혁명화할 것을 강조했다. 이때 가정혁명화의 주체는 여성으로, 여성 자신과 자녀를 비롯한 가족구성원을 사회주의적으로 혁명화해야 한다. 가족의 경제적 기능 강화 정책은 가족의 경제적 부양 의무를 강조하는 정책이다. 이는 제도적 측면과 이데올로기적 측면에서 추진되고 있다. 제도적 측면에서 1990년 10월 24일 발표된 '조선민주주의인민공화국 가족법'(이하 가족법이라 약칭)에서 가족을 사회복지 주체의 하나로 설정했고, 후견인제도[8]의 시행을 통해 가족의 경제적 기능을 강조하고 있다. 이데올로기 측면에서는 가족에 대한 관심

7 박현선, 「북한의 가족정책」, 북한연구학회 편, 『북한의 여성과 가족』(서울: 경인문화사, 2006).

8 가족법에 의하면 배우자는 노동 능력을 잃은 배우자(제19조)를, 부모는 자녀를, 자녀는 노동 능력을 잃은 배우자(제28조)를, 조부모는 부모 없는 손자녀를, 성인 손자녀는 자녀가 없는 조부모(35조)를, 형제자매는 부양 능력이 없는 형제자매(제36조)를 양육하고 부양할 의무가 있다. 위의 논문.

과 가족 부양의 중요성을 강조하면서 가족이 위기에 처했을 때 가족을 보존하고 부양해야 한다는 가족주의를 강조한다. 이러한 가족주의는 '사회주의 대가정론'과 연결되며, 하나의 큰 가족으로 인식되는 국가의 위기는 그 속에 살고 있는 인민 개인의 위기와 동일시되며, 이에 대해 인민은 사회주의 대가정의 위기를 구할 공동 책임을 지게 된다.

간접적 가족정책은 사회주의적 분배 체계에 의해 가족의 경제적 조건을 보장하는 '가족생활 보장정책'이다. 이 정책은 기본생활 보장정책과 사회보장정책으로 구분할 수 있는데, 기본생활 보장정책은 가족의 기초적인 생존을 보장하는 정책으로 생활비, 의식주 보장 등을 주요 내용으로 한다. 사회보장정책은 교육, 의료, 사회보험 등을 포함하고 있다. 기본생활보장에서 생활비는 직업과 임금을 통해 보장되며, 의식주 보장은 국가에 의해 의식주가 무료 혹은 염가로 제공됨으로써 이루어진다. 사회보장은 국가에 의해 무상으로 보장되었는데 무상 · 의무교육, 무상치료제도를 시행했다. 그리고 연로연금(남자 60세, 여자 55세 이상), 노동력 상실자에 대한 일시적 보조금, 국가공로자 및 유가족 특별생활보호, 유가족 연금, 임신 여성에 대한 유급휴가(해산 전 60일, 해산 후 90일) 등의 사회보험은 국가 부담으로 보장되었다.

그러나 1990년대 중반의 심각한 경제 위기는 북한 가족의 기본생활과 사회생활의 보장을 이루어내지 못했고, 그 책임을 가족에게 전가했다. 국가가 가족의 재생산 기능을 뒷받침해 주었던 간접적 가족정책을 보장하지 못하게 되자, 가족의 경제적 기능을 확대 · 강화하는 정책을 펼쳤다. 이러한 가족에 대한 경제적 부담을 전가하는 정책을 정당화하고 국가 통제력을 강화하기 위해 가족혁명화를 추구하는 이데올로기적 기능을 강화한 것이다. 이는 가족법을 통해 제도화되었다.

북한은 최초의 가족 성문법으로 1990년 가족법을 제정했고 1993년에

이를 수정 · 보충했다.[9] 북한의 가족법은 가족에 대한 규제를 강화하고, 가족의 부양 의무를 부여하며, 상속권을 규정한다는 점 등이 특징이다.

우선 북한은 결혼과 이혼에 대한 규제를 통해 가족을 보수적으로 유지하려 했다. 1946년 7월 남녀평등권법령에서 자유 결혼의 원칙을 천명했으나, 1946년 9월 '북조선의 남녀평등권에 대한 시행세칙' 제8조와 1995년 3월 5일 공포된 '공민의 신분 등록에 관한 규정' 제10조에서 결혼의 형식을 등록혼제로 규제하여 결혼에 대한 국가적 승인의 의미를 강화했다. 이러한 원칙은 1990년 가족법에도 그대로 적용되었다. 가족법에서는 결혼 연령(제9조, 남성 19세, 여성 17세 이상)을 제한한 다음 "국가는 조국과 인민을 위하여, 사회와 집단을 위하여 일한 다음 결혼하는 사회적 기풍을 장려한다"며 만혼을 장려하고 있다. 이혼과 관련하여 1946년 남녀평등권법령에서는 자유 이혼의 원칙을 고수했으나 이어진 남녀평등권 법령 시행세칙 제10조에서 제22조까지 이혼 절차에 관한 규정을 통해 합의이혼제와 재판이혼제가 공존하게 했다. 그러나 1956년 내각결정 제24호를 통해 합의이혼제를 폐지하고 재판이혼만 가능하게 했고, 1990년 가족법에서도 여전히 재판이혼제를 고수하고 있다. 이러한 결혼과 이혼에 대한 규제는 가족의 형성과 해체 과정에 국가가 적극 개입함으로써 가족 구조를 안정적으로 유지하여 가족의 해체로 인한 사회의 불안과 부담을 줄이려는 의도이다.

가족법의 특징 중 하나로 가족에게 부양 의무를 부여하는 것은 가족을 사회복지 주체의 하나로 설정하는 것을 의미한다. 가족의 역할에 복지 개

9 북한은 헌법에 가족법의 기본 원칙을 규정하는 것 외에, 1990년의 가족법 이전에 '북조선의 남녀평등권에 대한 법령'(1946. 7. 30), '공민증에 관한 결정서'(1946. 8. 9), '민사규정'(1986. 1. 30) 등 다양한 형식의 가족법 관련 성문법을 제정했다. 박현선, 「북한 가족법과 가족」, 『을사조약과 20세기 초의 한반도』, 제48회 전국역사학대회 발표문(2005).

념을 도입하는 것인데 배우자, 부모와 자녀, 조부모와 손자녀, 형제 · 자매 간에 부양의 의무를 규정하고 있다. 이는 상속권[10]에 대한 규정과도 이어진다. 가족법에서는 별개로 한 장을 할애하여 개인의 상속에 대해 규정하고 있는데, 흥미로운 것은 제48조에서 "법이 정한 상속인이라 하더라도 사망자를 생전에 몹시 학대했거나 의식적으로 돌보지 않은 자"에게는 상속권을 주지 않는다고 하여 가족구성원에게 존속에 대한 부양과 공경의 의무를 강조하고 있다.

이러한 북한의 가족법은 가족제도를 강화하여 가족을 체제 유지의 중요한 수단으로 활용하는 것을 목적으로 한다. 현실사회주의 국가들이 가족법과 관련 법령들을 통해 가족의 건강성을 유지하려 했다면, 북한은 더 나아가 가족의 적극적인 역할을 활용하는 가족 법령과 조치를 마련하여 국가가 책임져야 할 가족 부양의 의무를 가족에게 전가한 것이다. 북한은 체제 위기 상황에서 위기 극복을 위해 가족의 경제적 부양 의무를 강조하는 방향으로 가족정책을 수립했다. 이는 국가가 담당해야 할 가족생활 보장이 제대로 이루어지지 않는 위기 상황, 즉 절대빈곤의 상황에서 가족을 가장 효율적인 위기관리 시스템으로 선택했음을 의미한다. 또한 경제 위기로 인해 상실된 사회 통제력을 강화하기 위해 가족의 이데올로기적 기능을 더욱 강조하고, 선군사상의 실현을 위해 군대를 먹여 살리고 후원하는 후방의 기능과 군인을 재생산해내는 역할을 가족에게 부여하고 있다.

10 북한은 초기부터 상속권을 인정하여 아주 제한된 범위의 개인 소유권을 인정해 오다가, 1990년 '조선민주주의인민공화국 민법'에서 제도로서 규정하고, 1993년의 수정을 거쳐 1999년 수정 보충했다. 북한에서 인정되는 개인 소유는 민법 제2편 제4장 제58조에 의하면 개인적 · 소비적 목적을 위한 소유로서 첫째, 노동에 의한 사회주의 분배, 둘째, 국가 및 사회의 추가적 혜택, 셋째, 텃밭 경작을 비롯한 개인 부업에서 나오는 생산물, 넷째, 주민이 샀거나 상속 · 증여받은 재산 등으로 구성된다. 상속의 순위를 가족법 제46조에서는 제1순위 배우자, 자녀 및 부모, 제2순위 손자녀, 조부모, 형제자매, 제3순위 가까운 친척 순으로 상속된다고 규정하고 있다. 상속분에 대해서는 같은 순위의 상속인이 여러 명인 경우 균분하도록 하고, 배우자 등의 가산제도는 없다(제47조). 위의 논문.

3. 사회주의 대가정과 선군대가정

1) 사회주의 대가정과 가정혁명화[11]

1958년 8월 '사회주의 혁명' 완수가 선언된 후 북한 체제의 목표이자 사회주의 건설의 기본 방침은 '사회주의 완전 승리'이다. 북한은 기본 방침을 실현하기 위해 사상 · 기술 · 문화의 3대 혁명을 추진하고, 3대 혁명은 사상혁명을 중심으로 수행되었다. 사상혁명은 사회 전체의 '주체사상화' 실현을 추구하는데, 그 내용은 '혁명화 · 노동계급화'이다. 따라서 사회 전체의 '혁명화 · 노동계급화'는 북한 체제의 혁명과업이 된다.

북한은 혁명화 · 노동계급화로 주체사상화를 실현하는 사회를 '사회주의 대가정'이라고 규정하고 있다. 사회주의 대가정론이란 어버이 수령, 어머니 당, 그리고 자식인 인민대중이 사회정치적 혈연 관계로 하나의 가정을 만든다는 것이다. 북한은 주체사상적 관점에서 사회주의 대가정론을 '수령 · 당 · 인민'의 주체를 실현하는 삼위일체적 관계로 인식한다.

그러나 가부장제적 관점에서 사회주의 대가정론을 분석하면 공적 차원의 가부장제적 특성으로 볼 수 있다.[12] 이는 북한 체제를 가부장제적 사회주의로 볼 수 있기 때문이다. 가부장제적 사회주의는 가부장제라는 성체계(gender system)와 사회주의라는 체제 논리가 동시에 작용하는데,[13] 구체적으로 혁명을 통해 이룩한 평등이라는 사회주의적 원리 위에 성차

11 가정혁명화와 관련한 내용은 박현선, 「성별 사회화 및 재사회화」의 내용을 정리한 것이다.

12 가부장제적 사회주의에는 공적(public), 사회적(social), 사적(private) 가부장제라는 세 가지 수준의 가부장제가 존재한다. 사회적 가부장제는 경제, 사회, 문화적으로 존재하는 가부장제를 의미한다. 사적 가부장제는 가족에서 여성을 직 · 간접적으로 통제하는 가장에 의해 지배되는 가부장제를 의미한다. 박현선, 「성별 사회화 및 재사회화」.

13 위의 논문.

별적 가부장제의 특성이 관철되는 제도를 의미한다.[14]

공적 가부장제는 국가적 수준에서 행해지는 가부장제이다. 북한에서 공적 가부장제는 '온정적 가부장제(paternal patriarchy)'와 '사회주의 대가정'이라는 논리에 의해 유지된다. 우선 북한 권력이 자기 정당화를 위해 이용하는 이데올로기는 '가부장제적 온정주의(paternalism)'적[15] 특성을 갖는다. 가부장제적 온정주의에서 지배와 피지배의 관계는 '후원자와 수혜자'의 관계, '보살핌과 보호'의 관계[16]로 인식된다. 당은 부모로서 인민을 보살피고, 인민은 자식으로서 당의 지배를 받아들여야 하는 것이다.

이러한 가부장제적 온정주의가 북한에서는 사회주의 대가정론으로 구체화된다. 일반적 가부장제적 온정주의에서의 부모 지배가 북한에서는 아버지 수령과 어머니 당으로 세분된다. 국가는 사회라는 대가족의 구성원인 인민을 보호하고 돌봐야 할 권리와 의무가 있다.

그리고 사회주의 대가정론은 개인보다 가족이 우선이라는 가족주의를 기반으로 대가정인 국가에 우선성을 부여하게 된다. 개인보다는 그 개인이 속해 있는 가족이, 가족보다는 거대 가족인 국가가 우선하기에 인민 개개인이 국가를 위해 복무하는 것이 최우선인 것이다. 이처럼 사회주의 대가정론은 인민의 역할과 의무를 규정함으로써 수령·당·인민으로 구성되는 체제를 유지하고 형성하는 데 기여했다.

사회주의 대가정론의 현실화는 사회의 기층 단위인 가족의 혁명화 강조를 통해 이루어진다. 사회의 세포인 "가정이 혁명화되어야 나라가 혁

14 박현선, 『현대 북한 사회와 가족』(서울: 한울, 2003).

15 함인희, 「북한의 가족제도와 일상생활」, 박준영 외 공저, 『북한 인식과 한반도』(서울: 살림, 1999).

16 Janos Kornai, *The Socialist System: The Political Economy of Communism* (Princeton: Princeton University Press, 1992).

명화된다"는 것이다. 사회 전체의 혁명화를 위해서는 사회조직의 기본 단위로서 가족이 혁명화해야 하고, 가족을 혁명화할 주체인 여성이 혁명화해야 한다. 여성혁명화는 여성이 사회구성원의 절반을 차지하는 동시에 가족에서 중요한 역할을 담당하기 때문에 사회와 가족의 혁명화를 완수하려면 여성이 먼저 혁명화해야 한다는 논리로 강조된다. 이는 북한이 가족의 정치사회화 기능을 적극 수용하며, 사회와 가족에서 차지하는 여성 역할을 중요하게 여기고 있음을 의미한다. 북한에서는 가정혁명화를 매개로 가족과 사회의 관계가 형성된다. 가족은 그 사회화 기능을 통해 사회의 혁명화에 복무한다.

가정혁명화라는 개념은 북한이 지향하는 사회주의적 이념에서 나온 개념이지만 그 속에 내포된 가부장제적 특성을 분석할 수 있다.

첫째, 가정혁명화의 주체 선정과 그 선정 이유에 관한 것으로 가정혁명화의 주체는 여성이며, 그 논리는 가족 내의 성별 분업을 전제로 한다. 가족에서 자녀 양육과 교육을 여성이 담당한다는 것을 기정사실화한 채, 그 사회화의 내용을 혁명화로 채운 것이다.

둘째, 가정혁명화 속에 담긴 가족의 중요성을 강조하는 논리에 관한 것으로, 혁명의 기본 단위로서의 의의를 지닌 가족이 안정되고 혁명화해야만 사회 전체의 혁명화가 가능한 것이라고 보고 있다. 여기서 가족이 안정된다는 것은 가족구성원이 부모 혹은 자녀로서 각자의 역할을 성실히 수행하며 질서를 유지한다는 것이다. 이는 가족주의와 상통한다. 국가적 차원에서 가부장제적 온정주의는 가족적 차원에서는 가족주의로 현실화된다. 그런데 가부장제적 온정주의에서 가장의 보살핌이 강조되던 것이, 북한의 가족주의에 와서는 여성의 의무와 역할이 중요하게 제기된다.

2) 선군대가정과 선군가정

아직 경제난에서 벗어나지 못한 1998년 북한은 인민에게 희망을 주는 이데올로기로 강성대국론을 제기하고 이를 실현하는 정치 체제로 선군정치를 택했다. 이에 따라 선군과 가족, 선군과 여성에 대한 관계 설정이 필요하게 되었다. 선군가정이 공식화된 시기는 명확하지 않지만, 강성대국론과 선군정치가 제기된 1998년으로부터 4년 여의 시간이 경과한 후 거론되기 시작된 것으로 파악된다. 2002년 1월 『조선녀성』에서 「선군시대 어머니의 모습」이라는 제하의 논문을 통해 선군 · 여성 · 가족의 연관성이 구체화되었다.

선군가정은 원군사업에 물심양면으로 힘쓰고 자녀를 군인으로 키워내는 선군 시대의 가정을 의미한다. 선군 시대의 가정은 전투방호처라는 의미의 '한전호'[17]로 비유되기도 하며, 선군가정은 총대가정, 원군가정, 군인가정 등의 명칭으로도 사용된다.

선군가정에 관한 자료를 찾기 위해 『조선녀성』과 『조선중앙통신』에 실린 내용을 분석했다. 『조선녀성』은 북한 유일의 여성조직인 조선민주여성동맹의 기관지라는 위상을 갖는다. 월간지로 출간되는 『조선녀성』 분석은 김정일 정권이 공식 출범하고 강성대국론이 공식 제기된 해인 1998년 1호(1월호)부터 2009년 9호(9월호)까지를 그 대상으로 했다. 『조선녀성』은 1998년부터 2000년까지는 격월간으로, 2001년 이후는 월간으로 출간되었기에 총 123권 전체를 분석했다. 그 중 여성과 가족의 선군화와 관련된 기사가 있는 15편의 『조선녀성』의 기사 내용을 정리하면 〈표 1〉과 같다.

17 『로동신문』, 2007년 3월 8일자.

〈표 1〉『조선녀성』(1998.1~2009.9)의 선군가정 기사 내용

권호		내용
1999-3	제목	가정혁명화와 녀성들의 책임
	내용	"가정혁명화는 온 사회를 혁명화하는 기본담보이다. 사람들의 기층생활단위이며 사회의 세포인 가정이 혁명화되어야 온 사회의 혁명화가 빛나게 실현될 수 있다."(15쪽) "늙은 부모들이 여생을 값있게 보내도록 잘 돌봐주는 것도 녀성들이며 남편이 혁명사업을 잘하도록 적극 도와주고 받들어주는 것도 안해이며 혁명동지인 녀성들이다."(15쪽)
	특성	가정혁명화의 중요성과 여성의 부모 및 남편 부양의 책임 강조
2002-2	제목	선군시대의 어머니의 모습
	내용	"〈동철아, 군복을 입어야만 경애하는 장군님의 선군령도를 받드는 것이겠냐. 우리몸과 마음을 다 바쳐 경애하는 장군님의 전사들을 진심으로 도와 나서자.〉"(36쪽) "주동숙녀성은 지난 기간 가정살림살이를 깐지게 하면서 여러 가지 수많은 원호물자를 마련하여 사회주의 건설장에 동원된 인민군인들에게 수십차에 걸쳐 원호했다."(36쪽)
	특성	원호사업의 강조
2002-3	제목	선군시대에 꽃핀 새 가정
	내용	"량팔이 없고 앞도 잘 보지 못하는 영예군인을 위해 주는 일은 말처럼 쉬운 것이 아니였다."(34쪽) "하지만 이들은 특류영예군인을 잘 돌보는 것이 곧 우리 장군님의 선군령도를 진심으로 받드는 길이며 혁명적 동지애의 의리로 가득 찬 우리 사회의 대화원을 아름답게 가꾸는 길이라는 것을 명심하고 자기들의 온갖 지성을 다했다."(34쪽)
	특성	영예군인에 대한 여성들의 부양 강조
2002-6	제목	선군시대의 녀맹일군
	내용	"녀맹원들이 앓을 때 약과 별식을 들고 매일이다싶이 병문안을 간 이야기, 〈고난의 행군〉, 강행군으로 생활이 어려울 때 허리를 졸라 매며 자기 집 식량을 들고 녀맹원들의 집을 찾아간 사실, 동지들을 위해 쏟아 부은 그의 뜨거운 인정미에 대한 이야기를 하자면 끝이 없다."(38쪽) "정신도 혁명적 군인정신, 투쟁기풍도 군인들의 혁명적 투쟁기풍, 생활도 군인들처럼 락관적으로 살며 일하는 황춘애동무, 혁명군대의 지휘관처럼 말 없는 이신작칙으로 녀맹원들을 이끌어 가는 선군시대의 참된 녀맹일군 황춘애동무와 같은 사람들이 많아 온나라에 혁명적 군인정신이 나래치고 강성대국 건설이 힘차게 다그쳐지고 있다."(38쪽)
	특성	혁명적 군인 정신을 본받는 여성상 강조

권호		내용
2002-7	제목	선군시대에 꽃피는 원군가정
	내용	"그는 세 남매를 조국보위초소에 내세웠으며 인민군대를 적극 도우려는 불타는 마음 안고 원군의 길에 나섰다."(37쪽) "국가적 기념일을 맞을 때마다 집에서 길러낸 돼지를 비롯한 집짐승들과 학습장, 만년필, 세면도구, 목달개 등 갖가지 생활필수품을 정성껏 마련하여 인민군대를 원호했다."(37쪽)
	특성	군대 원호사업과 자녀의 군인화 강조
2003-2	제목	원군미풍을 높이 발휘하는 것은 선군시대 녀성들 앞에 나선 중요한 과업
	내용	"선군시대 공민적 의무에 대한 높은 자각을 가지고 녀성들은 자기의 아들딸들을 조국보위초소에 조국수호전에서 용맹을 떨친 영웅전사들, 헌신적인 투쟁으로 군사복무의 영예를 빛내인 혁명동지들을 존대하고 성심성의로 도와 주어 그들이 혁명가의 보람찬 삶을 계속 꽃피워 나가도록 했다."(26쪽) "녀성들은 아들딸들을 잘 키워 조국보위초소에 내세우는 것을 가풍으로 삼아야 하며 자기 가정을 혁명적 군인가정, 총대가정으로 만들기 위하여 적극 힘써야 한다."(27쪽) "선군시대의 혁명정신은 혁명적 군인정신을 따라 배워 녀성들은 인민군대의 사상과 투쟁기풍의 일차를 실현하고 우리 당의 선군령도를 반드는 길에서 인민군대와 생사운명을 같이하는 혁명동지가 되어 군민의 단합된 힘으로 조국을 보위하고 사회주의 건설을 다그쳐 나가는 투쟁에 적극 이바지하여야 한다."(27쪽)
	특성	군인가정, 총대가정 강조와 군인정신이 중요한 혁명정신으로 대두
2003-12	제목	선군시대의 참된 어머니
	내용	"〈병사들이야 당의 아들이자 조국의 아들이고 우리 인민의 아들이 아닙니까. 철근이는 내 아들입니다.〉"(47쪽) "황매춘동무와 이웃들의 혈육의 정 넘치는 속에 순복은 영예군인과 한가정을 이루고 혁명의 꽃을 계속 피워나가고 있다."(47쪽) "매춘동무에게는 철근이와 같은 〈아들〉들이 참으로 많다."(47쪽) "한생 군관의 안해로 살아온 매춘동무는 한생을 원군의 길에 바쳤고 그 나날 병사들은 그를 어머니라 부르며 따르고 있다."(47쪽)
	특성	원호사업의 강조와 여성을 군대의 어머니로 상징화
2004-4	제목	선군시대를 빛내가는 원군가정
	내용	"경애하는 장군님의 선군사상을 심장에 새기고 인민군대원호사업을 잘하고 있는……윤동순동무의 가정"(24쪽) "조국이 있어야 우리의 운명도 가정의 행복도 있다는 삶의 진리를 심장에 안고 원군을 잘하여 위대한 장군님의 감사를 받은……리정화동무의 가정"(24쪽) "위대한 장군님께서는 이 가정의 애국심을 귀중히 여기시여 여러 차례의 감사를 보내주시였다." (24쪽)
	특성	군대 원호사업 강조

<table>
<tr><th>권호</th><th colspan="2">내용</th></tr>
<tr><td rowspan="3">2005-11</td><td>제목</td><td>선군시대의 참된 어머니</td></tr>
<tr><td>내용</td><td>“우리식 사회주의의 생명선인 선군정치의 요구에 맞게 온 사회에 총대 중시, 군사 중시의 기풍이 차넘치게 하는데서 아들딸들을 낳아 총대병사로 키우는 우리 어머니들의 역할은 자못 크다.”(42쪽)
“원래 가정교양을 잘하여 한영의동무의 8남매는 공부 잘하고 례절 밝으며 형제간의 우의가 깊기로 학교와 동네에 소문이 나있었다. 게다가 남자애들은 체육을 잘하고 여자애들은 예쁜 목소리에 손풍금도 잘 타서 사람들의 선망의 눈길을 끌었다.”(43쪽)
“총대가정의 어머니 한영희동무를 보며 사람들은 선군조국에 사는 어머니들의 기쁨이 무엇인가를 깨닫게 된다.”(43쪽)
“한영희동무는 강제련합기업소 4월5일 공장에서 30여년간 로장으로 일해오는 남편 박웅선동무가 집걱정, 아이들걱정을 하지 않고 나라의 강철기둥을 억세게 떠받들어나가도록 하기 위해 모든 것을 다한다. 집살림살이, 아이들을 키우는 것은 전적으로 그가 맡아하고 있다.”(43쪽)
“한영희동무는 남편이 쇠물을 꽝꽝 뽑아 강철로 경애하는 장군님을 받들고 아이들이 장군님의 총대사감으로 무럭무럭 자라는데서 락을 느끼고 여기에서 선군시대 어머니의 기쁨이 커가는 소리를 들었던 것이다.”(43쪽)</td></tr>
<tr><td>특성</td><td>자녀들을 미래 군인으로 키우는 선군교육의 강조</td></tr>
<tr><td rowspan="3">2006-3</td><td>제목</td><td>선군시대 어머니의 의리를 지켜</td></tr>
<tr><td>내용</td><td>“오늘 자식을 많이 낳아 훌륭히 키워 조국 앞에 내세우는 것은 선군시대 우리 녀성들의 본분이며 숭고한 의리이다.”(34쪽)
“리경희동무는 그처럼 어려운 〈고난의 행군〉 시기 모든 것이 부족하고 어려울 때도 자식들을 경애하는 장군님의 선군혁명령도를 맨 앞장에서 받들어나가는 인민군병사들로 튼튼히 키우기 위해 온갖 정성을 다 기울이였다.”(34쪽)
“낮에는 낮대로 려맹위원장 사업을 하고 밤에는 밤대로 쉬지 않고 밭을 일구었고 짬짬이 집짐승도 길러 다섯 자식이 튼튼히 자라도록 애썼다.”(34쪽)
“이렇게 생각한 경의동무는 자기만을 먼저 생각한 자신을 질책하며 혜영이, 일남이, 철남이를 친자식처럼 극진히 아끼고 위해주었다.”(34쪽)</td></tr>
<tr><td>특성</td><td>다산 장려와 원호사업 강조</td></tr>
<tr><td rowspan="2">2006-7</td><td>제목</td><td>화목한 가정</td></tr>
<tr><td>내용</td><td>“지금 우리나라에는 위대한 수령님께서 내놓으신 〈가화만사성〉의 귀중한 사상을 생활에 구현하여 가정을 화목하게 꾸려나감으로써 사회주의 강성대국 건설에 적극 이바지해 나가고 있는 가정들이 수없이 많다.”(42쪽)
“〈우리 사회에서 가정은 기층생활단위입니다. 가정생활이 건전하고 행복하여야 사회생활 전반이 명랑하고 활기있게 진행될 수 있습니다.〉”(42쪽)
“지난 〈고난의 행군〉, 강행군 시기에 가정의 화목을 위해 바쳐온 그의 지성은 참으로 컸다.”(42쪽)
“모든 것이 부족하고 참기 어려운 생활에 부닥쳤던 때라 혹 어떤 가정들에서는 부부 간에, 시어머니와 며느리 사이에 의가 맞지 않는 현상들이 있었다.”(42쪽)</td></tr>
</table>

권호		내용
2006-7	내용	"박춘실녀성은 자식들에게 사람이 돈이 없어서 못사는 것이 아니라 명이 모자라서 못산다. 돈이라는건 있다가 없어지기도 하고 없다가 생기기도 한다고 하신 강반석어머님의 철학을 심어주면서 돈과 재산이 없어도 서로가 마음을 합쳐 집안을 화목하게 꾸려나가야 한다고, 그래야 밖에 나가서도 일을 잘할 수 있다고 일깨워주곤 했다."(42쪽) "흔히 사람들은 가정의 화목은 시어머니와 며느리 사이의 관계에 달려 있다고 말하고 있다. 한 것은 시부모와 며느리 사이의 륜리도덕은 시부모가 가정의 주인으로서 올바른 도덕적 립장에서 며느리를 맞고 대해줄 때 잘 지켜지게 되기 때문이다."(42쪽) "예로부터 웃물이 맑아야 아래물도 맑다는 말이 있다. 이것은 자식들이 부모님의 행동을 그대로 닮는다는 말이다."(43쪽) "이렇게 가정이 화목하니 자식들은 맡겨진 혁명임무를 더 충실히 수행하게 되었으며 손자, 손녀들로 학과학습에서 언제나 남다른 모범을 보이게 되었다."(43쪽)
	특성	화목한 가정에서의 여성의 중요성, 특히 시부모의 역할 강조
2006-9	제목	원군가정
	내용	"총대 우에 평화도 있고 사회주의도 있다는 신념을 간직한 안정옥동무는 병사들을 더 잘 돕기 위하여 오늘은 200여 마리의 염소를 기르고 있다. 남편의 적극적인 방조밑에 염소우리도 전망성있게 현대적으로 새로 건설하고 먹이저장고도 번듯하게 꾸려놓았다."(40쪽)
	특성	먹는 문제에 관한 원호사업 강조
2008-7	제목	총대가정의 초급일군들
	내용	"총대가정의 어머니답게 자식 모두를 조국보위초소에 세운 초급일군답게 이들은 녀맹사업에서 언제나 앞장서고 있다."(45쪽)
	특성	자녀의 군인화
2009-1	제목	선군시대 어머니들은 큰 자랑을 안고 삽니다
	내용	"모든 어머니들이 그러하듯이 저도 아들 셋을 낳아 어떻게 하나 조국이 바라는 훌륭한 역군으로 키우리라 마음먹었습니다."(41쪽)
	특성	다산 장려
2009-2	제목	선군시대 어머니의 본분을 다해가겠습니다
	내용	"(위대한 장군님을 결사옹호보위하고 고마운 사회주의제도를 빛내이자면 나라를 굳건히 지키는 총대가 많아야 한다. 더 많은 아이를 낳아 훌륭히 키워서 조국의 병사로 내세우리라.)"(40쪽) "저는 앞으로 모든 노력과 정성을 다 기울여 우리 6남매를 당과 수령께 끝없이 충직한 혁명가들로, 위대한 김정일장군님의 참된 병사들로 키워냄으로써 선군시대 어머니의 본분을 다해나가겠습니다."(40쪽)
	특성	다산 장려와 선군 자녀교육의 중요성

다음으로 『조선중앙통신』은 1998년부터 2009년까지 매 3월의 보도문을 대상으로 삼아 총 22편을 분석했다. 3월을 설정한 이유는 '3·8부녀절'이 있는 달이라 여성과 가족에 관한 주요 기사가 나오기 때문이다. 『조선중앙통신』 보도문에서 나타난 선군가정 관련 주요 핵심어를 정리하면 〈표 2〉와 같다.

〈표 2〉 『조선중앙통신』(1998~2009)의 선군가정 관련 주요 핵심어

발행일	제목	주요 내용
1998.3.7	국제부녀절기념 88돐중앙보고회	'혁명투쟁의 구성 부분'
1998.3.8	3·8국제부녀절을 기념, 『로동신문』	'혁명의 붉은 기'
1999.3.8	3·8국제부녀절 89돐기념 중앙보고회	'사회주의 강성대국을 건설' '강성대국 건설의 위대한 전환이 해'
2000.3.7	3·8국제부녀절 90돐기념 중앙보고대회	'혁명과 건설의 주인'
2000.3.8	3·8국제부녀절을 기념, 『로동신문』	'강성대국 건설'
2001.3.8	3·8국제부녀절 91돐기념 중앙보고회	"그는 경애하는 장군님의 녀성운동에 대한 령도의 현명성과 생활력은 준엄한 시련 속에서 위대한 혁명실록이 엮어지던 지난 6년간 더욱 뚜렷이 과시되였다고 말했다."
2001.3.8	새 세기 진군에서 녀성들의 역할을 높이자, 『로동신문』	'강성대국 건설에서 중요한 역할'
2002.3.8	녀성들은 강성대국 건설의 힘있는 력량이다, 『로동신문』 사설	'강성대국 건설의 한쪽 수레바퀴' '선군정치의 독창성과 정당성' '대가정' '가정혁명' '총대가정' '혁명적 군인가정' '원호'
2003.3.10	3·8국제부녀절 93돐기념 중앙보고회, 『로동신문』 기념사설	'선군혁명령도' '군민일치사상' '혁명의 한쪽 수레바퀴' '강성대국 건설의 한쪽 수레바퀴' '원군사업' '영웅동이' '총대투사'
2004.3.8	선군시대 녀성들의 숭고한 정신세계	'선군혁명의 한쪽 수레바퀴' '혁명적 군인가정' '원군', '인민군대원호사업'

발행일	제목	주요 내용
2004.3.8	우리 녀성들은 강성대국 건설의 힘있는 력량, 『로동신문』	'강성대국 건설의 모든 초소' '강성대국 건설의 한쪽 수레바퀴' '총대 가정' '선군시대의 애국적 가정' '군인가정', '총대혁명가', '원호' '자식들을 많이 낳아 선군시대를 빛내여나가는 데 적극 이바지'
2004.3.9	3 · 8국제부녀절 94돐기념 중앙보고회 진행	'아들딸들을 많이 낳아 총폭탄용사로 키울 데 대하여'
2005.3.9	국제부녀절 95돐기념 중앙보고회	'선군혁명 총진군'
2005.3.9	오늘의 총진군에서 녀성들의 역할을 높이자, 『로동신문』 국제부녀절 사설	'혁명의 한쪽 수레바퀴' '원호' '사회주의 건설의 모든 초소'
2006.3.8	녀성들은 조국의 강성번영에 적극 이바지하자, 『로동신문』	'부강조국 건설의 한쪽 수레바퀴' '자식들을 훌륭한 총대병사' '원호' '공장과 일터, 거리와 마을, 가정을 알뜰하게 꾸리고' '사회주의대가정' '영예군인의 영원한 혁명동지' '부모 없는 어린이들을 돌보는 것'
2006.3.9	3 · 8국제부녀절 96돐기념 중앙보고회	'선군시대의 녀성혁명가' '자녀들을 조국보위정신으로 철저히 무장시켜 초소에 내세움' '총대가정' '혁명적 군인가정대렬' '선군조선의 애국자' '혁명적 군인문화' '거리와 마을, 가정과 일터를 정신이 번쩍 들게 꾸려나갈데'
2007.3.8	선군시대 조선녀성의 혁명적 기개를 힘있게 떨치자, 『로동신문』	〈선군시대 녀성찬가〉 '총대가정', '혁명적 군인가정' '군인가정' '군인가족예술소조 경연' '군인가족녀성' '군관의 안해' '영예군인의 안해' '남편들과 한전호에서 나라의 군사력 강화' '자식들을 훌륭히 키워 조국보위초소에 세우는 것' '병사들을 친혈육의 정으로 아끼고 사랑' '가정혁명화'
2007.3.9	3 · 8국제부녀절 97돐기념 중앙보고회	'혁명적 진군' '선군조선녀성'

발행일	제목	주요 내용
2008.3.8	녀성들은 오늘의 총공격전에서 애국적 헌신성을 높이 발휘하자, 『로동신문』	'선군혁명의 한쪽 수레바퀴' '선군시대의 혁명적 군인가정', '총대가정' '군인가족녀성' '남편들과 함께 한전호', '군관 안해' '원군', 원호' '영예군인들과 일생' '부모 잃은 아이들을 데려다 친자식처럼 돌봐주는 녀성들의 아름다운 소행' '나라살림살이와 인민생활 향상에 이바지' '가정혁명화'
2008.3.10	3·8국제부녀절 98돐기념 중앙보고회	'혁명의 한쪽 수레바퀴' '선군조선녀성'
2009.3.7	3·8국제부녀절 99돐기념 중앙보고회	'혁명의 한쪽 수레바퀴'
2009.3.7	대고조시대의 요구에 맞게 녀성들의 역할을 더욱 높이자, 『로동신문』	'혁명적 군인가정' '총대가정' '군인가족' '원호', '군민대단결' '조국보위초소에 자식들을 내세운' '자식들을 잘 키워 조국보위초소에 적극 내세우고' '부모 없는 아이들을 데려다 훌륭히 기운' '인민군대를 친혈육으로 여기고' '가정생활과 나라살림살이를 깐지고 알뜰하게' '가정혁명화'

『조선녀성』과 『조선중앙통신』을 분석한 결과, 선군가정의 구체적인 내용은 가족의 재생산 기능, 사회화 기능, 경제적 기능 등으로 분류할 수 있다.

먼저, 선군가정의 재생산 기능은 다음 세대의 재생산 측면에서 출산을 장려하는 방식으로 강조된다. 1990년대 중반의 경제 위기로 많은 수의 인구가 사망하고, 출생률이 저하하는 등 인구 구조의 변화라는 문제를 발생시켰다.[18] 이에 북한 당국은 여성에게 출산을 장려하기에 이른다.[19] 북

18 북한의 총인구는 1990년대에 2천 100~2천 200만 명대이고, 2000년대 초에는 2천 200~2천 300만 명대에 들어가고 있다. 총인구 증가율은 1982년 이후 1995년까지 1%대를 보였지만, 1996년 이후 1998년대부터 0%대를 나타내고 있다. 2000년의 연령별 인구구조를 살펴보면 연소연령 인구층의 감소에 비해 노동연령 인구층과 노령인구층의 증가로 전반적인 북한 인구의 노령화 추이를 보이고 있다. 정진상·김수민·윤황, 「북한의 인구구조에 관한 분석」, 북한연구학회, 『북한연

한은 다산(多産) 장려를 위해 '모성영웅' 제도를 비롯한 여러 조치를 국가적 차원에서 취하고 있다. 여성 개인에 대한 사상교양적인 측면만이 아니라 의료기관에도 적극적으로 개입하고 "아들딸들을 많이 낳고 부모 없는 어린이들을 수많이 데려다 친자식처럼 돌본"[20] 여성들의 모범과 경험을 소개하는 등 여성에게 출산을 적극적으로 권고하고 있다.

다음으로 선군가정의 사회화 기능과 관련하여 북한은 혁명후비대로 자녀를 양육하여 '자식들을 훌륭한 총대병사'[21]로 키워낼 것을 요구한다. 아이를 양육하는 어머니로서의 역할은 경제 위기 이전부터 강조되어 온 것이지만 선군 시대에 들어서는 국가의 위기를 외면하지 않고 국가에 충성할 수 있는 아이들을 키워낼 것이 더욱 강조되고 있다. 또한 북한은 '충'과 '효'에 대한 가치를 중요시하며 모든 가족구성원이 화목한 생활 기풍을 발휘할 것을 강조한다. 가족구성원 간 마음의 단합이 안 되면 사회생활에 영향을 미쳐 혁명과업을 제대로 수행할 수 없게 되고 자녀 교양에 지장을 주며 인민반 생활 분위기도 흐리게 할 수 없다고 보기 때문이다.[22] 그에 따라 남편과 아내의 관계, 시어머니와 며느리의 관계, 시누이와 올케의 관계 등에 대한 지침을 제시한다. 이러한 화목한 생활 기풍에 대한 강조는 가족구성원에 대한 가족들의 경제적 책임을 강조하는 것임과 동시에 가족의 질서 확립을 통해 사회적 질서를 확립하고자 하는 것이라 할 수 있다. 이는 경제 위기로 이완된 사회통제력을 복원하기 위해 가

구학회보』 7권 1호(2003), 5-38쪽.

19 (사)좋은벗들의 자료에 따르면, 북한이 최근 강연회를 개최하면 언제나 마지막에 "우리나라 인구가 최근 연간 많이 줄었다. 아이를 많이 낳아라. 3명 이상부터 국가에서 보조해 준다. 아이를 많이 생산하는 것도 당과 국가에 대한 충성심이다"라고 거듭거듭 강조한다고 한다. (사)좋은벗들, 『오늘의 북한소식』, 2007년 제67호(2007), 3쪽.

20 「제3차 전국어머니대회를 열렬히 축하한다」, 『로동신문』 2005년 11월 22일자 사설.

21 「녀성들은 조국의 강성번영에 적극 이바지하자」, 『로동신문』, 2006년 3월 8일자.

22 박영자, 「북한의 근대화 과정과 여성의 역할(1945-1980년대): 공장과 가정의 정치사회와 여성노동을 중심으로」, 성균관대학교 정치학과 박사학위 논문, 미간행(2004), 266쪽.

족에서부터 질서를 확립하고 이를 사회적으로 확대하고자 하는 것이다. 북한은 가족 안에서 자녀들이 '총대투사', '영웅동이'로 키워지면서 선군사상뿐만 아니라 '충'과 '효'라는 사회적 질서에 대한 가치들을 내면화하기를 바라고 있다. 이것이 북한이 원하는 선군가정의 사회화 기능인 것이다. 이 같은 선군가정의 사회화 기능은 가정혁명화와 연속선상에서 이해할 수 있지만, 그 내용면에서 차이가 있다.

끝으로, 선군가정의 경제적 기능은 가족의 생계유지뿐만 아니라 군대의 후방으로서 군대에 경제적 지원을 담당할 것을 요구함으로써 전 시기에 비해 더욱 강화되고 있다. 군민 일치 이상을 실현하는 것은 농사와 가축들을 길러 그것을 식량으로 보급해 주는 후방사업 등을 통해 이루어진다며,[23] 국가의 위기 극복을 위해 여성과 가족의 경제적 기능을 적극 활용하고 있다. 그뿐만 아니라 북한은 조국 수호가 최대의 애국이며 애국의 한마음으로 항일의 혁명전통을 계승하여 항일유격대의 알뜰한 생활 기풍으로 위기를 극복하자며 내핍을 강조한다.[24] 이는 당면한 경제적 어려움을 주민의 '알뜰한 생활 기풍'과 '내핍'을 통해 극복하고자 하는 것과 동시에 그 책임을 가족에게 전가하는 것이라 할 수 있다. 즉 어려운 경제 상황에서 발생하는 생활적 빈곤함과 어려움을 혁명적 전통 계승으로 승화함으로써 가족이 경제적 어려움을 극복하고 북한 체제를 위해 희생할 것을 요구한다.

선군가정은 선군정치를 통한 강성대국 건설이라는 북한의 정치적 필요에 의해 등장한 개념으로, 그 특성에서 강한 가부장제성을 보인다. 선군

23 이미경, 「이상적인 여성상을 통해서 본 북한의 여성정책: 『조선녀성』의 내용분석을 중심으로」, 아태지역연구센터 『중소연구』 통권 102호(2004), 162쪽.

24 박영자, 「북한의 민족주의와 여성: 민족주의 담론과 여성정책 변화를 중심으로」, 한국국제정치학회, 『국제정치논총』 제45집 1호(2005), 99-100쪽.

가정의 가부장제적 특성은 두 가지로 집약된다. 첫째, 가족의 경제를 담당하고 자녀를 총대병사로 키워내는 역할을 여전히 여성이 수행해야 한다는 점이다. 둘째, 선군가정은 가족주의를 국가적 차원으로 확대 · 강화하고 있다는 것이다. 가족이 안정되어야 국가가 안정된다는 것을 넘어 적극적으로 가족의 역할을 강조하는 것이다. 가족구성원의 재생산을 국가에 헌신하는 '군인'의 재생산으로 그 의미를 전환하고, '군인'과 군대에 경제적인 지원을 할 것을 요구한다. 이때 '군인'은 북한의 모든 여성의 자녀이며, 북한 여성은 모든 '군인'의 '어머니'가 된다. 그뿐만 아니라 국가의 경제적 어려움을 가족의 내핍을 강조함으로써 극복하고자 한다. 이처럼 선군가정은 사적 가부장제의 가족주의를 통해 공적 가부장제를 유지하는 중요한 수단이며, 그로 인해 여성의 부담은 더욱 가중되었다.

4. 가정혁명화와 선군가정의 지속과 차이

1) 지속

가정혁명화는 사회주의혁명 완수를 선언한 1958년에서 3년 후인 1961년에 공식 제기되었다. 선군가정의 경우 1998년 김정일 정권 출범과 동시에 강성대국론이 체제 목표로 설정되었는데, 그로부터 4년 여의 기간이 흐른 후인 2002년부터 언급되기 시작한 것으로 파악된다. 가정혁명화와 선군가정 모두 사회 전체 목표가 제시된 지 3~4년 후에 공식화되고 체계화되기 시작했다는 공통점을 갖는다.

이때 가정혁명화와 선군가정화 모두 사회 전체의 목표, 혁명과업에 복무하는 하위 목표에 해당한다. 가정혁명화는 전체 사회의 혁명화라는 목표에 복무하고, 선군가정은 강성대국 건설이라는 목표를 위한 개념이다. 가정혁명화와 선군가정 모두 가정의 사회적 역할을 중시하면서 사회과업 달성을 위해 가정에서 수행해야 할 과제를 제시하고 있다.

따라서 가정혁명화와 선군가정의 관계는 배타적이 아니라 상호 연관된 개념이다. 즉 가정혁명화를 통해 선군가정을 이룩해야 한다는 논리로 연결된다. '3 · 8부녀절' 기념으로 로동신문에 실린 사설 「선군 시대 조선 녀성의 혁명적 기개를 힘있게 떨치자」에서 "가정혁명화를 다그쳐 모든 가정을 총대가정, 혁명적 군인가정으로 꾸려나가야 한다"고 강조하는 것을 통해서도 이를 알 수 있다.[25]

가정혁명화와 선군가정에서 중요한 역할을 수행하는 주체는 여성이다. 가정혁명화는 어머니가 혁명적 모범을 보여야 남편과 아이들이 본받아 혁명화될 수 있다는 것이다. 가정혁명화는 사회와 가족에서 차지하는 성의 역할을 중시했으며, 사회화의 대행자로서 여성을 일차적 주체로 상정했다. 선군가정에서는 가정혁명화처럼 혁명화의 책임 소재 내지는 여성의 역할을 명확하게 하지는 않는다. 그러나 선군가정의 내용을 보면 여성은 일차적으로 원군의 역할을 수행하고 가정에서 자녀를 선군 시대에 맞게 양육해야 한다. 출산과 양육, 가족 내 생활 기풍 확립 등은 기존의 북한 가부장제의 질서에서 여성에게 일차적 책임이 있기 때문에 선군가정이 내세우는 과제들 역시 여성에게 책임이 부과된다. 또한 선군 시대에 군대를 원호하는 것이 중요한 과제로 대두되면서 가족의 군대에 대한 경제적 지원이 중요하다. 북한은 가족의 경제적 지원을 정당화하기 위해 여성을 군인과 군대의 어머니로 상징화하고 있다. 선군가정의 경우 가정혁명화처럼 여성의 역할을 명시하지는 않지만 선군가정의 내용을 살펴보았

25 『로동신문』, 2007년 3월 8일자.

을 때 그 책임은 여성에게 있다는 점에서 선군가정과 가족혁명화는 유사성을 띤다.

가정혁명화와 선군가정에서 가장 중요한 것은 가부장제적 특성이다. 가정혁명화와 선군가정 모두 주체는 여성이며, 가족 내에서의 성별 분업 구조를 유지하고 국가 차원으로 확대하고 있다. 그리고 가족이 국가에 복무하는 역할을 한다는 점에서 가부장제적 성격을 띤다. 가부장제적 사회에서 여성을 비롯한 가족구성원은 가족과 사회에 종속적이며, 가족 속에서 그 의미를 구현한다. 북한의 가족구성원들은 가족 안에서 역할을 수행하고, 질서를 유지할 뿐만 아니라 가족으로 상징화되는 전체 사회 안에서 존재의 가치를 찾는다. 비록 선군가정이 등장한 김정일 시대는 이전 시기 북한 체제를 유지할 수 있었던 힘이었던 공적 가부장제의 가부장제적 온정주의를 관철할 수 있는 물적 토대를 상실했지만, 여전히 공적 가부장제의 가부장제적 온정주의는 북한의 가족으로 하여금 위기 극복과 체제 유지를 위한 역할을 수행할 수 있는 근거가 된다. 이전 시기 국가로부터 받은 의료, 교육, 보육 등과 같은 국가적 시혜에 보은해야 한다는 논리를 만들어내는 것이다. 공적 가부장제의 가부장제적 온정주의는 선군 시대에도 가족으로 하여금 국가에 복무할 수 있는 근거가 되고 있으며, 이는 가족 안에서 가족주의의 강화를 통해 유지될 수 있다.

2) 차이

가정혁명화와 선군가정은 모두 북한 체제의 목표에 부합하는 하위 목표이지만 차이점을 보인다. 가정혁명화가 가정의 정치사회화 기능에 초점을 맞춘 반면, 선군가정은 가정의 사회적 역할을 강조한다. 가정혁명화는 가족구성원의 혁명화, 즉 부모혁명화, 자녀혁명화를 1차 과제로 한다면, 선군가정은 군대를 돕는 원군가정의 역할을 우선과제로 삼는다. 가정혁명화와 선군가정이 목표로 하는 대상이 달라지는 것이며 강조되는 가족의 기능이 달라진 것이다.

가정혁명화가 김일성 시대의 과제라면 선군가정은 김일성 시대의 과제이다. 가정혁명화는 북한이 1960년대 경제적으로 안정된 상태에서 제기되어 여성들의 가족에서의 역할을 증대시킴으로써 1990년대 중반 경제난을 극복할 때 여성들의 사경제행위로 가족의 생계를 보장하는 원동력이 되었다. 그러나 가정혁명화는 가족의 정치사회화 기능에 초점을 맞춘 것으로 가족의 사회에 대한 물질적 의무는 부가하지 않았다.

반면 선군가정은 경제난이 극복되지 않은 상태에서 출범한 김정일 정권이 가족으로 하여금 군대를 원호하는 역할을 하게 한다. 선군가정 과제에서도 자녀를 군인으로 길러내고 자녀들에게 원군의 미풍을 본받게 하는 사회화 기능을 언급하지만, 이보다는 인민군대 원호사업을 물심양면으로 하도록 독려하는 역할을 최우선 과제로 삼고 있다. 특히 2002년은 경제회복기에 들어선 북한이 7 · 1 경제관리 개선 조치(이하 7 · 1 조치로 약칭)를 발표한 해로 7 · 1 조치는 실리사회주의 실현을 목표로 국가의 비효율성을 제거한다는 명목 아래 국가의 가족생활 보장정책을 축소 내지는 포기하고 개인이 각자의 생활을 꾸리도록 하는 개혁 조치이다. 구체적으로 7 · 1 조치로 배급제의 사실상 폐지, 공공요금의 20~25배 인상, 학교의 개인 부담 증가 등의 변화가 일어난다. 이처럼 국가의 가족생활 보장정책이 감소하고 개인의 생활보장 부담이 늘어난 상태에서 선군가정의 원군의무는 개인과 가족의 물질적 부담을 가중시키는 조치가 될 수밖에 없다.

그리고 가정혁명화가 전체 사회혁명화에 복무하는 방법은 여성 자신의 혁명화를 통해 가족구성원의 혁명화를 이루는 것으로, 사회주의 혁명에 간접적 효과를 띤다고 할 수 있다. 그러나 선군가정은 군대와 국가에 대한 가족의 직접적 역할을 요구하기 때문에 그 영향 또한 직접적이다. 선군가정은 강성대국 건설을 위해 필요한 '군인'을 재생산해내고, 군대에 대한 직접적인 물적 지원을 한다. 그러한 측면에서 선군가정은 가정혁명화보다 국가와 사회에 직접적인 역할을 한다고 볼 수 있다. 그에 따라 가정혁명화가 가족 안에서 여성의 역할을 강조했던 것에 비해 선군가정은 사회적 차원, 국가적 차원에서 가족의 역할이 더욱 강조되는 것임을 알 수 있다. 이러한 과정에서 주체로서 여성은 다른 방식으로 자리매김된다. 가정혁명화에서는 여성이 혁명화함으로써 가족이 혁명화하기 때문에 여성이 주체로서 중요하고 강조가 되는 반면, 선군가정은 군대를 원호하고 군인을 출산, 양육하는 어머니로서의 역할이 중요할 뿐이다.

사회주의 대가정론과 선군대가정론에서 나타나는 차이점은 '군인'이라는 주요 주체의 등장이다. 사회주의 대가정론은 수령 · 당 · 인민의 삼

〈표 3〉 가정혁명화와 선군가정 비교

<table>
<tr><th colspan="2"></th><th>가정혁명화</th><th>선군가정</th><th>비고</th></tr>
<tr><td rowspan="5">가족 일반</td><td rowspan="2">가족관</td><td>전체 사회 혁명화의 기초에 해당 사회 세포인 가정이 혁명화되어야 전체 사회가 혁명화됨</td><td>강성대국 건설을 위한 기초 단위</td><td>공통점</td></tr>
<tr><td>가정 내 혁명화에 주력</td><td>가정의 원군 역할 최우선 강조, 다음으로 가정혁명화 강조</td><td>차이점</td></tr>
<tr><td rowspan="2">가족 인식</td><td>가족이 사회의 근본 (사회세포, 사회조직의 기본 단위)</td><td>가족의 사회적 역할의 중요성 강조(원군가정)</td><td rowspan="2">차이점</td></tr>
<tr><td>가족의 정치사회화 기능 강조</td><td>가족의 사회적 역할 강조</td></tr>
<tr><td>중심 관계</td><td>가정혁명화는 부부혁명화와 자녀혁명화 동시 진행 (부모의 모범으로 자녀혁명화)</td><td>군대 원조가 우선 과제이고 다음이 자녀를 군인을 양성하는 것</td><td>차이점</td></tr>
<tr><td>가족 제도</td><td>이데올로기</td><td>가정의 혁명화</td><td>가정의 선군화</td><td>사회 전체 목표에 복무하는 이념으로 공통점</td></tr>
</table>

위일체가 주장된 것에 비해, 선군가정론에서는 군인이 중요한 위상을 차지한다. 수령 · 당 · 인민의 삼위일체가 아닌 군민 일치가 강조되는 것이다. 김일성 시대 북한은 군대와 인민이 일치가 되어 수령을 보위해야 할 것을 강조한다. 더 이상 인민은 수령과 당으로부터 보살핌을 받는 존재가 아니라 군대를 보살피고 군대와 함께 수령을 보위해야 하는 위치에 놓이게 된 것이다. 국가의 위기 상황에서 군대가 인민과 가족을 보호해 주고 있기 때문에 그에 대한 대가를 치러야 한다는 논리 속에서 가족과 여성의 부담은 더욱 가중된다. 이상의 가정혁명화와 선군가정의 공통점과 차이점을 비교하면 〈표 3〉과 같다.

5. 맺음말

지금까지 선군 시대에 등장한 선군가정을 이해하기 위해 기존의 사회주의 대가정론과 가정혁명화를 함께 살펴보았다.

가정혁명화가 국가의 가족 보호 의무가 현실적으로 실현되지 못하더라도 제도적으로는 마련되어 있는 상황에서 가정에 초점을 맞춘 과제라면, 선군가정은 7 · 1 조치로 개인 · 가족책임제가 강화된 상태에서 가족보다는 군대에 초점을 맞춘 과제이다. 결국 가정혁명화가 가정 자체의 역할과 중요성에 초점을 맞추고 있다면, 선군가정은 가정의 군대 및 사회에 미치는 영향에 집중하고 있다. 가족학적 입장에서 볼 때 이러한 조치는 가족의 '도구화' 내지는 '수단화'라 할 수 있다.

혁명화 과제 속에 내포된 가부장제적 특성을 앞에서 제시했다. 현재 북한 가족은 지난 시기부터 지속된 가부장제적 혁명화에 덧붙여 새로운 선군의 도구화가 진행되고 있다. 가정혁명화와 선군가정이 성별 분업을 전제로 한 것이고 그로 인해 여성의 이중 부담이 가중되었지만 가정혁명화에서 여성(어머니)은 가정혁명화의 주체이자 중심에 자리잡는다. 하지만 선군가정에서 여성은 여성 자신의 선군화가 중요한 것이 아니라 가족 밖의 군대를 원호하고 가족 내의 자녀를 군인으로 키워내는 보조적 역할로 인식된다. 선군가정에서 여성이 군대를 원호하고 군인으로서 자녀를 양육하는 역할 수행에서 중요한 주체이기는 하지만, 여성 자신이 주체로 인식되지 않는다는 것이다.

지금 북한의 선군 시대 선군가정은 가족책임제 아래 자신들의 생활을 보장해야 하는 부담 위에 '혁명적 군대'까지 원호해야 하는 '총대'를 짊어지고 있다. 북한 체제가 사회주의적 원칙을 고수하면서 실리라는 효용성을 추구해야 하는 모순적 상황에 직면해 있는 것처럼 북한 가족은 선군의 의무를 다하면서 가족경제를 운용해야 하는 난제에 처해 있다. 궁극적으로 그 모든 부담은 가족과 가족을 책임진 여성에게 있음을 물론이다.

참고 문헌

『로동신문』, 2005년 11월 22일자; 2006년 3월 8일; 2007년 3월 8일자.

『조선녀성』, 1998년 1월호~2009년 9월호(총123권).

『조선중앙통신』, 1998년 3월 7일; 1998년 3월 8일; 1999년 3월 8일;, 2000년 3월 7일; 2000년 3월 8일; 2001년 3월 8일; 2002년 3월 9일; 2003년 3월 10일; 2004년 3월 8일; 2004년 3월 9일; 2005년 3월 9일; 2006년 3월 8일; 2006년 3월 9일; 2007년 3월 8일; 2007년 3월 9일; 2008년 3월 8일; 2008년 3월 10일; 2009년 3월 7일; 2009년 3월 7일.

『철학사전』(평양: 사회과학출판사, 1985).

『현대조선말사전(상)』(평양: 과학 · 백과사전출판사, 1981).

박영자, 「북한의 근대화 과정과 여성의 역할(1945~1980년대): 공장과 가정의 정치사회와 여성노동을 중심으로」(성균관대학교 정치학과 박사학위 논문, 미간행, 2004).

_____, 「북한의 민족주의와 여성: 민족주의 담론과 여성정책 변화를 중심으로」, 한국국제정치학회, 『국제정치논총』 제45집 1호(2005).

박현선, 「성별 사회화 및 재사회화」, 한국여성연구원 엮음, 『통일과 여성』(서울: 이화여자대학교출판부, 2001).

_____, 『현대 북한 사회와 가족』(서울: 한울, 2003).

_____, 「북한 가족법과 가족」, 『을사조약과 20세기 초의 한반도』, 제48회 전국역사학대회 발표문(2005).

_____, 「북한 경제개혁 이후 가족과 여성생활의 변화」, 이화여자대학교 한국여성연구원, 『여성학논집』 제22집 1호(2005).

_____, 「북한의 가족정책」, 북한연구학회 편, 『북한의 여성과 가족』(서울: 경인문화사, 2006).

(사)좋은벗들, 『오늘의 북한소식』, 2007년 제67호(2007).

이미경, 「이상적인 여성상을 통해서 본 북한의 여성정책: 『조선녀성』의 내용분석을 중심으로」, 아태지역연구센터 『중소연구』 통권 102호(2004).

정진상 · 김수민 · 윤황, 「북한의 인구구조에 관한 분석」, 북한연구학회, 『북한연구학회보』 7권 1호(2003).

함인희, 「북한의 가족제도와 일상생활」, 박준영 외 공저, 『북한 인식과 한반도』(서울: 살림, 1999).

Janos Kornai. *The Socialist System: The Political Economy of Communism*(Princeton: Princeton University Press, 1992).

부 록

조선민주주의인민공화국 가족법
북조선 남녀평등권에 대한 법령
조선민주주의인민공화국 어린이보육교양법
조선민주주의인민공화국 인민보건법

조선민주주의인민공화국 가족법

1990년 10월 24일 최고인민회의 상설회의 결정 제 5호로 채택
1993년 9월 23일 최고인민회의 상설회의 결정 제35호로 수정 보충

제1장 가족법의 기본

제1조 조선민주주의인민공화국 가족법은 사회주의적 결혼, 가족제도를 공고발전시켜 온 사회를 화목하고 단합된 사회주의 대가정으로 되게 하는데 이바지한다.

제2조 결혼은 가정형성의 기초이다.

국가는 결혼을 법적으로 보호한다.

제3조 가정은 사회의 기층생활단위이다.

국가는 가정을 공고히 하는 데 깊은 배려를 돌린다.

제4조 인간의 존엄과 권리를 보장하는 것은 사람을 가장 귀중히 여기는 사회주의제도의 본성적 요구이다.

국가는 후견제도를 통하여 행위능력이 없는 공민의 권리와 리익을 보호한다.

제5조 상속은 개인재산에 대한 법적 보호의 계속이다.

국가는 개인재산에 대한 상속권을 보장한다.

제6조 어린이와 어머니의 리익을 특별히 보호하는 것은 조선민주주의인민공화국의 일관한 시책이다.

국가는 어머니가 어린이를 건전하게 양육하고 교양할 수 있는 조건을 보장하는 데 선차적인 관심을 돌린다.

제7조 조선민주주의인민공화국 가족법은 사회주의적 결혼관계와 가족, 친척들 사이의 인격적 및 재산적 관계를 규제한다.

제2장 결 혼

제8조 공민은 자유결혼의 권리를 가진다.

결혼은 오직 한 남자와 한 녀자 사이에만 할 수 있다.

제9조 조선민주주의인민공화국에서 결혼은 남자 18살, 녀자 17살부터 할 수 있다.

국가는 청년들이 조국과 인민을 위하여, 사회와 집단을 위하여 보람있게 일한 다음 결혼하는 사회적 기풍을 장려한다.

제10조 8촌까지의 혈족, 4촌까지의 인척 사이에는 결혼할 수 없다.

제11조 결혼은 신분등록기관에 등록을 하여야 법적으로 인정되며 국가의 보호를 받는다.

결혼등록을 하지 않고 부부생활을 할 수 없다.

제12조 다른 나라에서 사는 조선인민들의 결혼등록은 조선민주주의인민공화국 령사대표기관에 하며 령사대표기관이 없는 경우에는 그 나라의 해당기관에 할 수 있다.

제13조 이 법 제8~10조에 위반되는 결혼은 무효이다.

결혼의 무효인정은 재판소가 한다.

제14조 무효로 인정된 결혼은 처음부터 이루어지지 않은 것으로 한다. 그러나 자녀양육문제는 이 법 제22조, 제23조에 의하여 해결한다.

제3장 가 정

제15조 가정을 공고히 하는 것은 사회의 건전한 발전을 위한 중요 담보이다.

공민은 가정을 화목하고 명랑하게 꾸려야 한다.

제16조 남편과 안해의 관계는 결혼에 의하여 이루어진다.

제17조 남편과 안해는 자기의 성과 이름을 그대로 가지며 희망과 재능에 따라 직업을 선택하고 사회정치생활에 참가할 수 있다.

제18조 가정생활에서 남편과 안해는 똑같은 권리를 가진다.

제19조 남편과 안해는 로동능력을 잃은 배우자를 부양할 의무를 진다.

제20조 남편과 안해의 관계는 리혼하면 없어진다.

리혼은 재판에 의해서만 할 수 있다.

제21조 배우자가 부부의 사랑과 믿음을 혹심하게 배반하였거나 그 밖의 사유로 부부생활을 계속할 수 없는 경우에는 리혼할 수 있다.

제22조 남편과 안해가 리혼하는 경우 자녀를 양육할 당사자는 자녀의 리익의 견지에서 당사자들이 합의하여 정한다. 합의가 이루어지지 않을 경우에는 재판소가 정한다. 부득이한 사유가 없는 한 3살 미만의 자녀는 어머니가 양육한다.

제23조 자녀를 양육하는 당사자는 양육하지 않는 당사자에게 그가 로동할 나이에 이르기까지의 양육비를 요구할 수 있다.

양육비는 자녀 수에 따라 월수입의 10~30% 범위 안에서 재판소가 정한다.

제24조 양육비를 지불하던 당사자가 로동능력을 잃었거나 자녀를 맡아 키우던 당사자가 재혼하여 그 자녀가 계부 또는 계모의 부양을 받을 경우 리해관계자는 양육비를 면제하여 줄 데 대하여 재판소에 요구할 수 있다.

제25조 부모와 자녀의 관계는 혈연적 관계이다.

결혼생활을 하지 않은 남녀 사이에서 출생한 자녀와 그 부모의 관계는 결혼생활과정에 출생한 자녀와 그 부모의 관계와 같다.

제26조 자녀는 아버지의 성을 따른다. 아버지의 성을 따를 수 없는 경우에는

어머니의 성을 따르며 부모를 모르는 자녀의 성은 주민행정기관이 정한다.

제27조 자녀교양은 부모의 중요한 의무이다.

부모는 자녀교양을 잘하며 그들을 견결한 혁명가로, 공산주의적 새 인간으로 키워야 한다.

제28조 부모는 자녀의 건강과 신체의 발육을 책임지고 그에 대하여 일상적으로 관심을 돌려야 한다.

자녀는 부모를 사랑하고 존경하며 로동능력을 잃은 부모의 생활을 책임지고 돌보아주어야 한다.

제29조 계부모와 계자녀의 관계는 친부모와 친자녀의 관계와 같다.

계부 또는 계모와 계자녀의 관계가 이루어지면 계자녀와 친아버지 또는 친어머니의 관계는 없어진다.

제30조 공민은 다른 사람의 미성인 자녀를 립양할 수 있다.

선거권을 박탈당한 자, 양자녀의 건강에 해를 줄 수 있는 질병이 있는 자, 그 밖에 양자녀를 보육 교양할 능력이 없는 자는 립양할 수 없다.

제31조 립양하려는 공민은 양자녀로 될 자의 친부모 또는 후견인으로부터 립양에 대한 동의를 받아야 한다.

양자녀로 될 자가 6살 이상인 경우에는 그의 동의도 받아야 한다.

제32조 립양은 양부모로 될 자의 신청에 의하여 해당 주민행정기관의 승인을 받아 신분등록기관에 등록하면 이루어진다.

제33조 양부모와 양자녀의 관계는 친부모와 친자녀의 관계와 같다.

양부모와 양자녀의 관계가 이루어지면 립양 이전 부모와의 관계는 없어진다.

제34조 파양은 양자녀와 양부모 또는 양부모와 양자녀의 친부모나 후견인이 합의하고 해당 주민행정기관의 승인 밑에 신분등록기관에 등록하면 이루어진다.

파양에 대한 합의가 이루어지지 않을 경우에는 재판소가 해결한다.

제35조 조부모는 부모 없는 손자녀가 건전하게 자라도록 양육하고 교양하여

야 한다.

성인이나 이른 손자녀는 자녀가 없는 조부모의 건강과 생활을 책임지고 돌보아주어야 한다.

제36조 형제자매는 친혈육으로서 서로 사랑하고 존경하며 이끌어주어야 한다.

돌볼 자가 없는 형제사매는 부양능력이 있는 형제자매가 부양할 의무를 진다.

제37조 미성인과 로동능력이 없는 자는 가정성원들 중에서 부양능력이 있는 가족성원이 부양한다.

부양능력이 있는 함께 사는 가족성원이 없을 경우에는 따로 사는 부모나 자녀, 조부모나 손자녀, 형제자매가 부양한다.

제38조 이 법 제37조에 지적된 부양자가 없는 미성인과 로동능력이 없는 자는 국가가 돌보아준다.

제39조 리혼 또는 그 밖의 사유로 가정성원이 갈라져 나가는 경우 개별재산은 각자가 가지며 가정재산은 당사자들의 합의하여 나누어 가진다. 합의가 이루어지지 않을 경우에는 재판소가 해결한다.

제4장 후 견

제40조 미성인과 신체상 결함으로 행위능력을 가지지 못한 자를 위하여 후견인을 정한다.

제41조 미성인에 대한 후견인으로는 부모, 조부모, 형제자매가 될 수 있다.

신체상 결함으로 행위능력이 없는 자에 대한 후견인으로는 배우자 또는 부모나 자녀, 조부모나 손자녀, 형제자매가 될 수 있다.

후견인으로 될 수 있는 자가 여럿인 경우 후견 의무 수행에 가장 적당하다고 인정되는 자가 후견인으로 된다.

제42조 미성인과 신체상 결함으로 행위능력을 가지지 못한 자에게 이 법 제41조에 지적된 후견인이 없거나 후견인 선정에서 분쟁이 있는 경우에는

주민행정기관이 후견인을 정한다.

제43조 후견인은 후견받는 자의 재산을 관리하여 그의 대리인으로 된다.

제44조 후견인은 후견받는 자를 보육 교양하며 그의 생활과 건강을 돌보아주어야 한다.

제45조 후견 의무 수행정형을 감독하는 사업은 주민행정기관이 한다.

제5장 상 속

제46조 공민이 사망하면 그의 재산은 배우자와 자녀, 부모에게 상속된다.

배우자, 자녀, 부모가 없을 경우에는 손자녀와 조부모, 형제자매에게, 앞 항에 지적된 상속인이 없을 경우에는 가까운 친척 순위로 상속된다.

제47조 같은 순위의 상속인이 여럿인 경우 그들에게 차례지는 몫은 같다.

상속인들 가운데서 일부가 상속을 거부한 경우 그에게 차례지는 몫은 나머지 상속자들에게 상속된다.

제48조 법이 정한 상속인이라 하더라도 사망자를 생전에 몹시 학대하였거나 의식적으로 그를 돌보지 않은 자, 상속 조건을 고의적으로 만든 자에게는 상속권을 주지 않는다.

제49조 상속받기로 된 자가 상속시키는 자보다 먼저 사망한 경우 그의 자녀는 사망자의 상속 순위를 차지한다.

제50조 공민은 자기의 재산을 유언으로 상속시킬 수 있다. 그러나 유언이 유언자의 부양을 받던 공민의 리익을 침해하였을 경우에는 무효이다.

유언의 무효 인정은 리해관계자 또는 검사의 신청에 의하여 재판소가 해결한다.

제51조 상속받은 자는 상속받은 재산의 범위 안에서 사망자가 진 빚에 대하여 책임진다.

제52조 상속은 6개월 안에 하여야 한다.

6개월 안에 상속받을 자가 나타나지 않거나 상속받을 자가 상속권을 포기하는 경우 그 재산은 국고에 넣는다.

第53조 상속과 관련한 분쟁은 재판소가 해결한다.

第6장 벌 칙

第54조 이 법을 어긴 공민에게는 정상에 따라 해당한 법적 제재를 가한다.

법적 제재의 적용은 재판소의 판결 또는 판정으로 한다.

북조선 남녀평등권에 대한 법령

1946년 7월 30일

36년 동안 조선녀성들은 일본 제국주의의 끊임없는 모욕과 잔혹한 착취를 받았다. 그들은 어떠한 정치적 또는 경제적 권리도 가지지 못하였으며 문화, 사회, 정치 생활에 참가하지 못하였다.

중세기적인 봉건적 가정관계가 녀성들에 대한 정치적, 경제적 압박을 더하게 하였다. 멸시와 모욕을 당하며 문맹에서 헤매는 것이 조선근로녀성 대중의 운명이였다.

조선이 일제식민지 통치로부터 해방됨으로써 녀성들의 사회적 지위는 달라졌다. 북조선에서 진행되는 제반 민주주의적 개혁은 녀성들을 과거의 정치, 경제, 문화 및 가정 생활의 불평등으로부터 해방할 수 있는 조건을 지어주었다.

일제식민지정책의 잔재를 숙청하고 낡은 봉건적 남녀간의 관계를 개혁하며 녀성들로 하여금 문화, 사회, 정치 생활에 전면적으로 참여하게 할 목적으로 북조선림시인민위원회는 다음과 같이 결정한다.

제1조 국가, 경제, 문화, 사회, 정치 생활의 모든 령역에서 녀성들은 남자들과

평등권을 가진다.

제2조 지방주권기관 또는 최고주권기관 선거에서 녀성들은 남자들과 동등한 선거권과 피선거권을 가진다.

제3조 녀성들은 남자들과 동등한 로동의 권리와 동일한 임금과 사회적 보험 및 교육의 권리를 가진다.

제4조 녀성들은 남자들과 같이 자유결혼의 권리를 가진다.

결혼할 본인들의 동의 없는 비자유적이며 강제적인 결혼을 금지한다.

제5조 결혼생활에서 부부관계가 곤난하고 부부관계를 더 계속할 수 없는 조건이 생길 때에는 녀성들도 남자들과 동등한 자유리혼의 권리를 가진다. 모성으로서 아동양육비를 이전 남편에게 요구할 소송권을 인정하며 리혼과 아동양육비에 관한 소송은 인민재판소에서 처리하도록 규정한다.

제6조 결혼년령은 녀성 만 17세, 남성 만 18세 이상으로 규정한다.

제7조 중세기적 봉건관계의 유습인 일부다처제와 녀자들을 처나 첩으로 매매하는 녀성 인권유린의 폐해를 앞으로 금지한다.

공창, 사창 및 기생 제도(기생권번, 기생학교)를 금지한다. 이 항을 위반하는 자는 법에 의하여 처벌한다.

제8조 녀성들은 남자들과 동등한 재산 및 토지 상속권을 가지며 리혼할 때에는 재산과 토지를 나누어 가질 권리를 가진다.

제9조 본 법령의 발포와 동시에 조선녀성의 《권리》에 관한 일본제국주의의 법령과 규칙은 무효로 한다.

본 법령은 공포하는 날부터 효력을 발생한다.

조선민주주의인민공화국 어린이보육교양법

1976년 4월 29일 최고인민회의 상설회의 결정 제7호로 채택

1999년 3월 4일 최고인민회의 상임위원회 정령 제488호로 수정 보충

제 1 장 어린이보육교양법의 기본

제1조 조선민주주의인민공화국에서 어린이들은 조국의 미래이며 공산주의 건설의 후비대이며 대를 이어 혁명할 우리 혁명위업의 계승자들이다.

제2조 어린이들을 사회적으로 키우는 것은 사회주의국가의 중요 시책의 하나이며 사회주의교육학의 원리에 근거한 교육방법이다. 조선민주주의인민공화국은 모든 어린이들을 탁아소와 유치원에서 국가와 사회의 부담으로 키운다.

제3조 어린이들이 비록 탁아소에 갈 나이라 하더라도 탁아소에 보내지 않고 자기 집에서 키우는 것은 그들 부모의 자유에 속한다.

제4조 조선민주주의인민공화국 어린이보육교양법은 조국의 광복과 인민의 자유와 행복을 위한 영광스러운 항일혁명투쟁에서 이룩된 빛나는 혁명전통을 이어받은 법이다.

제5조 조선민주주의인민공화국 어린이보육교양법은 학령전 어린이들을 탁아

소와 유치원 같은 어린이보육교양기관에서 국가와 사회의 부담으로 보육 교양하는 제도와 질서를 규제한다.

제6조 조선민주주의인민공화국 어린이보육교양법은 우리 나라에 전반적으로 확립된 선진적인 어린이보육교양제도를 더욱 공고 발전시켜 모든 어린이들을 튼튼히 키우며 녀성들을 어린이를 키우는 무거운 부담에서 해방하는 데 이바지한다.

제7조 조선민주주의인민공화국은 모든 어린이들이 가장 훌륭하게 마련된 현대적인 보육교양 조건에서 세상에 부럼없이 행복하게 자라도록 온갖 배려를 돌린다. 이 배려는 우리 나라에 세워진 우월한 사회주의제도와 자립적 민족경제의 튼튼한 토대 그리고 인민들의 물질문화생활을 끊임없이 높이는 것을 자기 활동의 최고 원칙으로 삼고 있는 사회주의적 시책에 의하여 확고히 담보되며 나라의 경제 토대가 강화되는 데 따라 끊임없이 증대된다.

제8조 어린이보육교양사업에 대한 지도통제를 강화하는 것은 국가의 어린이보육교양정책을 정확히 집행하기 위한 중요 담보이다. 국가는 어린이들을 보육하고 교양하는 사업에서 사회주의교육학의 원리를 철저히 구현하도록 지도와 통제를 강화한다.

제9조 조선민주주의인민공화국은 평화와 민주주의, 민족적 독립과 사회주의를 위하여, 과학, 문화의 자유를 위하여 투쟁하다가 망명하여온 다른 나라 사람들의 어린이들도 부모의 희망에 따라 탁아소와 유치원에서 국가의 부담으로 키워준다.

제10조 이 법에서 어린이라 함은 세상에 태여난 때부터 학교에 가기 전까지의 어린이를 말한다.

제 2 장 국가와 사회적 부담에 의한 어린이 양육

제11조 국가는 어린이들을 보육교양하는 사업에서 모든 것을 사람을 중심으로 생각하고 사람을 위하여 복무하게 하는 주체사상의 요구를 철저히 관

철한다.

제12조 국가기관과 사회협동단체는《제일 좋은 것을 어린이들에게》라는 원칙에 따라 어린이보육교양사업에 필요한 모든 것을 책임지고 보장하여야 한다.

제13조 국가기관과 사회협동단체는 어린이보육교양설비와 체육 및 놀이 시설을 갖춘 현대적인 탁아소와 유치원을 제일 좋은 자리에 건설하고 악기, 놀이감, 출판물, 교구비품 같은 것을 갖추어 주어야 한다.

제14조 국가기관과 사회협동단체는 거리와 마을, 어린이들이 있는 곳곳에 아동공원과 놀이터를 꾸리고 여러 가지 놀이시설을 갖추어 주어야 한다.

제15조 조선민주주의인민공화국에서 모든 어린이는 태여나자부터 식량을 공급받는다.

제16조 국가기관과 사회협동단체는 탁아소와 유치원에 젖, 고기, 알, 과일, 남새와 당과류 같은 여러 가지 가공된 식료품을 보장하여야 한다. 탁아소, 유치원 어린이들에게 공급하는 식료품의 값은 국가와 사회협동단체가 부담한다.

제17조 국가는 어린이 옷, 신발과 여러 가지 어린이용품을 제일 좋게 만들며 그에 대해서는 생산비를 보상하는 정도 또는 그보다 낮게 값을 정하고 그 차액은 국가에서 부담한다.

제18조 부모의 보살핌을 받을 수 없는 어린이는 육아원과 애육원에서 키운다.

제19조 국가는 혁명렬사, 애국렬사, 인민군후방가족, 영예군인의 자녀들을 특별히 보호하며 그들의 보육교양에 깊은 배려를 돌린다.

제20조 국가는 어린이를 가진 어머니를 특별히 보호한다. 국가는 녀성들에게 산전산후휴가를 보장한다. 산전산후휴가기간의 생활비와 식량, 분배몫은 국가와 사회협동단체가 부담한다. 국가는 산원을 비롯한 의료기관을 통하여 임신한 녀성들을 제때에 등록하고 그들에게 체계적인 의료봉사와 해산방조를 무료로 주며 산후의 건강을 보호한다. 국가는 임신한 녀성들에게 그에 맞는 헐한 일을 시키며 어린이를 가진 어머니들에게는 로동시간 안에 젖먹이는 시간을 보장한다. 국가는 여러 어린이를

가진 어머니들의 로동시간을 줄이고 그들에게 옹근 생활비를 준다.

제21조 국가는 한번에 여러 어린이를 낳아 키우는 어머니와 그 어린이들에게 특별한 혜택을 베푼다. 한번에 둘 이상의 어린이를 낳아 키우는 어머니에게는 유급으로 일정한 기간 산후휴가를 더 준다. 3명 이상의 쌍둥이가 태여났을 경우에는 그들에게 일정한 기간 옷과 포단, 젖제품 같은 것을 무상으로 공급하고 학교에 갈 나이에 이르기까지 양육보조금을 주며 어린이와 어머니에게 의료일군을 따로 담당시켜 그들의 건강을 책임적으로 돌보아 준다.

제3장 문화적이며 과학적인 어린이보육

제22조 나라의 꽃봉오리인 어린이들을 튼튼하고 슬기롭게 키우는 것은 혁명가들에게 있어서 가장 숭고한 의무이다. 국가는 어린이들을 문화적으로, 과학적으로 키우는 데 깊은 관심을 돌린다.

제23조 탁아소와 유치원은 어린이들을 어머니의 심정으로 따뜻이 보살피며 집단보육규범과 위생방역규범의 요구에 맞게 키워야 한다. 어린이들의 생활환경을 깨끗이 꾸리고 방 안의 온도와 습도를 알맞게 보장하며 공기, 해빛, 물과 의료기구, 체육기재에 의한 몸단련을 나이와 체질에 맞게 정상적으로 시켜야 한다.

제24조 탁아소와 유치원은 영양 기준에 따라 여러 가지 주식과 새참을 어린이들의 나이와 특성에 맞게 충분히 먹여야 한다.

제25조 국가는 탁아소, 유치원의 어린이들에게 체계적인 의료봉사를 준다. 어린이들의 건강을 보호 증진시키기 위한 모든 의료봉사는 우리 나라에서 실시하고 있는 전반적 무상치료제에 따라 무료로 한다. 탁아소와 유치원마다 의료일군을 배치하고 의료기구와 의약품을 공급하며 전문의료기관을 통하여 어린이들의 병을 제때에 예방 치료한다.

제26조 어린이들의 건강을 철저히 보호하며 녀성들의 사회적 활동을 적극 보장하기 위하여 탁아소가 있는 모든 곳에 아동병동을 둔다. 아동병동에

서는 병원에 입원하지 않을 정도로 앓는 탁아소의 어린이들을 받아 치료한다.

第27조 국가는 온천과 약수터, 바다가, 경치 좋은 곳에 어린이들을 위한 료양시설을 잘 꾸려 그들의 건강을 증진시킨다.

第28조 국가기관과 보육교양기관은 어린이들의 건강과 발육 상태를 종합분석하고 해당한 대책을 세우며 어린이보육사업을 과학화하고 끊임없이 발전시켜야 한다.

제4장 혁명적인 어린이교육교양

第29조 후대들을 어려서부터 혁명적으로 교육교양하는 것은 조국의 륭성 발전과 혁명의 휘황한 앞날을 담보하는 중대한 사업이다. 국가는 어린이들을 탁아소와 유치원에서 사회주의교육학의 원리에 근거하여 교육교양하는 사업에 선차적인 힘을 넣는다.

第30조 국가는 어린이들이 우리의 과거를 잊지 않으며 남조선인민들을 잊지 않으며 우리의 사회주의 제도와 휘황한 공산주의 미래를 사랑하도록 교양한다.

第31조 국가는 어린이들을 《하나는 전체를 위하여, 전체는 하나를 위하여》라는 집단주의정신으로 교양한다.

第32조 국가기관과 보육교양기관은 어린이들이 일하기를 좋아하고 어려서부터 일하는 데 버릇되도록 교양하여야 한다.

第33조 국가기관과 보육교양기관은 어린이들이 국가재산과 사회협동단체재산을 아끼고 사랑하며 귀중히 여기도록 교양하여야 한다.

第34조 국가기관과 보육교양기관은 어린이들이 례절 바른 품성을 가지며 문화 위생적으로 생활하는 데 버릇되도록 교양하여야 한다.

第35조 국가기관과 보육교양기관은 어린이들에게 풍부한 정서와 예술적인 재능을 키워주며 그들의 지능을 다방면적으로 발전시켜주어야 한다. 탁아소와 유치원은 어린이들에게 우리말을 가르치고 노래와 춤, 악기 타는 법을 배워주며 놀이를 다양하게 조직하여야 한다.

제36조 국가는 모든 어린이들에게 유치원의 높은 반에서 1년 동안의 학교전 의무 교육을 준다. 학교전 의무교육기간에는 어린이들에게 혁명적인 조직생활 기풍을 키워주며 문화어, 글자쓰는 법, 셈세는 법 같은 학교교육을 원만히 받을 수 있는 기초지식을 준다.

제37조 국가는 어린이들을 탁아소와 유치원에서 그들의 나이와 심리적 특성에 맞게 여러 가지 형식과 방법으로 교양하도록 한다.

제5장 어린이보육교양기관과 보육원, 교양원

제38조 조선민주주의인민공화국에서 어린이보육교양기관은 어린이들을 정신적으로 건전하고 육체적으로 건장하며 지능이 발달되고 문화적 소양이 높은 미래의 역군으로 키우는 기관이다.

제39조 어린이보육교양기관에는 탁아소, 유치원과 육아원, 애육원이 속한다. 탁아소는 유치원에 가기 전까지의 어린이들에게 학교에 갈 준비교육을 주는 교육기관의 하나이다. 육아원과 애육원은 부모의 보살핌을 받을 수 없는 어린이들을 국가가 맡아 키우는 보육교양기관이다.

제40조 국가는 탁아소와 유치원을 주택지구와 녀성들의 일터 가까이에 합리적으로 배치한다. 국가는 녀성들의 사회적 활동을 적극 보장하기 위하여 주, 월 탁아소, 유치원을 널리 조직 운영한다. 어린이들의 건강과 발육에 적합하지 않은 장소와 건물에 탁아소와 유치원을 두는 것을 금지한다.

제41조 보육원, 교양원은 어린이들을 혁명위업의 믿음직한 계승자로, 주체형의 새 세대로 키우는 영예로운 혁명가이다. 조국의 미래인 어린이들을 키우는 중요하고 보람찬 혁명 임무를 수행하는 보육원, 교양원은 인민의 높은 존경과 신임을 받는다. 국가는 사회적으로 보육원, 교양원을 사랑하고 적극 도와주어 그들이 어린이를 잘 키우고 가르치는 데 모든 정력을 다 바치도록 깊은 관심을 돌린다. 국가는 어린이보육교양사업에서

공로를 세운 일군에게 훈장과 메달, 명예 칭호 수여를 비롯한 배려를 돌린다.

제42조 보육원, 교양원은 자기 사업에 대한 높은 영예감과 긍지를 가지고 혁명의 미래를 키우는 어린이보육교양사업에 자기의 온갖 정열을 다 바치는 인민의 참된 충복, 진정한 혁명가가 되여야 한다.

제43조 보육원, 교양원은 주체사상으로 튼튼히 무장하여 혁명적 세계관을 확고히 세우며 자신을 철저히 혁명화, 로동계급화하여야 한다.

제44조 보육원, 교양원을 비롯한 어린이보육교양기관 일군을 어린이들의 건강에 나쁜 영향을 줄 수 있는 질병이 없어야 하며 어린이보육교양사업에 필요한 전문지식과 해당한 자격을 소유하여야 한다.

제45조 보육원, 교양원은 고상한 혁명가적 품성을 소유하여야 하며 모든 면에서 어린이들의 참다운 본보기가 되여야 한다.

제46조 보육원, 교양원은 어린이들을 튼튼하고 명랑하고 품성이 바른 우리 혁명위업의 계승자로 키워야 한다.

제6장 어린이보육교양사업에 대한 지도통제

제47조 어린이보육교양사업에 대한 지도는 내각의 통일적인 지도 밑에 중앙교육지도기관과 중앙보건지도기관, 지방정권기관이 한다. 중앙교육지도기관과 중앙보건지도기관, 지방정권기관은 어린이보육교양사업에 대한 지도체계를 바로 세우고 정상적으로 장악 지도하여야 한다.

제48조 중앙교육지도기관과 중앙보건지도기관은 어린이보육교양사업을 다음과 같이 조직 지도하여야 한다.

1. 어린이보육교양강령과 탁아소, 유치원 사업규범을 만들며 보육교양의 내용과 방법을 끊임없이 개선하고 완성한다.
2. 어린이들의 건강을 보호 증진시키기 위한 사업을 한다.
3. 보육원, 교양원의 양성과 그들의 정치실무 수준을 높여주기 위한 사업을 한다.

4. 어린이보육교양사업과 관련한 기술방법적인 지도를 한다.

제49조 지방정권기관은 관할지역 안의 탁아소와 유치원 사업을 다음과 같이 조직 지도한다.

1. 탁아소와 유치원에서 어린이보육교양강령을 정확히 집행하며 해당 규범의 요구대로 사업하도록 한다.
2. 탁아소, 유치원의 어린이들에게 의료봉사를 주기 위한 사업을 한다.
3. 탁아소, 유치원을 건설하고 보육교양 설비를 갖추며 식료품을 비롯한 물질적 조건을 보장하기 위한 사업을 한다.

제50조 국가는 항일유격대식 사업방법의 요구대로 일군들이 아래에 정상적으로 내려가 실정을 료해하고 도와주며 정치사업을 앞세우고 이신작칙의 모범으로 걸린 문제를 풀어주도록 한다.

제51조 탁아소와 유치원은 어린이보육교양강령을 정확히 집행하며 사업을 정규화, 규범화하고 어린이관리책임제를 강화하여야 한다.

제52조 국가는 보육교양일군 양성기관을 튼튼히 꾸리고 보육원, 교양원을 수요에 맞게 질적으로 양성한다.

제53조 국가는 어린이들을 혁명적으로 교양하고 문화적으로, 과학적으로 키우기 위한 과학연구사업을 발전시키며 과학연구기관은 튼튼히 꾸리고 그에 대한 지도를 강화한다. 문예기관은 어린이교육교양을 위한, 영화, 노래, 춤, 동시, 동화 같은 혁명적인 문예작품을 많이 만들어야 한다.

제54조 국가는 어린이용품과 식료품의 생산을 발전시킨다. 국가는 어린이용품 및 식료품을 생산하는 공장, 기업소에서 어린이들의 수요와 기호에 맞게 제품 생산을 끊임없이 늘이며 그 질을 높이도록 한다.

제55조 국가는 중앙과 지방에 탁아소, 유치원 물자공급기관을 둔다. 탁아소, 유치원 물자공급기관은 어린이용품, 식료품 같은 어린이보육교양에 필요한 물자를 책임적으로 공급하여야 한다.

제56조 사회협동단체는 탁아소, 유치원의 물질적 조건을 국가가 정한 기준대로 보장하여야 한다. 협동농장은 닭, 염소, 젖소 같은 집짐승을 많이 기

르고 과일과 남새를 잘 저장하여 농장의 탁아소와 유치원에 필요한 식료품을 정상적으로 공급하여야 한다.

第57조 육아원과 애육원에서의 어린이보육교양과 그에 대한 지도통제사업은 이 법에 따른다.

第58조 어린이들에 대한 보육교양사업은 전국가적, 전사회적인 사업이다. 기관, 기업소, 단체는 내부예비를 동원하고 절약하여 탁아소, 유치원에 대한 사회적 지원을 강화하여야 한다.

第59조 어린이보육교양사업에 대한 감독통제는 교육지도기관과 보건지도기관, 지방정권기관, 해당 감독통제기관이 한다. 교육지도기관과 보건지도기관, 지방정권기관, 해당 감독통제기관은 국가의 어린이보육교양 정책집행 정형을 엄격히 감독하여야 한다.

第60조 이 법을 어겨 어린이보육교양사업에 엄중한 결과를 일으킨 기관, 기업소, 단체의 책임있는 일군과 개별적 공민에게는 정상에 따라 행정적 또는 형사적 책임을 지운다.

조선민주주의인민공화국 인민보건법

1980년 4월 3일 최고인민회의 법령 제5호로 채택

제1장 인민보건의 기본 원칙

제1조 조선민주주의인민공화국에서 인민보건사업은 자연과 사회의 주인이며 세상에서 가장 귀중한 존재인 사람들의 생명을 보호하고 건강을 증진시키며 모든 근로자들이 무병장수하여 사회주의, 공산주의 위업을 수행하는 데 적극 이바지하게 하는 보람차고 영예로운 혁명사업이다.

제2조 조선민주주의인민공화국에서는 가장 선진적인 인민보건제도가 마련되여 병치료에 대한 걱정을 모르고 건강하게 오래 살려는 인민들의 세기적 념원이 빛나게 실현되였다.

우리나라에서 실시되고 있는 완전하고 전반적인 무상치료제는 튼튼한 자립적 민족경제와 국가의 인민적인 보건시책에 의하여 확고히 보장된다.

국가는 전반적 무상치료제를 더욱 공고 발전시킨다.

제3조 사회주의의학에서 기본은 예방의학이다.

국가는 인민보건사업에서 사회주의의학의 원리를 구현한 예방의학적 방침을 확고히 견지한다.

제4조 국가는 주체적인 의학과학기술을 발전시키며 인민보건사업에 필요한 물질기술적 조건과 수단물을 원만히 보장하여 치료예방사업을 끊임없이 현대화, 과학화한다.

제5조 국가는 보건일군들을 계획적으로 양성하며 그들의 사상의식과 기술 수준을 끊임없이 높여 인민의 참된 복무자로 만든다.

제6조 국가는 인민보건사업에 대한 지도와 관리에서 우가 아래를 도와주고 정치사업을 앞세워 일군들의 자각적 열성과 창발성을 불러일으키는 청산리정신, 청산리방법을 관철한다.

제7조 국가는 평화와 민주주의, 민족적 독립과 사회주의를 위하여, 과학, 문화의 자유를 위하여 투쟁하다가 망명하여 온 다른 나라 사람들과 그 자녀들을 무상으로 치료하여 주며 그들의 건강을 보살펴준다.

제8조 국가는 우리나라를 우호적으로 대하는 모든 나라들과 보건 분야에서의 과학기술 교류와 협조를 끊임없이 발전시킨다.

제2장 완전하고 전반적인 무상치료제

제9조 국가는 모든 공민에게 완전한 무상치료의 혜택을 준다.

로동자, 농민, 병사, 근로인테리를 비롯한 모든 공민은 무상으로 치료받을 권리를 가진다.

모든 의료봉사는 완전히 무료이다.

1. 외래 치료환자를 포함하여 의료기관에서 환자에게 주는 약은 모두 무료이다.
2. 진단, 실험검사, 치료, 수술, 왕진, 입원, 식사 등 환자 치료를 위한 모든 봉사는 무료이다.
3. 근로자들의 료양의료봉사는 무료이며 료양을 위한 왕복려비는 국가 또는 협동단체가 부담한다.
4. 해산방조는 무료이다.

5. 건강진단, 건강상담, 예방접종 등 예방의료봉사는 무료이다.

제10조 국가는 녀성들과 어린이들의 건강보호에 깊은 관심과 배려를 돌린다. 국가는 특히 한꺼번에 여러 어린이를 낳아 키우는 녀성과 그 어린이들에게 특별한 혜택을 베풀며 돌볼 사람이 없는 어린이들을 전적으로 맡아 키운다.

제11조 국가는 혁명투사, 혁명렬사가족, 애국렬사가족, 영예군인, 인민군 후방가족들의 건강관리에 특별한 관심과 배려를 돌린다.

제12조 국가는 로동능력을 잃은 사람, 돌볼 사람이 없는 만성환자, 년로한 환자들에게 무상치료의 혜택이 잘 차례지도록 그들을 책임적으로 돌보아 준다.

제13조 환자 및 산전산후휴가를 받은 녀성들과 그 부양가족에게 식량, 보조금, 분배몫을 준다. 그들에게 주는 식량, 보조금, 분배몫은 국가와 사회협동단체가 부담한다.

제14조 국가는 도시와 농촌, 공장, 기업소, 어촌, 림산마을들에 인민병원, 진료소를 합리적으로 배치하고 현대적으로 꾸리며 산원, 소아과병원을 비롯한 전문병원, 전문료양소를 곳곳에 설치하고 의료봉사의 전문화 수준을 끊임없이 높여 인민들이 언제 어느 곳에서나 불편없이 치료를 받도록 한다.

제15조 국가는 민족적 전통으로 내려오는 동의치료를 잘 보장하기 위하여 동의의료망을 늘이며 의료기관들에서 현대의학적 진단에 기초한 동의치료방법을 널리 받아들이도록 한다.

제16조 국가는 온천, 약수지대와 기후가 좋은 지대에 현대적인 료양시설들을 많이 지어 인민들이 자연인자에 의한 료양치료의 혜택을 더 잘 받도록 한다.

제3장 예방의학적 방침에 의한 건강보호

제17조 국가는 인민들이 병에 걸리지 않도록 미리 대책을 세우는 것을 자기

활동의 중요한 임무로 여기며 인민보건사업에서 예방에 선차적으로 힘을 넣는다.

第18조 보건기관을 비롯한 기관, 기업소, 단체들은 위생선전사업과 교양사업을 강화하여 인민들 자신이 위생문화사업에 자각적으로 참가하며 과학적으로 건강을 보호관리하고 질병을 예방하도록 하여야 한다.

第19조 생활환경과 로동조건을 위생문화적으로 꾸리며 보호하는 것은 예방의학적 방침을 실현하기 위한 중요한 담보이다.

보건기관을 비롯하며 기관, 기업소, 단체, 공민들은 국가가 정한 위생규범을 엄격히 지키며 위생문화사업을 전군중적 운동으로 힘있게 벌려 거리와 마을, 가정과 일터를 깨끗이 꾸리고 생활문화와 생산문화를 철저히 세워야 한다.

第20조 기관, 기업소들은 근로자들의 살림집과 문화후생시설, 공공시설물을 위생학적 요구에 맞게 배치하고 건설하며 그 관리를 잘하여 인민들의 건강을 보호하여야 한다.

第21조 국가는 생활환경을 보호하기 위하여 인민경제의 모든 부문에서 공해현상을 막는다.

공장, 기업소와 해당 기관들은 가로수와 록지를 많이 조성하며 여러 가지 유해가스와 유해물질에 의하여 대기, 강하천, 토지 등이 오염되지 않도록 하여야 한다.

第22조 공장, 기업소와 해당 기관들은 영양제를 비롯한 로동보호물자와 위생보호용구를 보장하며 예방사업을 정상적으로 하여 산업성 질병을 철저히 막아야 한다.

第23조 해당 공장, 기업소, 사회급양기관들은 식료품을 비롯한 제품을 생산하고 취급하는데서 국가가 정한 위행규범을 엄격히 지켜야 한다.

第24조 해당 국가기관과 사회협동단체들은 어린이들에게 건강과 발육에 필요한 영양제, 특히 비타민과 성장촉진제를 원만히 공급하여야 한다.

탁아소, 유치원에서는 어린이들의 영양관리와 위생관리를 과학적 리치에 맞게 잘 하여야 한다.

第25조 국가는 체육을 대중화하여 인민들의 건강과 체력을 끊임없이 증진시킨다.

학교와 기관, 기업소, 단체들은 체육을 대중화하고 생활화하여 학생들과 근로자들이 몸을 튼튼히 단련하며 병에 걸리지 않도록 하여야 한다.

第26조 국가는 전염병을 미리 막기 위한 방역대책을 철저히 세운다.

보건기관과 해당 기관, 기업소, 단체들은 전염병의 발병 조건을 없애고 소독사업을 강화하며 주민들에 대한 면역대책을 철저히 세워야 한다.

보건기관과 해당 기관들은 다른 나라에서 전염병이 들어오지 못하도록 검역사업을 강화하여야 한다.

第27조 국가는 의사들이 일정한 주민구역을 담당하고 맡은 구역에 늘 나가 주민들의 건강 상태를 돌보며 예방치료사업을 하는 선진적 의료봉사제도인 의사담당구역제를 공고 발전시킨다.

第4장 주체적인 의학과학기술

第28조 의학과학연구기관과 해당 기관들은 기초의학과학연구사업을 전망성 있게 진행하면서 치료예방사업에서 나서는 중요한 과학기술적 문제들을 푸는 데 선차적인 힘을 넣어야 한다.

第29조 보건기관과 의학과학연구기관은 동의학을 과학화하기 위한 연구사업을 강화하여 동의학과 민간료법을 리론적으로 체계화하고 더욱 발전시켜야 한다.

第30조 해당 과학연구기관은 최신과학기술 성과에 기초하여 우리 인민들의 체질에 맞는 의약품과 현대적인 의료설비, 의료기구들을 많이 만들어내기 위한 연구사업을 강화하여야 한다.

第31조 의학과학연구기관과 해당 기관들은 의학과학연구사업에 보건일군들을 널리 참가시키며 의학과학자들과 보건일군들과의 창조적 협조를 강화하여 의학과학기술을 끊임없이 발전시켜야 한다.

第32조 국가는 중앙과 지방에 의학과학연구기지를 튼튼히 꾸리며 과학연구사업에 필요한 물질기술적 수단과 조건을 충분히 보장하여 준다.

제5장 인민보건사업에 대한 물질적 보장

제33조 국가는 자립적 민족경제의 토대에 의거하여 대규모의 중앙제약, 의료기구공업과 함께 중소규모의 지방제약, 의료기구공업을 발전시킨다.

제34조 해당 기관, 공장, 기업소들은 인민보건사업 발전의 요구에 맞게 의약품과 의료기구들을 계획적으로 생산 보장하여야 한다.

제35조 해당 기관, 공장, 기업소들은 의약품과 의료기구의 생산을 전문화하고 그 질을 끊임없이 높이며 포장의 문화성을 보장하여야 한다.

제36조 국가는 동 약생산기지를 튼튼히 꾸리며 모든 기관, 기업소, 단체, 공민들이 약초를 재배하고 채취하는 사업에 널리 참가하도록 한다.

동 약생산기관과 해당 기관들은 나라의 풍부한 동 약자원을 보호 증식하며 계획적으로 채취하여야 한다.

제37조 해당 기관, 기업소들은 이름있는 약수터에 약수생산시설을 현대적으로 꾸리고 약수에 대한 인민들의 수요를 보장하여야 한다.

제6장 인민의 참된 복무자인 보건일군

제38조 조선민주주의 인민공화국에서 보건일군은 전체 인민의 건강한 몸으로 사회주의 건설에 적극 참가하게 하는 인간 생명의 기사이며 영예로운 혁명가이다.

보건일군은 자기 임무에 대한 높은 영예감과 책임감을 가지고 인민들의 생명과 건강을 보호 증진시키는 사업에 모든 것을 다 바치는 인민의 참된 충복이 되여야 한다.

제39조 보건일군은 주체사상으로 튼튼히 무장하며 자신을 끊임없이 혁명화, 로동계급화하여야 한다.

제40조 보건일군들은 정성운동을 힘있게 벌려 환자들을 자기의 육친처럼 아

끼고 사랑하며 온갖 지혜와 정성을 다 바쳐 치료하여야 한다.

第41조 보건일군은 위생지식을 보급하며 사람들의 병을 고치는 의사의 역할을 하는 것과 함께 인민들을 조선로동당의 두리에 묶어 세우는 선전교양자의 역할을 하여야 한다.

第42조 보건일군들은 과학기술지식 수준을 끊임없이 높이며 의료활동에서 집체적 협의제를 강화하고 정해진 기술규정과 행동규범을 엄격히 지켜야 한다.

第43조 사람의 생명과 건강을 보호하는 보건일군들은 인민의 높은 존경과 사랑을 받는다.

국가는 인민보건사업에서 공로를 세운 보건일군들에게 명예 칭호를 수여하며 여러 가지 배려를 돌린다.

第7장 보건기관과 그에 대한 지도관리

第44조 조선민주주의인민공화국에서 보건기관은 국가와 사회의 주인인 인민들의 생명을 보호하고 건강을 증진시켜 그들의 행복한 생활과 원만한 사회적 활동을 보장하는 인민적 보건기관이다.

第45조 보건기관에는 병원, 진료소, 료양소, 위생방역소, 검역소를 비롯한 치료예방기관과 의약품공급관리기관, 의약품검정기관 등이 속한다.

第46조 국가는 인민보건사업에 대한 지도와 관리를 각급 정권기관들과 보건행정기관을 통하여 실현한다.

각급 정권기관들과 보건행정기관은 국가의 인민보건정책과 보건법규범들을 철저히 집행하기 위한 사업을 책임적으로 조직 지도하여야 한다.

第47조 보건행정기관들은 청산리방법의 요구대로 아래에 정상적으로 내려가 실정을 료해하고 걸린 문제를 풀어주며 정치사업을 앞세워 보건일군들이 치료예방사업을 잘하도록 하여야 한다.

第48조 각급 정권기관들과 보건행정기관은 인민보건사업에 대한 지도와 관리에서 대안의 사업체계의 요구에 맞게 보건일군들의 집체적 지혜와 창발성을 발양시키고 기술지도를 강화하며 의료기자재 및 물자공급체계를 철저히 세워야 한다.

제49조 인민보건사업은 전국가적, 전사회적 사업이다.

모든 기관, 기업소, 단체, 공민들은 우리 나라에 마련된 선진적인 인민보건제도를 더욱 공고 발전시키며 예방의학적 방침을 철저히 관철하기 위한 보람찬 사업에 적극 참가하여야 한다.

| 찾아보기 |

| 필자 소개 |

※ 가나다 순

김석향: 이화여자대학교 사회학과 및 동 대학원을 졸업하고 미국 조지아대학교에서 박사학위를 받았다. 현재 이화여자대학교 북한학협동과정 교수로 재직 중이다. 저서로는 『북한의 언어와 문학(북한학총서 6)』(공저), 『북한의 여성과 가족』(공저), 『북한 이탈주민의 언어생활에 나타나는 북한 언어정책의 영향』 등이 있다.

박정란: 이화여자대학교 대학원에서 북한학으로 박사학위를 받고, 서울대학교 통일평화연구소 선임연구원으로 재직 중이다. 저서와 논문으로 『북한 개발지원체제의 구축 방안』, 『북한의 정치사회화 및 수령관에 대한 인식 변화』, 「여성 새터민의 가정과 일」 등이 있다.

박현선: 이화여자대학교 사회학과를 졸업하고 동 대학원에서 석사 및 박사학위를 받았다. 현재 고려대학교 북한학과 겸임교수로 재직 중이며, 통일부 남북관계발전위원회 의원 및 정책자문위원, 경기도 남북교류협력위원회 위원, 북한연구학회 편집위원 등으로 활동하고 있다. 저서로는 『현대 북한사회와 가족』, 『북한이 변하고 있다』(공저), 『남북한 교육지표 비교연구』(공저), 『개성관광 종합계획』(공저) 등이 있다.

박희진: 이화여자대학교 북한학협동과정에서 북한학 박사학위를 받고, 현재 이화여자대학교 통일학연구원 연구위원으로 재직 중이다. 저서로는 『북한과 중국: 개혁 개방의 정치경제학』, 『김정일의 북한, 어디로 가는가?』가 있다.

양옥경: 이화여자대학교 영어영문학과를 졸업하고 미국 위스콘신대학교 대학원에서 사회복지학으로 석사 및 박사학위를 받았다. 현재 이화여자대학교 사회복지전문대학원 교수로 재직 중이며, 동 대학원 대학원장을 역임했다. 저서로 『사회복지실천론』(공저), 『정신보건과 사회복지』, 『사회복지지지도감독론』(공저), 『다문화사회 한국』(공저) 등이 있으며, 논문으로 「사회복지기관 윤리경영 자가점검지표 개발에 관한 연구」, 「서울지역 결혼이주여성의 문화적응스트레스에 관한 연구」 등 다수가 있다.

이명휘: 이화여자대학교 경제학과를 졸업하고 성균관대학교 경제학과에서 박사학위를 받았다. 교토(京都)대학교 경제학부 연구원을 거쳐 현재 이화여자대학교 경제학과 부교수로 재직 중이다. 저서로는 『새로운 한국경제발전사』(공저), 『한국의 유가증권 백년사』(공저), 『グローバル社會における信用と信頼のネットワーク組織と地域』이 있고, 논문으로는 「농어촌 고리채정리사업 연구」, 「빈곤여성의 창업지원 예산에 대한 성인지적 분석」, 「미군점령기 일본 증권시장 개혁과 증권업자의 대응」 등이 있다.

이미경: 이화여자대학교 정치외교학과를 졸업하고 동 대학원에서 정치학(국제정치, 북한정치) 석사 및 박사학위를 받았다. 이화여자대학교 사회과학대 연구교수, 이화여자대학교 사회과학연구소 상임연구원을 역임하고 현재 통일부 통일교육원 교수로 재직 중이다. 저서로는 『북한의 대외관계와 주체사상의 형성: 한국전 시기를 중심으로』가 있고, 「경제난 이후 북한여성의 삶과 의식변화: 탈북 여성과의 심층면접을 중심으로」 외 다수 논문이 있다.

이재경: 이화여자대학교 사회학과를 졸업하고, 미국 미시간대학에서 사회학으로 박사학위를 받았다. 현재 이화여자대학교 여성학과 교수이며, 이화여자대학교 한국여성연구원 원장으로 활동하고 있다. 저서로는 『국가와 젠더: 성주류화의 이론과 실천』(공저), 『여성학』(공저), 『가족복지의 정책과 실천』(공저), 『가족의 이름으로: 한국 근대 가족과 페미니즘』 등이 있다.

이주희: 이화여자대학교 사회학과를 졸업하고 미국 위스콘신대학에서 사회학으로 석사 및 박사학위를 받은 후, 한국노동연구원에서 연구위원으로 활동

하다가 현재는 이화여자대학교 사회학과 부교수로 재직 중이다. 주요 저서로 『*The New Structure of Labor Relations: Tripartism and Decentralization*』(공저), 『유리천장 깨뜨리기: 관리직 여성의 일과 삶』(공저) 등이 있다.

정성임: 이화여자대학교 정치외교학과를 졸업하고 동 대학원에서 정치학으로 석사 및 박사학위를 받았다. 통일연구원 연구원, 세종연구소 객원연구위원을 역임하고 현재 육군사관학교 안보관리학과 연구교수로 재직 중이다. 대표 논문으로 「북한의 민군관계: 군 역할을 중심으로」 등이 있다.

조영주: 이화여자대학교에서 북한학협동과정 박사과정을 수료했다. 현재 이화여자대학교 통일학연구원 객원연구위원으로 재직 중이다. 저서로는 『한국여성평화운동사』(공저), 『남북관계사』(공저)가 있다.

조은희: 이화여자대학교에서 사회학으로 박사학위를 받았다. 현재 이화여자대학교 통일학연구원 연구교수로 재직 중이다. 저서로는 『남북관계사』(공저), 『북한-중국 간 사회 · 경제적 연결망의 형성과 구조』(공저)가 있고, 논문으로는 「남북한 박물관 건립을 통한 국가정통성 확립」, 「북한의 김일성 시대 문화상징으로서 공간: '혁명전통' 관련 공간을 중심으로」 등이 있다.

차남희: 이화여자대학교 정치외교학과를 졸업하고 동 대학원에서 석사학위를 받았다. 파리I대학에서 박사학위를 받고, 이화여자대학교 정치외교학과 교수로 재직 중이다. 저서로는 『저항과 순응의 역사정치학: 미군정기 농업정책과 농민』, 『한국 민족주의의 종교적 기반』(공저) 등이 있다.

최대석: 연세대학교 정치외교학과를 졸업하고 미국 클레어먼트대학교에서 정치학으로 박사학위를 받았다. 현재 이화여자대학교 북한학협동과정 교수로 재직 중이며 통일학연구원 원장으로도 활동하고 있다. 저서로는 『미국외교정책』(공저), 『로동신문을 통해 본 북한 변화』(공저), 『현대북한체제론』(공저) 외 다수가 있다.

최은봉: 이화여자대학교 정치외교학과를 졸업하고 동 대학원에서 정치외교학 석사학위를 받았다. 오하이오주립대학에서 정치학 박사학위를 받았고 강원대학교 정치외교학과 교수, 일본 쓰쿠바(筑波)대학 초빙연구교수를 역임했다. 현재 이화여자대학교 정치외교학과 교수로 재직 중이다. 저서로는 『일본정치론』(공저), 『일본행정론』(공저), 『현대 일본의 체제 이행』(역서) 등이 있다.

선군 시대 북한 여성의 삶

펴낸날 1판 1쇄 2010년 11월 30일
엮은이 이화여자대학교 통일학연구원
펴낸이 최민숙
펴낸곳 이화여자대학교출판부
주소 서울특별시 서대문구 대현동 11-1(우 120-750)
등록 1954년 7월 6일 제9-61호
전화 02) 3277-2965(편집)
02) 362-6076(영업)
팩스 02) 312-4312
전자우편 press@ewha.ac.kr
인터넷서점 www.ewhapress.com
디자인 정혜진
찍은곳 네오프린텍

ISBN 978-89-7300-899-5 94300
ISBN 978-89-7300-898-8(세트)

값 17,000원